서울대 한국어

Student's Book 5B

서울대학교 언어교육원

서울대 한국어 5B Student's Book

지은이 서울대학교 언어교육원
편집인 박형만, 윤여선, 임슬기, 양승주
펴낸곳 (주)투판즈
서울시 강남구 논현로 303
Tel (02)2140-2500
Fax (02)2140-2599
www.twoponds.co.kr
등록 1980년 10월 7일 제2004-000086호
디자인 두울스튜디오 / 새담디앤피
초판 1쇄 2012년 3월 1일
20쇄 2025년 6월 1일

ISBN 978-89-539-4961-4

Written by Language Education Institute, Seoul National University
Published by TWOPONDS Co., Ltd.
Designed by Doool Studio / SAEDAM D&P

머리말

〈서울대 한국어 5B Student's Book〉은 한국어 성인 학습자를 위한 정규 과정용(약 200시간) 한국어 교재 시리즈 중 다섯 번째 책이다. 이 책은 800시간의 한국어 교육을 받았거나 그에 준하는 한국어 능력을 가진 성인 학습자들이 정치, 경제, 사회, 문화 등 사회적 영역과 관련된 다양한 주제로 의사소통을 하고 자신의 전문 분야에서의 업무 수행에 필요한 언어 기능을 익힐 수 있도록 하는 데 목적이 있다. 이를 위해 본 책은 다음과 같은 특징을 가지고 있다.

첫째, 고급 학습자에게 적합한 주제를 선정하고 이를 기반으로 의사소통 활동이 이루어지도록 주제 중심적 교수요목으로 구성하였다. 주제는 인간, 사회, 문화, 교양을 대범주로 하여 사랑, 가족 등 개인적인 주제, 직장, 교육 등 사회적인 주제, 한국 문화, 대중문화 등 문화적인 주제, 역사, 문학 등 교양 차원의 주제로 나누어 선정하였다. 이와 같이 대주제의 하위에 2~3개의 소주제를 설정하여 단원 구성을 함으로써 해당 주제에 대한 심화 학습을 꾀하였다.

둘째, 듣기, 말하기, 읽기, 쓰기의 네 언어 기술을 한 과 내에서 학습하는 기술 통합형으로 구성하고 구어 학습과 문어 학습이 긴밀하게 연계되도록 구성하였다. 읽기와 듣기는 주제를 중심으로 선정된 다양한 텍스트를 이해하고 후 활동으로 말하기를 연계하였다. 듣기는 주제 중심의 듣기와 담화 기능 중심의 듣기로 나뉘는데, 특히 후자는 동의 구하기, 끼어들기, 화제 전환하기 등의 담화 기능이 포함된 구어 텍스트를 이해하고 담화 구조 및 담화 기능 표현을 익혀 말하기 중심의 과제에서 사용하도록 하였다.

셋째, 기술별 학습과 연계된 말하기와 쓰기 중심의 과제를 구성하였다. 말하기 과제는 듣기에서 익힌 담화 구조와 담화 기능 표현을 바탕으로 주민 회의, 공청회, 발표 등 실제적 상황에서 담화 층위의 수행을 하도록 하였다. 쓰기는 읽기의 주제 및 텍스트 구조와 연계하여 과정 중심적인 쓰기 활동을 하도록 하였다.

넷째, 고급 수준의 어휘 및 문법 학습이 체계적으로 이루어지도록 구성하였다. 어휘는 주제 어휘와 유형별 어휘를 구분하여 제시하였다. 주제 어휘는 각 과의 주제와 유기적으로 연계될 수 있도록 의미장으로 제시하여 체계적인 어휘력을 기를 수 있도록 하였다. 또한 매 단원별로 의성어, 의태어, 관용어, 속담 등 유형별 어휘를 제시하여 어휘 확장을 꾀하고 언어와 문화의 통합 학습이 가능하도록 하였다. 또한 고급 수준의 학습자에게 필요한 문법 항목을 제시하여 학습자가 상위의 의사소통 맥락에서 적합한 구조를 사용할 수 있도록 하였다.

다섯째, 멀티미디어 학습 자료를 함께 제공하여 수업용으로뿐만 아니라 자율 학습용으로도 사용이 가능하도록 하였다. 멀티미디어 학습 자료에는 각 과의 읽기 및 듣기 텍스트, 주제 어휘 · 문법 항목 · 담화 기능 표현의 목록 및 예문과 함께 오디오 파일 등을 제공하여 예습과 복습에 효과적으로 이용할 수 있게 하였다. 특히 듣기는 2단계로 구성된 받아쓰기 연습을 통해 음성 언어 이해의 정확성을 향상시키도록 하였다.

여섯째, 사진과 삽화 등 다양한 시각 자료를 풍부하게 제공하여 실제적이고 흥미 있는 학습이 가능하도록 하였다. 단원의 각 항목을 이해하는 데 도움이 되는 시각 자료를 통해 의미와 상황을 정확하게 전달하고 학습자의 흥미를 유발함으로써 학습 효과를 높이고자 하였다.

이 책이 완성되기까지 많은 분들의 노력과 수고가 있었다. 오랜 기간에 걸쳐 집필 및 출판 과정에 참여한 교재개발위원회 선생님들의 헌신이 없었다면 책이 만들어질 수 없었을 것이다. 또한 집필 초기에 참여한 광운대학교 박성현 선생님, 2011년 여름 학기에 수업에서 사용하며 꼼꼼하게 수정해 주신 박지영, 민정원, 하신영, 성석제, 윤수진, 신윤희, 김미연, 이성준 선생님, 정확한 발음으로 녹음을 해 주신 성우 임채헌, 윤미나 선생님의 노고에 감사를 드린다. 아울러 책이 출판되기까지 오랜 기간 동안 작업을 도와주신 투판즈의 사장님과 도현정 부장님, 박형만 편집팀장님, 양승주 대리님, 윤여선 씨, 임슬기 씨를 비롯한 편집진 여러분께도 고마운 마음을 전한다.

2012. 3.

서울대학교 언어교육원

원장 김 진 완

일러두기

서울대 한국어 5B Student's Book은 총 7단원 17과로 되어 있다. 주제에 따라 나뉜 단원별로 2~3개의 소주제를 가진 과가 포함되어 있다. 한 과는 '들어가기(이야기해 보세요–들어 보세요), 읽고 말하기(주제 어휘–읽어 보세요–이야기해 보세요–문법과 표현), 듣고 말하기(들어 보세요 1 · 2–이야기해 보세요), 과제, 자기 평가, 보충 어휘, 어휘와 표현 목록'으로 구성되어 있다. 각 과의 세부 내용은 다음과 같다.

과별 주제, 읽고 말하기, 듣고 말하기, 과제, 문법, 어휘 영역의 학습 목표가 제시된다.

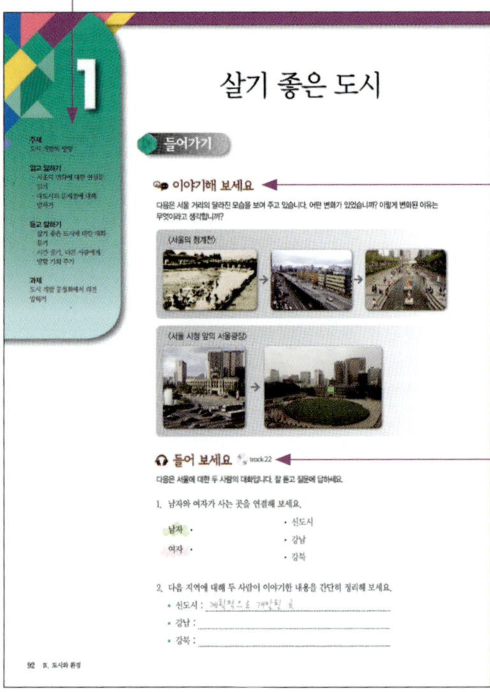

들어가기

〈이야기해 보세요〉, 〈들어 보세요〉로 구성된다.

해당 과의 주제, 읽고 말하기, 듣고 말하기, 과제의 학습 목표가 제시된다.

이야기해 보세요

그림, 사진 등의 시각 자료를 활용해 주제를 도입함으로써 학습자의 배경 지식을 활성화하고 내적 동기를 이끌어 낸다.

들어 보세요

주제와 관련된 짧은 듣기를 통해 주제를 도입한다.

읽고 말하기

〈주제 어휘〉, 〈읽어 보세요〉, 〈이야기해 보세요〉, 〈문법과 표현〉으로 구성된다.

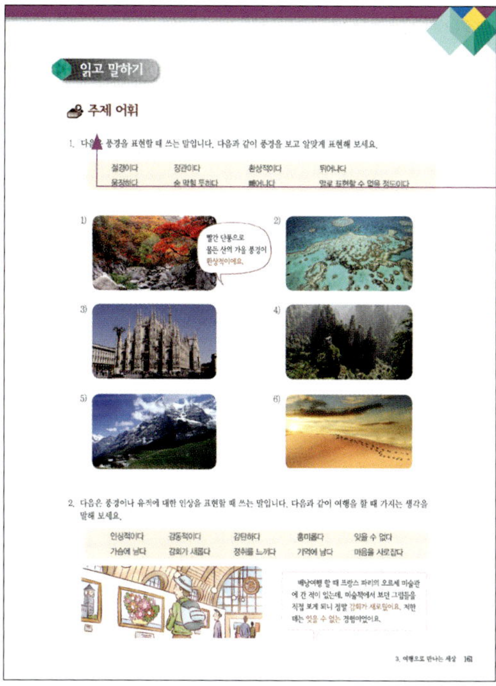

주제 어휘

읽기 전 단계로 주제와 관련된 어휘를 의미장으로 범주화하여 제시하고 문장이나 대화 단위 연습을 통해 의미와 용법을 익힌다.

읽어 보세요

설명문, 수필, 소설, 신문 기사 등 다양한 장르의 문어 텍스트를 읽고 글의 구조 및 언어 표현을 이해하고 훑어 읽기, 자세히 읽기 등의 읽기 기술을 학습한다.

이야기해 보세요

읽은 후 단계로 말하기를 통해 학습 내용을 강화하고 개인화하여 표현한다.

문법과 표현

읽기 텍스트에 포함된 문법과 표현 항목과 해당 예문을 제시하여 의미와 용법을 익힌다.

일러두기

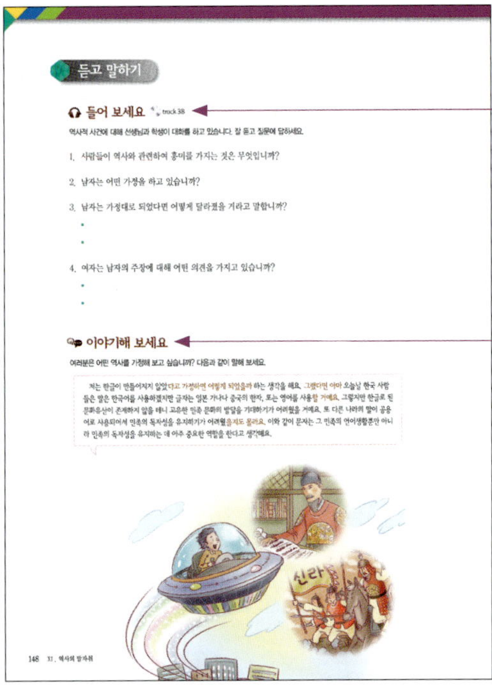

듣고 말하기

〈들어 보세요〉 또는 〈들어 보세요 1 · 2〉와 〈이야기해 보세요〉로 구성된다.

들어 보세요

대화, 대담, 발표 등의 다양한 구어 텍스트를 들으며 듣기 기술을 학습한다.

이야기해 보세요

들은 후 단계에서 말하기로 연계하여 학습한 주제를 심화하거나 내재화한다.

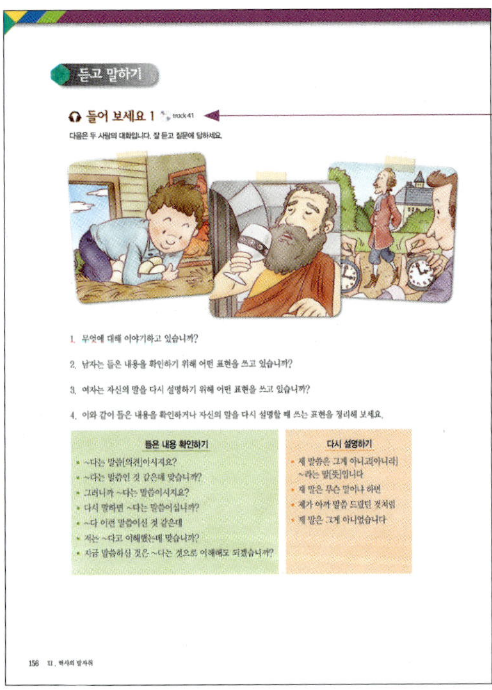

들어 보세요 1

토론, 토의, 대담 등에 사용되는 담화 기능 표현을 이해하고 정리한다.

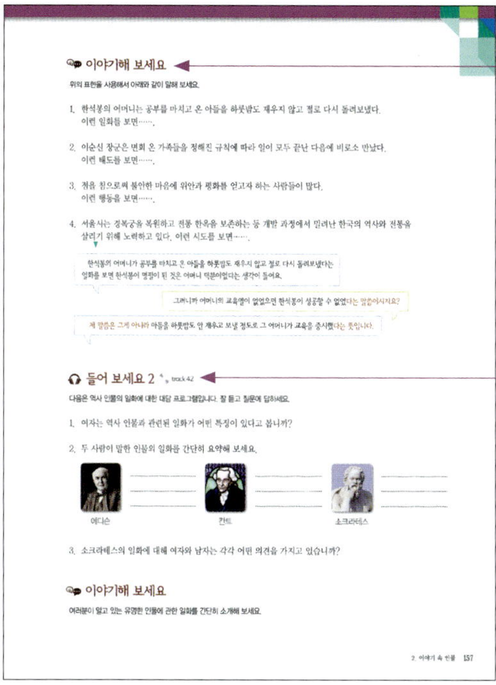

이야기해 보세요

〈들어 보세요 1〉에서 제시된 담화 기능 표현을 사용하여 의견을 표현한다.

들어 보세요 2

토론, 토의, 대담 등의 담화 구조와 담화 기능 표현을 이해함으로써 말하기 중심의 과제로 연계한다.

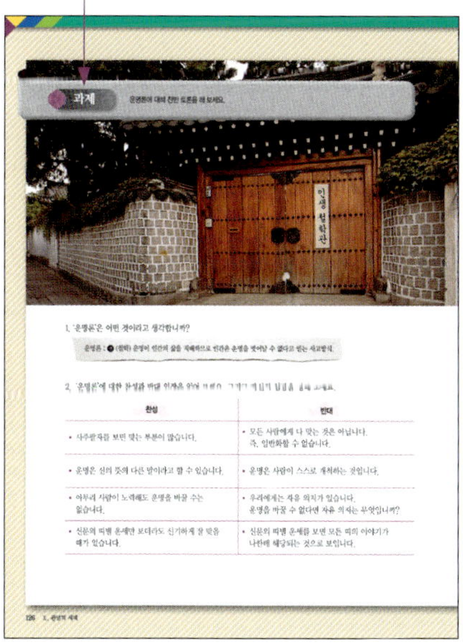

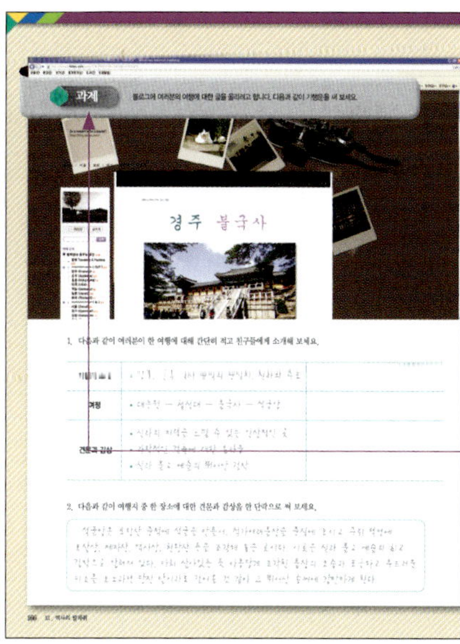

과제

말하기와 쓰기 중심의 과제를 수행한다.

말하기 중심의 과제에서는 〈들어 보세요 1〉에서 익힌 담화 기능 표현을 활용하여 담화 단위의 상호활동을 한다.

쓰기 중심의 과제에서는 〈읽어 보세요〉의 주제, 텍스트 구조를 바탕으로 과정 중심의 쓰기 활동을 한다.

일러두기

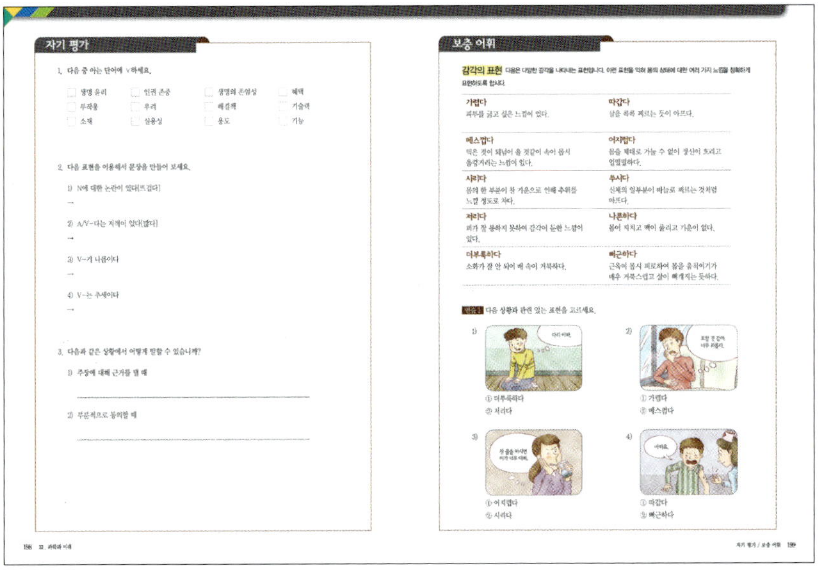

- **자기 평가**
어휘와 문법을 중심으로 학습자 스스로 학습 정도를 점검함으로써 자기 주도 학습으로 이끈다.

- **보충 어휘**
의성어, 의태어, 관용어, 속담 등 유형별 어휘의 의미를 파악하고 문맥 내에서의 용법을 이해한다.

- **어휘와 표현**
해당 과에 출현한 어휘의 뜻풀이(한국어, 영어), 예문, 이해의 편의를 돕기 위한 사진 자료 등이 제시된다. 음운 규칙이 적용되는 어휘는 [ ]에 발음이 표기되고, 한자어는 한자 정보가 함께 제공된다. 또한 듣기 지문에 나오는 주요 어휘는 🎧으로 따로 표시된다.

부록

부록은 〈보충 자료〉, 〈듣기 지문〉, 〈모범 답안〉, 〈어휘 색인〉으로 구성된다.

보충 자료

단원별 내용 이해에 도움을 줄 수 있는 자료가 글, 지도, 사진 등의 형태로 제공된다.

듣기 지문

각 과의 〈들어가기〉와 〈듣고 말하기〉의 '들어 보세요' 내용이 텍스트로 제공된다.

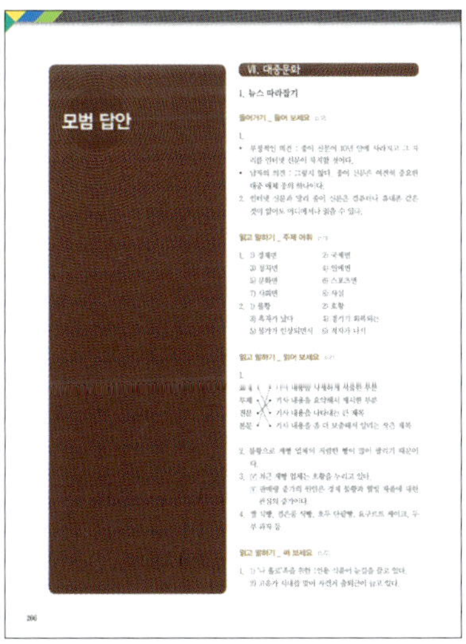

모범 답안

각 과에 포함된 연습 문제의 답이 모범 답안 형태로 제공된다.

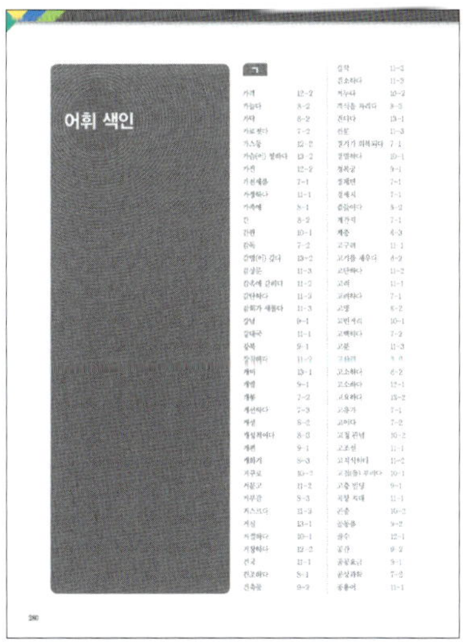

어휘 색인

각 과의 어휘와 표현을 가나다순으로 정리하고 출현한 단원과 과를 함께 제시한다.

일러두기

멀티미디어 학습 자료

각 과의 읽기 텍스트와 듣기 지문, 오디오 파일, 주제 어휘 · 문법과 표현 · 담화 기능 표현의 예문 및 오디오 파일, 사전, 사진, 동영상 등의 다양한 참고 자료를 제공한다.

• 읽기 텍스트 내용을 들어 볼 수 있다.

• 새 단어의 뜻과 예문을 확인할 수 있다.

• 필요한 부분에 줄을 긋거나 표시할 수 있다.

• 들으면서 받아쓰기 연습을 할 수 있다.

• 듣기 지문을 볼 수 있다.

• 문법과 표현 · 주제 어휘의 예문을 확인할 수 있다.

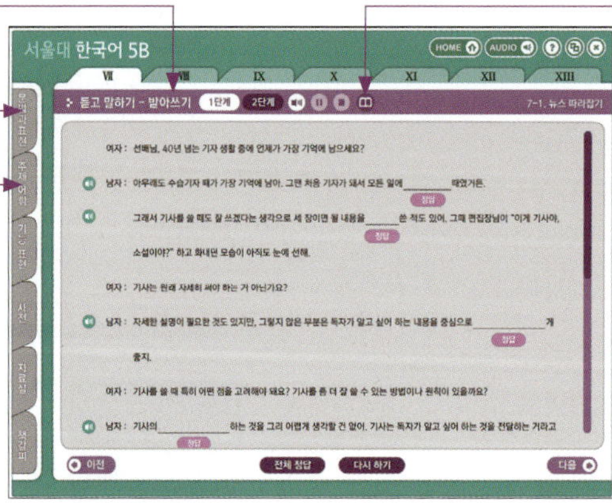

• 담화 기능 표현을 확인하고 예시 대화를 들어 볼 수 있다.

• 이미지, 동영상, 오디오, mp3 파일 등을 확인할 수 있다.

• 새 단어의 뜻과 예문을 확인할 수 있고 온라인으로 표준국어대사전에서 단어를 검색할 수 있다.

• 학습한 위치를 저장하여 그곳으로 이동할 수 있다.

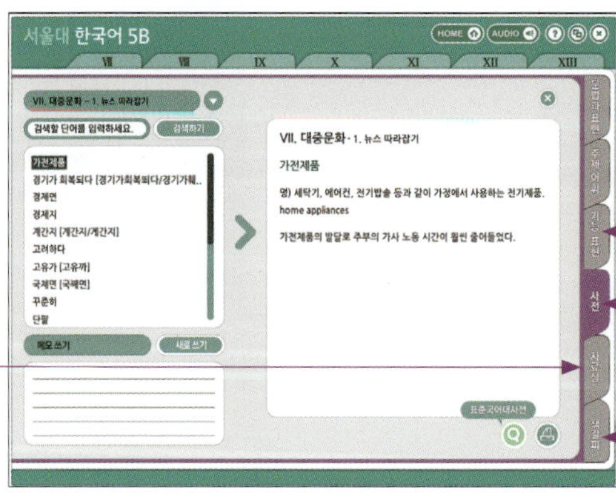

차례 Contents

교재 구성표

제목	주제	읽고 말하기	듣고 말하기
Ⅶ. 대중문화			
1. 뉴스 따라잡기	신문과 정보	• 경제면 기사 읽기 • 신문 기사 표제와 전문 쓰기	• 기자 생활에 대한 대화 듣기 • 기사에서 육하원칙 확인하기
2. 영화 속을 걷다	영화 감상	• '클래식' 시나리오 읽기 • 남의 마음을 알게 된 경험 말하기	• '클래식' 듣기 • 영화의 줄거리 말하기
3. 광고와 소비자	광고에 대한 소비자 의식	• 광고에 대한 만화 읽기 • 광고 회사의 주장에 대해 반박하기	• 과장 광고에 대한 대화 듣기 • 문제 제기하기, 동의 구하기
Ⅷ. 의식주와 생활			
1. 살고 싶은 집	집에 얽힌 추억	• 온돌에 관한 수필 읽기 • 집에 대한 경험 · 추억 말하기	• 주택 건축에 대한 대화 듣기 • 짓고 싶은 집에 대해 말하기
2. 음식 여행, 비빔밥	한국의 전통 음식	• 비빔밥 조리법 읽기 • 자국의 대표적 음식 소개하기	• 음식에 대한 대화 듣기 • 모임에 가져가고 싶은 음식 설명하기
3. 유행하는 옷	한국 여성의 옷차림	• 여성의 복식사에 대한 설명문 읽기 • 자국의 유행 소개하기	• 유행에 관한 대담 듣기 • 맞장구치기, 화제 바꾸기
Ⅸ. 도시와 환경			
1. 살기 좋은 도시	도시 개발의 방향	• 서울의 변화에 대한 연설문 읽기 • 대도시의 문제점에 대해 말하기	• 살기 좋은 도시에 대한 대화 듣기 • 시간 끌기, 다른 사람에게 말할 기회 주기
2. 서울 돌아보기	도시의 명소	• 대학로 소개하는 잡지 기사 읽기 • 서울의 유명한 거리 알아보기	• 도보 관광에 대한 안내 대화 듣기 • 외국인에게 자국 관광지 추천하기

	과제	문법	어휘	보충 어휘
	신문 기사 쓰기	• 뭐니 뭐니 해도 • A/V-(으)리만큼 • N을/를 계기로	신문의 면 유형 및 경제	
	단편 영화 제작하기	• A/V-지(요), 뭐 • 그러더라고(요) • A/V-다는 거야	영화	관용 표현 I
	허위 과장 광고에 대해 문제를 제기하여 말하기	• A/V-겠거니 • 따지고 보면 • 다시 말해서	경제	
	집을 주제로 수필 쓰기	• V-(으)려는지 • V-기 십상이다 • A/V-거나 하다	온돌, 날씨, 온도	
	요리에 대한 설명, 조리법 발표하기	• N 바람이 불다 • N을/를 막론하고 • N 길이	요리	관용 표현 II
	젊은이들의 소비 경향에 대해 토론하기	• N은/는 물론이거니와 • N을/를 말하라면 • N이자 N	옷차림	
	도시 개발 공청회에서 의견 말하기	• 한편으로(는) • V-아/어 내다 • A-(으)ㄴ/V-는 만큼	도시의 환경	
	도시의 명소를 소개하는 잡지 기사 쓰기	• A/V-다고 해도 과언이 아니다 • N이/가 눈길을 끌다 • (V-(으)ㄹ 겸) V-(으)ㄹ 겸 (해서)	도시의 거리	관용 표현 III

교재 구성표

제목	주제	읽고 말하기	듣고 말하기
X. 관념의 세계			
1. 삶과 운명	운명과 운세	• 점에 대한 수필 읽기 • 운명에 대한 경험 말하기	• 결혼과 운명에 대한 대화 듣기 • 문제점 지적하기, 비판하기
2. 세상을 보는 눈	입장과 시각	• 다양한 관점에 대한 논설문 읽기 • 각도에 따라 달라지는 그림에 대해 말하기	• 고정 관념에 대한 대화 듣기 • 고정 관념에 대해 말하기
XI. 역사의 발자취			
1. 한강에 얽힌 역사	강과 역사의 변화	• 한국 역사와 한강에 대한 설명문 읽기 • 자국의 강의 역할 소개하기	• 역사적 가정에 대한 대화 듣기 • 가정해 보고 싶은 역사에 대해 말하기
2. 이야기 속 인물	역사 인물과 일화	• 역사 인물의 일화 읽기 • 일화에 나타난 인물의 특성 말하기	• 역사 인물의 일화에 대한 대담 듣기 • 들은 내용 확인하기, 다시 설명하기
3. 여행으로 만나는 세상	역사 유적지 기행	• 경주 기행문 읽기 • 인상적인 여행지 소개하기	• 기행문 쓰기에 대한 대화 듣기 • 쓰고 싶은 기행문 말하기
XII. 과학과 미래			
1. 과학 기술과 윤리	과학 기술과 생명 윤리	• 과학 기술과 생명 윤리에 대한 대담 기사 읽기 • 인간으로 인정하는 기준에 대해 말하기	• 맞춤 아기에 대한 토론 듣기 • 근거 대기, 부분적 동의하기
2. 생활 속의 발명품	발명품	• 발명품에 대한 설명문 읽기 • 새로운 발명품에 대해 소개하기	• 발명품 전시회 뉴스 듣기 • 발명품에 대해 평가하기
XIII. 문학의 향기			
1. 옥상의 민들레꽃	현대 사회의 물질 중시 풍조	• 소설 '옥상의 민들레꽃' 읽기 • 용기와 희망을 얻은 경험 말하기	• '옥상의 민들레꽃' 듣기 • 소설의 줄거리 말하기
2. 내가 사랑하는 사람	삶과 사랑	• 현대시 '내가 사랑하는 사람', '연탄 한 장' 읽기 • '배려'를 나타내는 그림 보고 말하기	• '연탄길'에 대한 대담 듣기 • '연탄길'에 나올 만한 사람에 대해 말하기

과제	문법	어휘	보충 어휘
운명론에 대해 찬반 토론하기	• A-기 짝이 없다 • N(이)니 N(이)니 하다 • N 여부	운명	결합 표현
상대방의 관점을 이해하고 함께 역할극 하기	• V-다시피 하다 • A/V-(으)ㄴ 나머지 • A/V-(으)ㄹ 법하다	입장과 시각	
자국 역사에 대해 발제문 준비해 발표하기	• N을/를 바탕으로 • V-고 말다 • 이상에서 본 바와 같이	상황 변화	평가의 표현
역사 인물의 일화 소개하기	• V-(으)ㄴ 후에야 (비로소) • A/V-(으)ㄴ들 • A-(으)ㄴ/V-는 법이다	태도 및 평가	
여행지에 대한 기행문 쓰기	• A/V-되 • V-노라면 • N은/는 A/V-(으)ㅁ을 말해 주다	경치 및 인상	
인간 복제 연구의 금지 여부에 대해 찬반 토론하기	• N에 대한 논란이 있다 • A/V-다는 지적이 있다 • A/V-다는 점을 인정하다	생명 윤리와 과학 기술의 결과	감각의 표현
상품 게시판에 제품을 평가하는 의견 쓰기	• N은/는 물론이려니와 • V-기 나름이다 • V-는 추세이다	제품	
소설 등장인물이 되어 역할극 하기	• A/V-았으면/었으면 하다 • N(이)라고는 • A/V-(으)련만	감정	심리의 표현
모방시 쓰기			

VII 대중문화

1 뉴스 따라잡기

주제 신문과 정보

읽고 말하기
- 경제면 기사 읽기
- 신문 기사 표제와 전문 쓰기

듣고 말하기
- 기자 생활에 대한 대화 듣기
- 기사에서 육하원칙 확인하기

과제 신문 기사 쓰기

문법
- 뭐니 뭐니 해도
- A/V-(으)리만큼
- N을/를 계기로

어휘 신문의 면 유형 및 경제

2 영화 속을 걷다

주제 영화 감상

읽고 말하기
- '클래식' 시나리오 읽기
- 남의 마음을 알게 된 경험 말하기

듣고 말하기
- '클래식' 듣기
- 영화의 줄거리 말하기

과제 단편 영화 제작하기

문법
- A/V-지(요), 뭐
- 그러더라고(요)
- A/V-다는 거야

어휘 영화

3 광고와 소비자

주제 광고에 대한 소비자 의식

읽고 말하기
- 광고에 대한 만화 읽기
- 광고 회사의 주장에 대해 반박하기

듣고 말하기
- 과장 광고에 대한 대화 듣기
- 문제 제기하기, 동의 구하기

과제 허위 과장 광고에 대해 문제를 제기하여 말하기

문법
- A/V-겠거니
- 따지고 보면
- 다시 말해서

어휘 경제

보충 어휘 관용 표현 I

1 뉴스 따라잡기

주제
신문과 정보

읽고 말하기
· 경제면 기사 읽기
· 신문 기사 표제와 전문 쓰기

듣고 말하기
· 기자 생활에 대한 대화 듣기
· 기사에서 육하원칙 확인하기

과제
신문 기사 쓰기

들어가기

이야기해 보세요

다음은 신문과 잡지의 종류를 나타내는 말입니다. 알맞은 사진과 연결해 보세요. 또한 여러분 나라에는 어떤 신문이나 잡지가 있는지 말해 보세요.

❶ 일간지 ❷ 주간지 ❸ 월간지
❹ 계간지 ❺ 경제지 ❻ 스포츠 신문
❼ 인터넷 신문 ❽ 생활 정보지 ❾ 영자 신문

들어 보세요 track 02

다음은 신문에 대한 대담입니다. 잘 듣고 질문에 답하세요.

1. 종이 신문의 미래에 대한 부정적인 의견에는 어떤 것이 있습니까? 이에 대해 남자의 의견은 어떻습니까?
2. 종이 신문은 인터넷 신문과는 어떤 차이가 있습니까?
3. 여러분은 여자의 두 번째 질문에 어떤 대답을 하겠습니까?

읽고 말하기

주제 어휘

1. 신문 기사는 내용에 따라 서로 다른 면에 실립니다. 다음 기사 제목을 보고 어떤 면의 기사인지 써 보세요.

사설　　정치면　　사회면　　국제면　　문화면　　경제면　　스포츠면　　연예면

1) 환율 1,233원, 연중 최저치 ....
2) 하와이서 시계 삼킨 물고기 잡혀 ....
3) 9월 국회 개회, 여야 여전히 대립 중 ....
4) 요즘 뜨는 가수는 누구? ....
5) 뜨거운 한여름, 현대 미술에 빠지다 ....
6) 월드컵 B조, 강팀들의 무덤 ....
7) 눈길 졸음운전, 10여 명 크게 다쳐 ....
8) 2011년 새 아침, 우리 모두 힘내자 ....

2. 다음은 경제와 관련된 말입니다. 알맞은 말을 골라 ....에 쓰세요.

호황　　불황　　흑자가 나다　　적자가 나다　　경기가 회복되다　　물가가 인상되다

1) ....이 계속되자 대기업 신입 사원 모집이 점점 줄어들고 있다.
2) 계속되는 무더위로 냉방용 가전제품 회사들이 ....을 누리고 있다.
3) 올해 수출은 250억 달러인데 수입은 220억 달러이니 30억 달러 ....
4) 경제 성장률이 조금씩 높아지고 실업률이 감소하고 있다. 경제 전문가들은 .... 단계에 들어섰다고 말했다.
5) 기름값이 오르면서 생필품 가격도 함께 올라가고 있다. .... 서민들의 살림살이가 더욱 어려워졌다.
6) 근처에 지하철이 생기면서 버스의 승객이 크게 줄었다. 이에 따라 버스 회사는 크게 .... 더 이상 회사를 운영할 수 없다고 한다.

읽어 보세요 track 03

다음은 경제면에 실린 신문 기사입니다. 잘 읽고 질문에 답하세요.

표제

제빵 업체들 "불황아, 고맙다"

부제

불황 속 호황

뭐니 뭐니 해도 값싼 빵이 인기

전문

최근 경기 침체로 인해 소비자들이 씀씀이를 줄이면서 값이 저렴한 제빵 제품을 찾는 소비자들이 늘어나고, 건강을 고려한 웰빙 제품의 판매가 증가하고 있다.

본문

29일 식품업계에 따르면 대한식품, 서울제과, 한강식품 등 주요 제빵 업체들의 판매량이 불황임에도 불구하고 놀라우리만큼 증가했다. 대한식품은 올 상반기 매출이 1천 50억 원으로 지난해 같은 기간(1천억 원) 대비 5%의 증가세를 나타냈다. 서울제과는 올 1분기(1~3월)에 7년 만에 흑자가 났으며 상반기에는 지난해 같은 기간과 비교하여 7% 증가한 360억 원의 매출을 올렸다. 특히 제빵 부문은 17%의 높은 성장세를 보이고 있다. 한강식품은 올 상반기 매출액이 610억 원으로 지난해 같은 기간보다 9% 늘어났다.

건강을 중시하는 분위기 속에서 웰빙 제품들도 눈길을 끌고 있다. 지난 5월에 시장에 선보인 쌀 식빵, 검은콩 식빵, 호두 단팥빵 등 3개 품목은 시장에 나온 지 두 달 만에 모두 8억 원어치가 팔려 나갔다. 제과 부문에서도 건강을 고려한 제품이 인기를 모으면서, 요구르트 케이크, 두부 과자 등이 꾸준히 팔리고 있다. 이와 같은 매출 증가를 계기로 제빵 업체들은 앞으로 콩 식빵, 유기농 잼 샌드위치 등 다양한 웰빙 신제품을 선보일 계획이다.

1. 다음에서 서로 관계있는 것을 연결하세요.

표제 •	• 기사 내용을 자세하게 서술한 부분
부제 •	• 기사 내용을 요약해서 제시한 부분
전문 •	• 기사 내용을 나타내는 큰 제목
본문 •	• 기사 내용을 좀 더 보충해서 알리는 작은 제목

2. 제빵 업체들이 '불황아, 고맙다'고 하는 이유는 무엇입니까?

3. 다음 중 내용과 같은 것을 고르세요.

☐ 최근 제빵 업체는 호황을 누리고 있다.
☐ 불경기이지만 주부들의 씀씀이는 조금 증가했다.
☐ 식사 습관의 변화로 밥보다 빵을 먹는 사람들이 늘고 있다.
☐ 판매량 증가의 원인은 경제 불황과 웰빙 제품에 대한 관심의 증가이다.

4. 웰빙 제품으로는 어떤 것들이 있습니까?

5. 불경기 때 잘 팔리는 제품들이 있을까요? 그 이유는 무엇일까요?

문법과 표현

1. 뭐니 뭐니 해도
- 여름에는 뭐니 뭐니 해도 시원한 음식이 최고이다.
- 건강을 위해서는 뭐니 뭐니 해도 규칙적인 운동과 식사를 해야 한다.

2. A/V-(으)리만큼, A/V-(으)리만치
- 이미 그런 질문을 예상한 것처럼 그 사람은 놀라우리만큼 침착하게 대답했다.
- 갑자기 많은 사람 앞에 서니 준비한 말을 한 마디도 못 하리만큼 당황했다.
- 혼자서 자취할 때 라면을 지겨우리만치 많이 먹었다.

3. N을/를 계기로, A-(으)ㄴ/V-는 계기가 되다
- 텔레비전에서 불우 이웃 문제를 다룬 프로그램을 본 것을 계기로 봉사 활동을 시작하게 되었다.
- 이번 행사는 우리 회사의 제품을 전 세계에 알리는 좋은 계기가 되었다.
- 우연히 한국 노래를 듣고 마음에 들어서 뜻도 모른 채 가사를 따라 불렀다. 이 일은 내가 한국어를 공부하게 된 계기가 되었다.

써 보세요

1. 다음은 신문 기사의 표제입니다. 같은 뜻을 가진 문장으로 바꾸어 보세요.

어제 중부 지방 최고 350mm 폭우

➜ 어제 중부 지방에 최고 350mm의 폭우가 내렸다.

1) '나 홀로'족 위한 1인용 식품 눈길

2) 고유가 시대, 자전거 출퇴근 늘어

2. 다음 문장을 신문 기사의 표제로 바꾸어 보세요.

어제 중부 지방에 최고 350mm의 폭우가 내렸다.

➜ 어제 중부 지방 최고 350mm의 폭우

1) 쌀 소비량이 감소하여 쌀값이 20% 내렸다.

2) 올해 전자 업계들이 엄청난 흑자를 기록했다.

3. 다음은 신문 기사의 표제입니다. 다음과 같이 신문 기사의 전문을 써 보세요.

어제 중부 지방 최고 350mm 폭우

➜ 어제 중부 지방에 최고 350mm의 폭우가 내리면서 곳곳의 도로가 끊어지고 부상자가 발생하는 등 많은 피해가 발생했다.

1) '나 홀로'족 위한 1인용 식품 눈길

2) 고유가 시대, 자전거 출퇴근 늘어

듣고 말하기

들어 보세요 track 04

다음은 기자 생활에 대한 두 사람의 대화입니다. 잘 듣고 질문에 답하세요.

1. 여자와 남자는 어떤 관계입니까?
2. 남자는 기자 생활 동안 가장 기억에 남는 일이 무엇이라고 했습니까?
3. 기사 작성의 원칙은 무엇입니까?
4. 남자가 창피하게 생각했던 일은 무엇입니까?

이야기해 보세요

신문 기사를 보고 다음과 같이 육하원칙에 따라 정리해 보세요.

아이스크림 업계, 올 여름 사상 최대의 호황 누려

서울 지역을 중심으로 한 달째 계속되는 무더위 덕분에 아이스크림 업계가 올 여름 사상 최대로 호황을 누리고 있다.

- 누가: 아이스크림 업계가
- 언제: 올 여름에
- 어디서: 서울 지역에서
- 무엇을: 호황을 누리고 있다
- 어떻게: 사상 최대로
- 왜: 한 달째 계속되는 무더위 덕분에

1. **눈길 졸음운전, 10여 명 크게 다쳐**

어제 밤새 내린 눈과 영하의 기온으로 빙판으로 변한 서울 주변 고속도로에서 졸음운전을 하던 운전자가 몰던 화물차가 앞차를 들이받아 10여 명이 크게 다쳤다.

2. **아침 굶으면 비만 위험**

아침을 굶거나 간편식으로 해결하는 잘못된 식습관이 비만의 원인이라는 조사 결과가 나왔다. 서울대 이영희 교수팀이 7일 한국영양학회에서 발표한 바에 따르면, 아침을 굶거나 간단히 때우면 몸에 필요한 열량을 채우기 위해 점심이나 저녁에 과식하게 돼 비만 위험이 높아지는 것으로 나타났다.

3. **환율 1,233원 연중 최저치**

어제 서울 외환 시장의 원 달러 환율이 1달러당 1,233원을 기록하여 연중 최저치를 나타냈다. 이는 수출이 지속적으로 증가하면서 달러가 대규모로 들어온 때문인 것으로 알려졌다.

과제

다음과 같이 신문 기사를 써 보세요.

1. 어떤 기사를 쓸지 다음과 같이 메모해 봅시다.

- 누가 화물차가
- 언제 어제 오후에
- 어디서 고속도로에서
- 무엇을 교통사고를 냈다
- 어떻게 앞차와 충돌하여
- 왜 빗길에 미끄러지면서

- 누가 ....
- 언제 ....
- 어디서 ....
- 무엇을 ....
- 어떻게 ....
- 왜 ....

2. 1의 내용을 문장으로 만들고 이것을 바탕으로 신문 기사의 전문을 써 보세요.

어제 오후에 고속도로에서 화물차가 빗길에 미끄러지면서 앞차와 충돌하여 큰 교통사고가 발생했다.

▼

3. 다음과 같이 신문 기사를 써 보세요.

표제 **어제 오후 빗길 화물차 교통사고**

부제 **곳곳의 고속도로 심하게 막혀**

전문 어제 오후에 고속도로에서 화물차가 빗길에 미끄러지면서 앞차와 충돌하여 큰 교통사고가 발생했다.

본문 어제 오후 2시 10분경 대구에서 서울 쪽으로 가던 25t 화물차가 앞차와 충돌한 뒤 옆 차로를 지나던 다른 25t 화물차를 들이받았다. 이 사고로 서울 방면 2차선 도로가 전면 또는 부분 통제되면서 오후 4시 30분 현재까지 대전 쪽으로 가는 차량들이 수 ㎞에 걸쳐 가다 서다를 반복하는 등 큰 혼잡이 빚어졌다. 화물차 운전사 2명은 크게 다치지 않았다.

경찰은 차량이 빗길에 미끄러지면서 사고가 난 것으로 보고 정확한 사고 원인을 조사 중이다.

2

영화 속을 걷다

주제
영화 감상

읽고 말하기
- '클래식' 시나리오 읽기
- 남의 마음을 알게 된 경험 말하기

듣고 말하기
- '클래식' 듣기
- 영화의 줄거리 말하기

과제
단편 영화 제작하기

들어가기

이야기해 보세요

다음은 영화 포스터입니다. 포스터를 보면서 알맞은 영화 장르와 연결해 보세요. 또한 여러분은 어떤 종류의 영화를 좋아하는지 말해 보세요.

❶ 공포 ❷ 멜로 ❸ 코미디
❹ 공상 과학 ❺ 액션 ❻ 로맨틱 코미디

들어 보세요 track 05

영화를 보려는 두 사람의 대화입니다. 잘 듣고 질문에 답하세요.

1. 두 사람이 보려는 영화에 대해 정리해 보세요.
   - 장르 : ....
   - 감독 : ....
   - 주연, 조연 : ....

2. 두 사람은 언제 영화를 보려고 합니까?

3. 여러분이 좋아하는 영화(제목, 장르, 감독, 배우 등)를 소개해 보세요.

읽고 말하기

주제 어휘

1. 영화 포스터를 보고 ....에 알맞은 말을 찾아 쓰세요.

장르　　감독　　주연　　줄거리　　상영 시간　　관람 등급　　개봉

1) .... : 곽재용　　2) .... : 손예진, 조인성, 조승우

3) .... : 127분　　4) .... : 12세 관람가

5) .... : 2003. 1. 5.　　6) .... : 멜로

7) .... : 지혜는 학교 선배 상민을 좋아한다. 친구가 선배를 좋아하는 것을 알고 지혜는 상민을 피하지만 두 사람은 자꾸 만나게 된다. 지혜는 우연히 어머니의 첫사랑이 담겨 있는 비밀 상자를 보고 어머니의 클래식한 사랑을 알게 된다. 그 후 서로의 마음을 알게 된 지혜와 상민은 클래식한 사랑에 빠지게 된다.

2. 다음은 영화를 만들기 위한 시나리오입니다. ....에 알맞은 말을 찾아 쓰세요.

등장인물　　배경　　대사　　지문

S#. 지혜의 방 (과거) → 1) ....

(문을 여는 지혜. 수경이 호들갑을 떨며 들어온다.) → 2) ....

수경　얘, 얘, 알아냈어! 알아냈다고! → 3) ....
지혜　뭘?
수경　연극반에 상민 오빠 아이디를 알아냈단 말야, 기집애야.
지혜　근데?
수경　메일 보내야지! 아주 근사하고 멋진 문구를 찾아야 돼. 니가 좀 해 줘.
지혜　니가 보내는 건데 왜 내가 하냐?

→ 4) ....

(들고 있던 통닭을 보여 주는 수경.)

읽어 보세요 track 06

다음은 영화 '클래식'의 시나리오입니다. 잘 읽고 질문에 답하세요.

S#.116 지혜의 학교 매점

(창밖으로 소나기처럼 억센 비가 내리고 있다. 접힌 우산 하나를 들고 지혜 옆으로 다가오는 점원.)

점원 지혜야, 이게 뭔 줄 아니?

지혜 우산?

점원 아주 특별한 우산이야.

지혜 피……, 다 똑같지, 뭐.

점원 왜 특별하냐 하면 이거 상민이가 나한테 준 거니까.

지혜 ……?

점원 그 앤 내가 좋아하는 걸 아나 봐.

지혜 그럼, 매일 넋을 잃고 헤 보는데, 모르려고?

점원 이거 니가 상민이 갖다 줘.

지혜 언니가 직접 갖다 줘. 난 거기 안 가.

점원 수경이하고 싸웠니?
(고개를 가로젓는 지혜.)

점원 그저께 비가 갑자기 온 날 있지? 상민이가 여기서 커피를 마시고 있었거든.

지혜 ……!

점원 그런데, 창밖을 이렇게 바라보다가 별안간 돌아보더니 날 보고, "누나, 우산 가져왔어?" 그러더라고. 그래서 "그렇잖아도 안 가져와서 걱정이다." 그랬더니, 우산을 여기다 이렇게 세워 놓고 "이거 누나 가져." 그러는 거야.
(지혜의 눈이 점점 커진다. 거기에 맞춰 음악이 흐르기 시작하고…….)

1. 왜 점원은 자기가 상민이를 좋아하는 것을 상민이가 알아차렸다고 생각했습니까?
2. 상민이가 우산을 점원에게 주고 밖으로 뛰어나간 이유는 무엇일까요?
3. 지혜는 왜 눈물을 흘릴까요?
4. 왜 지혜는 상민이에게 우산을 갖다 주겠다고 했을까요?
5. 점원이 '재들이 미쳤나?' 하고 생각한 이유는 무엇입니까?

점원 자기는 비를 맞겠다는 거야. 그러더니 빗속을 막 뛰어가는 거 있지?
(말을 듣는 지혜, 서서히 기쁨에 사로잡힌다. 지혜, 창밖을 보자 그저께 비를 피해 벤치로 달려가던 그 장소가 훤히 보인다. 그때의 지혜처럼 누군가가 비를 피해 달려가고 있다. 상민이 지금처럼 자신을 보고 있던 것이다. 가슴이 벅차오르는 지혜, 눈에 눈물이 고이기 시작한다.)

점원 근데, 오늘 이렇게 비가 오는데 상민이가 우산이 없어서 비 맞을지도 모르잖아.

지혜 이거, 정말 특별한 우산이네. 언니, 내가 갖다 줄게.
(우산을 받는 지혜, 나가려다가, 눈물을 흘리지만 밝은 표정으로 점원을 바라본다.)

지혜 (마구 벅차오르는 감정을 추스르지 못하며) 언니, 우산 가져왔어?

점원 가져왔지, 오늘은…….

지혜 그래? 그래도 내 거 가져!

점원 ……?

(자기 우산을 상민이 했던 것처럼 기대어 놓고, 상민의 우산을 펴는 지혜. 고개를 가로젓더니 다시 우산을 접고 비를 맞는다. 눈을 감고 고개를 들어 비를 받아들이는 지혜. 상민의 우산을 들고 비를 맞으며 교내 극장을 향해 달려 나간다.)

점원 쟤들이 미쳤나?

이야기해 보세요

지혜는 상민이의 마음을 모르다가 상민이의 우산에 대해 들으면서 알게 됩니다. 여러분도 이렇게 상대방의 마음에 대해 잘 모르다가 어떤 일을 계기로 알게 된 경험이 있는지 이야기해 보세요.

문법과 표현

1. A/V-지(요), 뭐
· 이 정도 해 줬으면 됐지, 뭐. 뭘 더 바라겠어?
· 지난번엔 민수가 갔으니까 이번에는 제가 가지요, 뭐.

2. 그러더라고(요)
· 역시 학생 때가 좋았다고 모두들 그러더라고.
· 김 과장님께서 갑자기 그러시더라고요. "오늘 우리 팀 회식하니까 한 명도 빠지면 안 됩니다."

3. A/V-다는 거야[거예요]
· 내가 가겠다고 했는데도 민수가 여기로 오겠다는 거야.
· 민수 씨가 내일이면 늦을 거라면서 지금이 바로 결정할 때라는 거예요.

듣고 말하기

들어 보세요 track 07

다음은 라디오 드라마로 만든 '클래식'의 일부입니다. 잘 듣고 질문에 답하세요.

1. 상민이가 다가오자 지혜는 어떻게 행동했습니까?
2. 지혜는 어디로 가려는 중이었습니까?
3. 상민이가 말한 '내 우산'은 무엇입니까?
4. 지혜가 도서관이 가깝다고 느낀 이유는 무엇입니까?

이야기해 보세요

1. 다음 그림을 보면서 줄거리를 쓴 후 이야기해 보세요.

1) 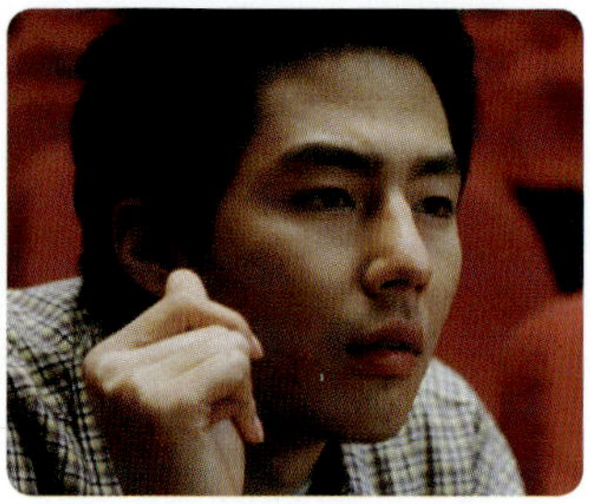

지혜는 선배인 상민이를 좋아하지만 좋아한다는 말을 못 하고 있다.

2) 

그러던 어느 날,

3) 

4) 

5) 

6) 

2. 여러분이 본 영화나 드라마 중에서 기억에 남는 장면을 소개해 보세요.

과제

다음과 같이 시나리오를 쓰고 단편 영화를 찍어 보세요.

1. 어떤 내용의 영화를 만들지 이야기해 보세요.

장르	장르
☑ 멜로 ☐ 코미디 ☐ 액션 ☐ 공상 과학 ☐ 공포 ☐ 로맨틱 코미디	☐ 멜로 ☐ 코미디 ☐ 액션 ☐ 공상 과학 ☐ 공포 ☐ 로맨틱 코미디
줄거리	**줄거리**
남자는 백 일 기념으로 여자 친구가 준 천 원으로 떡볶이를 사 먹는다. 천 원짜리를 써 버린 사실을 안 여자 친구는 남자에게 화를 낸다. 떡볶이 집 주인아주머니는 그 천 원을 딸에게 주고, 딸은 다시 친구에게 준다. 친구는 그 천 원을 길에 흘린다. 한편 길에서 천 원을 주운 어떤 외국인이 자동판매기에서 음료수를 사 먹기 위해서 남자에게 천 원을 동전으로 바꿔 달라고 한다. 남자가 동전으로 바꿔 주고 받은 돈은 놀랍게도 전에 여자 친구가 준 그 천 원이었다. 남자와 여자 친구는 화해를 한다.	

2. 다음에 대해 논의하여 정하세요.

▪ 제목은 무엇으로?	**제목**	
▪ 누가? 무슨 역할? 포스터 제작, 시나리오 집필 감독, 배우(주연, 조연), 편집	**역할**	
▪ 촬영은 언제 어디서? 학교 커피숍, 운동장	**일정**	

3. 다음을 참고로 하여 시나리오를 쓰세요.

#1 커피숍

(남자, 여자가 공부하고 있다.)

여자　요즘 시험공부 때문에 너무 힘들어.

남자　그래도 우리는 열심히 공부해야 되잖아.

여자　그래도, 백 일인데…….

남자　아? 뭐라고?

여자　아니. (여자가 지갑에서 천 원을 꺼내서 천 원짜리 위에 하트 모양을 그리고 글자를 쓴다. 남자는 계속 열심히 공부하고 여자는 남자의 책 위에 그림을 그린다.)

남자　(불만스럽게) 공부해.

여자　(더 불만스럽지만 참으며) 하고 있잖아!

남자　(남자가 여자를 위로한다.) 많이 힘들어? 뭐 좀 사 줄까?

여자　(남자의 말을 듣고 다시 기뻐하며) 아니, 이거 받아. (하트 모양으로 만든 천 원을 남자에게 준다.)

남자　응? 왜 갑자기?

여자　오늘, 백 일 기념인데…….

남자　(깜짝 놀라며) 그래? 미안해. 나 때문에 놀 시간도 없지?

여자　괜찮아. (시계를 보고) 벌써 6시야. 이제 집에 가자.

4. 영화 포스터를 만들어 보세요.

한욱, 나츠호, 나라, 유리, 양운선, 피엠, 위니
(2009년 가을 학기 5급 제작 영화)

5. 영화를 만들어 보세요.

1 남자와 여자 친구가 커피숍에서 공부를 하고 있다.

2 여자 친구가 백 일 기념으로 천 원짜리 지폐로 하트를 접어서 남자에게 건넨다.

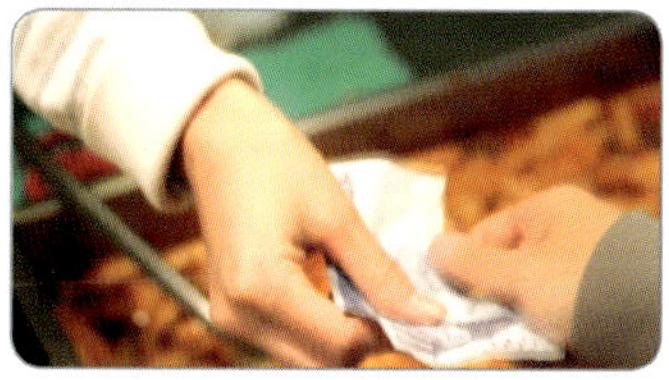

3 남자는 여자 친구가 준 천 원으로 떡볶이를 사 먹는다.

4 남자가 천 원을 써 버린 것을 안 여자 친구는 화를 내고 가 버린다.

5 떡볶이 집 주인아주머니는 딸에게 그 천 원을 준다.

6 내기에서 진 떡볶이 집의 딸은 친구에게 천 원을 준다.

7 친구가 떨어뜨린 천 원을 어떤 외국인이 줍는다.

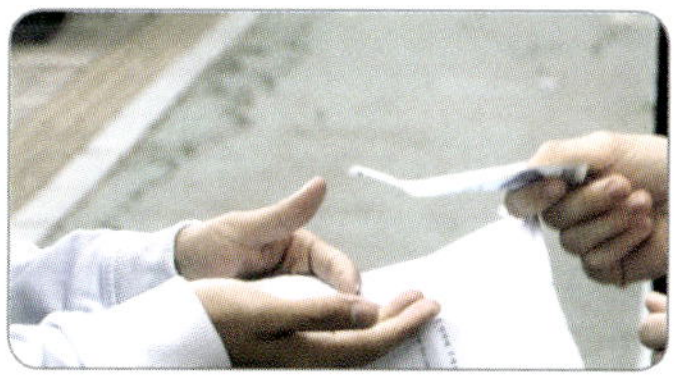

8 이 외국인은 마침 거기를 지나던 남자에게 그 천 원을 동전으로 바꿔 달라고 부탁한다.

9 그 돈이 여자 친구가 준 천 원짜리임을 확인한 남자는 여자 친구에게로 가서 그 돈을 보여 준다.

6. 친구들이 만든 영화에 대해 평가해 보세요.

영화 이름 :	평점 주기
주제가 잘 전달되었는가?	☆ ☆ ☆ ☆ ☆
소재가 잘 선택되었는가?	☆ ☆ ☆ ☆ ☆
내용이 잘 구성되었는가?	☆ ☆ ☆ ☆ ☆
배우가 연기를 잘하였나?	☆ ☆ ☆ ☆ ☆
재미있었는가?	☆ ☆ ☆ ☆ ☆
영상이 깨끗했는가?	☆ ☆ ☆ ☆ ☆
음악이 적절하였나?	☆ ☆ ☆ ☆ ☆

3 광고와 소비자

주제
광고에 대한 소비자 의식

읽고 말하기
- 광고에 대한 만화 읽기
- 광고 회사의 주장에 대해 반박하기

듣고 말하기
- 과장 광고에 대한 대화 듣기
- 문제 제기하기, 동의 구하기

과제
허위 과장 광고에 대해 문제 제기하여 말하기

들어가기

이야기해 보세요

다음은 무엇에 대한 광고인지 말해 보세요. 또 여러분의 기억에 남는 광고와 그 이유를 소개해 보세요.

들어 보세요 track 08

어떤 사람이 불평을 하고 있습니다. 잘 듣고 질문에 답하세요.

1. 남자는 무엇에 대해 불평하고 있습니까?

2. 남자가 본 광고를 모두 고르세요.

☐ 이메일 광고	☐ 텔레비전 광고	☐ 지하철 광고
☐ 잡지 광고	☐ 인터넷 광고	☐ 전단지 광고

3. 여러분은 일상생활에서 어떤 광고들을 보게 되는지 이야기해 보세요.

읽고 말하기

주제 어휘

다음은 경제와 관련된 말입니다. 알맞은 설명과 연결해 보세요.

1. 건강식품이 앞으로 많이 팔릴 것 같아서 사람들이 인삼 음료 회사의 주식을 삽니다. •
2. 그 회사에서는 공장을 더 지어 인삼 음료를 많이 만듭니다. •
3. 이 음료는 슈퍼마켓, 편의점, 백화점 등에서 팔립니다. •
4. 이 음료는 한 개에 2,500원입니다. •
5. 많은 사람들이 이 음료를 사서 마십니다. •
6. 이 회사의 사업이 잘되어 사람을 더 뽑습니다. •

• 소비하다
• 정가
• 투자하다
• 판매하다
• 생산하다
• 일자리 창출

읽어 보세요 track 09

다음은 광고에 대해 설명하는 글입니다. 잘 읽고 질문에 답하세요.

광고에 나왔던 물건이네. 한번 사 볼까?
저건 별로 좋지 않았어. 이번에는 다른 것으로 사야지.
다시 말해서 아무리 멋진 광고도 어떤 상품을 한 번 써 보도록 할 수는 있지만 이것을 두 번, 세 번 사게 할 수는 없다는 것입니다.
광고가 나쁜 제품을 좋은 제품으로 보이게 한다고 해서 물건이 잘 팔리는 것은 아닙니다.
광고
경제적으로 볼 때 광고는 돈의 낭비입니다.
광고비
광고에 쓰는 돈을 좋은 제품을 만드는 데 투자하는 것이 경제적으로 더 낫다는 사람들이 많습니다. 하지만 광고 덕에 소비자들은 제품에 관한 유용한 정보를 알 수 있고 제품을 비교할 수 있습니다.
광고비
제품비교 유용한 정보
광고
판매
생산
또 광고를 해야 제품을 더 많이 판매할 수 있고 잘 팔려야만 더 많은 제품을 생산하게 되고
그래야 제품 가격도 낮추고 일자리도 늘릴 수 있습니다.
가격
일자리
광고
경제
결국 광고는 국가 경제에까지 도움을 줍니다. 광고는 우리 경제에 대단히 중요한 것입니다.
경제
광고
광고, '선택의 자유'의 또 다른 표현입니다!
광고

1. 소비자가 말하는 광고의 문제점은 무엇입니까?

소비자의 의견

- 광고 때문에 필요하지도 않은 물건을 산다.
-
-
-

2. 위의 소비자의 의견에 대한 광고 회사의 주장을 정리해 보세요.

	"그렇지 않습니다. 왜냐하면……."	"따라서……."
①	쓸모없거나 사고 싶지 않은 물건을 사는 사람은 없기 때문이다.	아무리 광고가 잘 만들어졌어도 선택은 결국 소비자들이 하는 것이다.
②		
③		
④		

이야기해 보세요

광고 회사의 다음 주장에 대해 반박해 보세요.

"상품 선택은 소비자의 책임이다."

"광고 때문에 질 나쁜 상품이 잘 팔리는 것은 아니다."

"광고가 물건값을 싸게 만들어 준다."

"광고에 쓰는 돈은 결코 낭비가 아니며 오히려 경제에 도움이 된다."

광고 회사는 선택이 결국 소비자 책임이라고 주장하고 있지만 따지고 보면 광고 회사가 소비자에게 책임을 미루고 있는 것입니다. 광고가 소비자에게 얼마나 큰 영향을 미치는데요. 제 생각에는 광고 회사가 광고의 엄청난 영향력을 일부러 모르는 척하는 것 같습니다.

문법과 표현

1. A/V-겠거니, N(이)겠거니
- 병원에 안 가도 괜찮겠거니 하고 안 갔더니 감기가 점점 더 심해지네요.
- 떠난 지 오래되어서 이제 도착했겠거니 했는데 아직도 안 왔대요.
- 얼굴이 어려 보여서 고등학생이겠거니 했는데 대학원생이라고 해서 놀랐어요.

2. 따지고 보면
- 내가 잘못한 것은 맞지만 따지고 보면 네 책임도 있어.
- 인간이 대단하다고 생각하지만 따지고 보면 인간도 동물일 뿐이에요.

3. 다시 말해서, 즉
- 언론은 사회를 밝히는 등불입니다. 다시 말해서 언론은 우리 사회에 진실을 알리는 역할을 합니다.
- 연구 결과 장수는 인간관계의 질과 깊은 관련이 있다는 것이 밝혀졌다.
  즉, 가족이나 주변 사람들과 얼마나 좋은 관계를 유지하며 지내느냐 하는 것이 장수와 밀접한 관련이 있다고 한다.

듣고 말하기

들어 보세요 1 track 10

두 사람이 어떤 광고에 대해 이야기하고 있습니다. 잘 듣고 질문에 답하세요.

1. 무엇에 대해 이야기하고 있습니까?

2. 남자는 생각해 봐야 할 문제를 제기할 때 어떤 표현을 쓰고 있습니까?

3. 남자는 상대방의 동의를 구할 때 어떤 표현을 쓰고 있습니까?

4. 이와 같이 문제를 제기할 때와 상대방의 동의를 구할 때 쓰는 표현을 정리해 보세요.

문제 제기하기	상대방의 동의 구하기
▪ ~이 문제입니다	▪ 그렇지 않습니까?
▪ 중요한 것은 ~입니다	▪ 그렇지 않을까요?
▪ ~이 문제 아닐까요?	▪ ~지 않을까요?
▪ ~이 아니라 ~지 않습니까?	▪ 그렇게 생각하지 않으세요?

이야기해 보세요

앞의 표현을 사용해서 아래의 상황에 대해 말해 보세요.

1. 요즘은 드라마 속에서 상품을 간접적으로 광고하는 경우가 많아지고 있다.

2. 청소년들이 좋아하는 유명한 연예인이 술 광고에 나온다.

3. 텔레비전 시청률 때문에 교양 프로그램보다 오락 프로그램이 늘어나고 있다.

요즘 드라마 속에서 상품을 간접적으로 광고하는 경우가 많아지고 있는 것은 정말 문제예요. 어제 드라마를 보는데 주인공이 갑자기 휴대폰의 기능을 설명하는 장면이 나오는 거예요. 좀 너무한다 싶더라고요. 그렇게 생각하지 않으세요?

간접 광고는 광고가 아닌 것처럼 광고한다는 게 문제라고 생각해요. 소비자가 드라마 내용을 받아들이는 것처럼 광고까지 생각 없이 받아들이게 되지 않을까요?

들어 보세요 2 track 11

다음은 햄버거 광고에 대한 두 사람의 대화입니다. 잘 듣고 질문에 답하세요.

1. 광고 사진과 실제 햄버거가 어떻게 다릅니까?

2. 남자는 왜 이 광고가 허위 과장 광고라고 합니까?

3. 남자가 광고의 문제점을 알리기 위해 하려는 것을 모두 고르세요.

- ☐ 인터넷에 글과 사진을 올린다.
- ☐ 소비자원에 상담을 한다.
- ☐ 거리에서 서명 운동을 벌인다.
- ☐ 허위 과장 광고 중지를 요구하는 편지를 보낸다.

4. 남자는 햄버거 회사에 어떤 요구를 하려고 합니까? 이에 대해 여자는 어떤 제안을 합니까?

과제

허위 과장 광고와 관련된 경험담을 이야기해 보세요.

1. 다음 신문 기사 제목을 보고 각 광고에 어떤 문제가 있는지 이야기해 보세요.

5만 원짜리 해외여행 상품?
허위 과장 광고 주의해야

5만 원짜리 해외여행 상품이라는 광고를 그대로 믿은 사람들은 정말 화났을 거예요. 분명히 추가 요금이 굉장히 많았을 거예요.

맞아요. 그리고 이렇게 싼 여행 상품은 관광지보다 쇼핑하는 곳에 더 많이 데려갈 걸요.

유명 연예인 내세워
다이어트 제품 과장 광고

"무료 영화 카드라더니……." 허위 과장 광고 피해 속출

2. 허위 과장 광고와 관련된 여러분의 경험을 생각해 보세요.

3. 아래와 같이 서로의 경험담을 이야기하면서 허위 과장 광고의 문제점을 지적해 보세요.

어제 옷 사러 갔다가 정말 기가 막혔어요. 옷을 80%로 대폭 할인한다는 광고를 보고 갔더니 80% 할인하는 물건은 별로 좋지도 않고 몇 종류 되지도 않았어요.

아, 저도 알아요. 그런 광고 자세히 보면 작은 글자로 5%라고 잘 안 보이게 써 놓고 예쁘고 좋은 상품은 5%만 할인하는 식이에요. 광고가 소비자들의 눈을 이렇게 교묘하게 속이는 것은 정말 심각한 문제예요. 그렇게 생각하지 않으세요?

자기 평가

1. 다음 중 아는 단어에 ∨ 하세요.

☐ 사설	☐ 경제면	☐ 호황	☐ 불황
☐ 적자가 나다	☐ 경기가 회복되다	☐ 감독	☐ 주연
☐ 줄거리	☐ 개봉	☐ 대사	☐ 소비하다
☐ 판매하다	☐ 생산하다	☐ 정가	☐ 일자리 창출

2. 다음 표현을 이용해서 문장을 만들어 보세요.

1) N을/를 계기로

→

2) 그러더라고(요)

→

3) A/V-겠거니

→

3. 다음과 같은 상황에서 어떻게 말할 수 있습니까?

1) 문제를 제기할 때

....

2) 상대방의 동의를 구할 때

....

보충 어휘

관용 표현(Ⅰ) 다음은 우리의 몸과 관련 있는 관용 표현입니다. 이런 표현을 익혀 다양한 상황을 생생하게 표현하도록 합시다.

눈에 안 차다
마음에 들지 않고 만족스럽지 않다.

눈(을) 붙이다
잠깐 잠을 자다.

한눈(을) 팔다
집중해야 할 것에 집중하지 않고 다른 데 신경을 쓰다.

손에 익다
어떤 일에 익숙해져서 쉽게 할 수 있다.

손(을) 놓다
하던 일을 그만두거나 잠시 멈추다.

귀에 못이 박히다[박히게 듣다]
같은 말을 여러 번 듣다.

코가 납작해지다
몹시 창피를 당하거나 기가 죽다.

등(을) 돌리다
뜻을 같이하던 사람이나 단체와 관계를 끊고 멀리하다.

배꼽(이) 빠지다
아주 심하게 많이 웃다.

간이 콩알만 해지다
몹시 무섭거나 놀라다.

연습 1 다음 관용 표현으로 무슨 말을 하려는 것인지 고르세요.

1) 

① 매우 우습다.
② 매우 기쁘다.

2) 

① 내가 마음에 드시는 것 같다.
② 내가 마음에 안 드시는 것 같다.

3) 

① 너무 위험하다.
② 너무 무섭다.

4) 

① 다른 사람한테 관심을 가지면 안 된다.
② 눈이 피곤해서 잘 보이지 않는다.

보충 어휘

연습 2 다음 .... 부분과 관련 있는 관용 표현을 쓰세요.

1) 결혼하고 나서 처음에는 식사 준비하는 데 오래 걸렸는데 부엌일에 익숙해지자 빨리 할 수 있게 되었어요.

→ 손에 익다

2) 그 사람이 권력을 잃자 친구라고 생각했던 사람들까지 모두 그 사람 곁을 떠났대.

→

3) 우리 엄마가 나한테 매일 방 좀 치우라고 똑같은 잔소리를 하셔서 듣기가 싫다.

→

4) 보고서를 쓰다가 다른 일을 하느라고 잠시 중단했더니 다시 시작하기가 어려워요.

→

5) 그 팀은 우리 팀이 제일 못한다고 무시하다가 이번 대회에서 크게 져서 창피를 당했다.

→

6) 학교가 끝나고 집에 가면 너무 피곤해서 잠깐 자다가 일어나서 숙제를 한다.

→

연습 3 관용 표현을 넣어서 대화 연습을 해 보세요.

1) 가 : 그 사람은 부자이고 자식들도 많다던데 왜 그렇게 외롭게 살아요?

나 : 평소에 돈밖에 모르더니 자식들마저 모두 .... 모양이에요.

2) 가 : 50살이라는 연세에 다시 공부를 시작하시는 것이 쉽지 않으셨을 텐데요.

나 : 결혼하고 집에서 아이 낳아 기르다 보니 한동안 공부에서 .... 되었어요. 하지만 이제 아이들이 다 커서 제 시간도 좀 생기고 중단했던 공부도 끝내고 싶었어요.

3) 가 : 이 돈으로는 조건에 맞는 집을 구하기 힘들어요.

나 : 저도 그렇게 생각해요. 그래서 .... 그냥 적당한 집으로 정하려고 해요.

4) 가 : 오랜만에 친구들 만나서 옛날 이야기 하며 .... 웃었더니 스트레스가 싹 풀리네.

나 : 그래, 가끔씩 그렇게 웃는 것이 정신 건강에 좋대.

5) 가 : 우리 선생님은 참 훌륭한 분이셨지?

나 : 그래, 평생 다른 일에 .... 않고 어떻게 하면 잘 가르칠지 그 생각만 하신 분이잖아.

6) 가 : 신입 사원으로 1년 지내면서 고생이 많았죠? 요즘에는 어때요?

나 : 처음에는 일이 ________________ 않아 힘들었지만 점점 익숙해져서 요즘은 재미있어요.

7) 가 : 너무 졸려서 더 이상 공부가 안된다. 10분만 ________________ 일어날게.

나 : 알았어. 내가 10분 후에 깨워 줄게.

8) 가 : 새벽에 골목길을 혼자 걸어가고 있는데 누가 갑자기 뒤에서 내 어깨를 잡는 거야.

나 : ________________. 그래서 어떻게 됐어?

9) 가 : 담배 좀 끊으라고 그렇게 ________________ 말을 했는데도 또 피우네요.

나 : 여보, 담배 끊는 게 쉽지 않아. 좀 더 시간을 줘.

10) 가 : 동생이 수학 문제를 좀 풀어 달라고 해서 그것도 모르느냐고 야단을 치고 그 문제를 풀어 줬어. 그런데 나중에 해답과 맞춰 보니 내 답이 틀린 거야. 정말 창피했어.

나 : 네가 아주 ________________.

어휘와 표현

1. 뉴스 따라잡기

가전제품(家電製品)
명 세탁기, 에어컨, 전기밥솥 등과 같이 가정에서 사용하는 전기제품. home appliances
가전제품의 발달로 주부의 가사 노동 시간이 훨씬 줄어들었다.

경기(景氣)가 회복(回復)되다 [경기가회복뙤다/경기가훼복뛔다]
시장 경제가 나쁘다가 괜찮아지다. the economy recovers
전 세계 경기가 회복되면서 수출이 늘어나고 있다.

경제면(經濟面)
신문에서 경제에 관한 기사를 싣는 지면. business section
정부의 물가 대책에 대한 기사가 경제면에 실렸다.

경제지(經濟紙)
명 주로 경제 기사를 싣는 신문. business newspaper
한 경제지가 남북 경제 협력 문제를 깊이 있게 다루었다.

계간지(季刊誌) [계간지/게간지]
명 한 해에 네 번 계절에 따라 나오는 잡지. quarterly magazine
계간지는 보통 계절별 기사를 싣는다. 예를 들어 여름호에는 바캉스 기사가 들어간다.

고려(考慮)하다
동 생각하고 헤아려 보다. to consider
현실을 고려해서 계획을 세워야 한다.

고유가(高油價) [고유까]
명 비싼 기름 가격. high oil price
지금은 고유가 시대이니 자동차도 덜 타고 난방도 덜 틀어야겠다.

과식(過食)하다 [과시카다]
동 음식을 너무 많이 먹다. to eat too much; to overeat
오래 사는 사람들은 음식을 과식하지 않고 항상 몸을 많이 움직인다.

국제면(國際面) [국쩨면]
신문에서 전 세계에서 일어난 일에 관한 기사를 싣는 지면. international section
국제면에서 유럽의 이상 기후에 관한 기사를 보았다.

꾸준히
부 변함없이 부지런하고 끈기 있게. steadily; constantly
시험을 꾸준히 준비하여 왔다.

단팥

명 삶은 팥에 설탕을 넣어 달게 만든 것. sweet red-bean
추운 겨울밤에는 단팥을 넣은 따끈따끈한 찐빵이 생각난다.

대구(大邱)
명 경상북도에 있는 도시. name of a city in Gyeongsangbuk-do

대비(對比)
명 두 가지의 차이를 밝히기 위하여 서로 맞대어 비교함. 또는 그런 비교. comparison; contrast
올해는 작년 같은 기간 대비 소비가 3% 늘었다.

대중 매체(大衆媒體)
신문, 잡지, 영화, 텔레비전 등과 같이 많은 사람에게 정보를 전달하는 매체. mass media
요즘 텔레비전, 잡지 등의 대중 매체들이 점점 상업화되고 있다.

들이받다 [드리받따]
동 조심하지 않아 부딪치다. to run into; to collide with; to ram into
시내에서 버스가 가로수를 들이받는 사고가 있었다.

매출(賣出)
명 물건을 파는 일. sale; selling
최근 경기가 살아나면서 백화점의 매출이 늘고 있다고 한다.

매출액(賣出額)
명 판매 금액. sales volume; sales figure
과자 회사의 전체 매출액이 총 5,000억 원에 이를 것으로 전망된다.

문화면(文化面)
신문에서 문화에 관한 기사를 싣는 면. culture section
피아노 연주회 소식이 문화면에 실렸다.

물가(物價)가 인상(引上)되다 [물까가인상되다/물까가인상뒈다]
물건들의 값이 오르다. to increase in cost of living
기름값이 오르자 각종 물가가 인상되기 시작했다.

반문(反問)하다
동 물음에 대답하지 않고 다시 묻다. to cross-question; to counter-question
선생님의 의견을 여쭈어 보자 선생님은 내 생각은 어떤지 다시 반문하셨다.

방면(方面)
명 어떤 장소나 지역이 있는 방향. direction
서울 방면 버스는 여기서 타야 한다.

본문(本文)
명 신문, 잡지, 책 등에서 중심이 되는 글. the body or main text (of a book, article, or letter)
시험 문제는 본문을 읽고 간단히 요약하는 것이다.

부문(部門)
명 일정한 기준에 따라 분류하거나 나누어 놓은 부분. field; sector
정부는 실업 부문의 개선에 더 많은 관심을 두고 있다.

부제(副題)
명 신문이나 잡지 기사의 제목에 덧붙어 그것을 보충하는 제목. subtitle; subhead
'한국 전쟁의 평가'라는 글에 필자는 '소련의 입장'이라는 부제를 달았다.

분기(分期)
명 일 년을 4등분 한 3개월씩의 기간. a quarter (of a year); three months of a year
회비는 분기마다 2만 원씩 내기로 했다.

불황(不況)
명 경기가 좋지 않음. business depression; recession
계속되는 경기 불황으로 서민들의 생활이 더욱 힘들어지고 있다.

비만(肥滿)
명 살이 쪄서 몸이 뚱뚱함. fatness; obesity
비만은 성인병의 원인이 된다.

빙판(氷板)
명 얼음이 얼어 미끄러운 길. icy road; frozen road
할아버지가 미끄러운 빙판에서 넘어지셨다.

사설(社說)
명 신문이나 잡지에서, 그 회사 기자들의 주장이나 의견을 쓴 기사. editorial; column
신문 사설을 읽으면 그 신문의 입장을 알 수 있다.

사회면(社會面) [사회면/사훼면]
명 신문에서 사회에서 일어난 일에 관한 기사를 싣는 지면. general news section
어제 일어났던 눈길 교통사고 사진이 오늘 아침 신문의 사회면에 나왔다.

상반기(上半期)
명 한 해나 어떤 일정한 기간을 둘로 똑같이 나눌 때에 앞의 절반 기간. the first half (of the year)
이번 공사는 내년 상반기까지는 마쳐야 한다.

생필품(生必品)
명 생활하는 데 꼭 필요한 물건. '생활필수품'의 준말. daily necessity; necessities of life
쌀값은 이미 세 배나 올랐고, 일반 생필품들도 두 배 이상이나 값이 뛰어올랐다.

생활 정보지(生活情報誌)
생활에 대한 자세한 정보를 제공하는 신문이나 잡지. local newspaper with classified ads and event
사람들은 생활 정보지에 나온 광고를 보고 중고품을 산다.

선보이다
동 사람들 앞에 물건을 처음 내어 보여서 좋고 나쁨을 알게 하다. to introduce (for the first time); to showcase
이번 박람회는 전 세계에 우리 회사의 제품을 선보일 수 있는 좋은 기회이다.

성장세(成長勢)
명 성장해서 변화해 가는 상태. growth
올해는 자동차 시장이 높은 성장세를 보이고 있다.

수습기자(修習記者) [수습끼자]
명 해야 할 업무를 배워 익히는 과정에 있는 기자. a cub reporter; a junior reporter
수습기자 시절에는 열심히 돌아다녀도 기삿거리를 찾지 못할 때도 있다.

스포츠면(---面)
신문에서 스포츠에 관한 기사를 싣는 지면. sports section
오늘 스포츠면에 어제의 축구 경기 기사가 크게 실렸다.

신제품(新製品)
명 새로 만든 물건. new product
이번에 나온 신제품은 젊은 사람들 사이에 인기를 끌고 있다.

실업률(失業率) [시럼뉼]
명 일자리가 없는 실업자가 차지하는 비율. unemployment rate
불황이 계속되면서 실업률이 증가하고 있다.

씀씀이
명 돈이나 물건, 마음 등을 쓰는 태도. 또는 그런 정도나 수량. expense; expenditure
그 사람은 씀씀이가 너무 커서 항상 생활비가 모자란다.

어휘와 표현

연예(演藝)

명 대중 앞에서 음악, 무용, 쇼 등을 공연하는 것. entertainment

스포츠 신문에는 스포츠 기사 이외에도 인기 스타의 소식을 다룬 연예 기사가 많다.

연예면(演藝面) [여녜면]

신문에서, 대중 예술 공연이나 공연하는 사람에 관한 기사를 싣는 지면. entertainment section

스포츠 신문의 연예면에서 한 인기 스타의 최근 소식을 크게 다루었다.

영자 신문(英字 新聞) [영짜신문]

모든 기사가 영어로 쓰인 신문. English(-laguage) newspaper

영자 신문은 한국어를 모르는 외국인이나 영어 공부를 하려는 학생들이 주로 본다.

월간지(月刊誌)

명 한 달에 한 번씩 나오는 잡지. monthly magazine

이 어린이 잡지는 한 달에 한 번 나오는 월간지이다.

유기농(有機農)

명 화학 비료, 성장제 등 화학 물질을 전혀 사용하지 않고 자연적인 물질만을 사용하는 농업. organic; organic farming

최근에는 화학 비료를 쓰지 않고 유기농으로 재배하는 농산물이 인기이다.

육하원칙(六何原則) [유카원칙]

명 신문 기사를 쓸 때 지켜야 하는 기본 원칙. '누가, 언제, 어디서, 무엇을, 어떻게, 왜'의 여섯 가지를 이른다. the 5 W's(who, when, which, why, where) and 1 H(how)

신문 기사를 쓸 때는 육하원칙에 따라 써야 한다.

의욕(意欲)

명 무엇을 하고자 하는 적극적인 마음이나 욕망. will; desire

시험에 실패하자 그는 모든 일에 의욕을 잃었다.

일간지(日刊紙)

명 날마다 나오는 신문. daily newspaper

요즘 대학생들은 일간지를 읽기보다는 인터넷에 실린 기사를 읽는 편이다.

자취(自炊)하다

동 혼자 음식을 해 먹으면서 생활하다. to cook one's own food; to live apart from one's own family

가족과 떨어져서 혼자 자취하면서 대학을 다니고 있다.

작성(作成) [작썽]

명 서류, 원고, 계획 따위를 만듦. drawing up; preparation

그는 회사에 낼 보고서를 작성했다.

저렴(低廉)하다

형 물건값이 싸다. to be cheap; to be inexpensive

요즘은 백화점이 세일 기간이라 물건값이 저렴하다.

적자(赤字)가 나다 [적짜가나다]

지출이 수입보다 많아서 손해가 나다. to be in the red; to show a loss

지난달에 적자가 나서 이번 달에는 돈을 많이 아껴 써야 한다.

전면(全面)

명 모든 부문. the whole; overall

국가가 개인 과외를 전면 금지했던 적이 있다.

전문(前文)

명 한 편의 글에서 앞부분에 해당하는 글. the previous (or above) passage

바쁠 때는 신문 기사를 전문까지만 읽어도 어느 정도 내용을 짐작할 수 있다.

정치면(政治面)

신문에서 국내외의 정치와 관계된 기사를 싣는 지면. political section

정치면에 대통령과 정치 지도자들의 모임 소식이 실렸다.

제빵(製-)

명 빵을 만듦. baking

최근 제빵 기술이 발달하여 건강에 좋으면서 맛있는 빵이 많아졌다.

주간지(週刊誌)

명 한 주일에 한 번씩 나오는 신문이나 잡지. weekly magazine

이 잡지는 주간지로 일주일 동안 일어난 국내외 정치 관련 소식을 싣고 있다.

증가세(增加勢)

명 점점 늘어나는 흐름이나 경향. growth; improvement

최근 생활용품의 매출이 증가세를 보이고 있다.

지속적(持續的) [지속쩍]

관 명 어떤 상태가 오래 계속되는 (것). continuous

그 나라는 지속적으로 경제가 성장하고 있다.

차로(車路)

명 찻길. roadway; driveway

사고가 난 화물차가 차로를 막고 있어서 갈 수가 없다.

차별화(差別化)되다

동 둘 이상의 대상이 구별되어 차이가 나게 되다. to be differentiated

이미 나와 있는 것과는 차별화되는 물건을 만들어야 사람들의 눈길을 끌 수 있다.

충돌(衝突)하다

동 서로 부딪치다. to collide with; to conflict with

어젯밤 고속도로에서 버스와 트럭이 정면으로 충돌했다.

취재(取材)(를) 하다

작품이나 기사에 필요한 내용을 조사하여 얻다. to collect materials (for news); to gather news

그 기자는 사고 현장에 나가서 취재를 하고 있다.

침착(沈着)하다

형 흥분하지 않고 행동이 차분하다. to be calm; to be cool

그 아이는 불이 났을 때 당황하지 않고 침착하게 불을 껐다.

침체(沈滯)

명 발전하지 못하고 원래의 자리에 머무르는 것. stagnation

경기 침체로 인해 소비가 줄어들고 있다.

폭우(暴雨)

명 갑자기 아주 많이 내리는 비. heavy rain

태풍의 영향으로 전국에 폭우가 쏟아지고 있다.

표제(標題)

명 신문이나 잡지 기사의 제목. a title; a heading

커다란 표제 아래 그에 대한 기사가 신문에 실렸다.

품목(品目)

명 물품의 이름을 쓴 목록. list of items

이 할인점에서 취급하는 상품의 품목이 매우 다양하다.

호두

명 호두 나무의 열매. walnut

호두는 망치로 단단한 껍질을 깨서 먹는다.

호황(好況)

명 경기가 좋음. prosperous condition; (economic) boom

건설 회사들이 수십 년 만에 최대 호황을 맞고 있다.

혼잡(混雜)이 빚어지다 [혼자비비저지다]

여럿이 한곳에 섞여 혼란스럽다. to be in confusion

눈이 내리자 고속도로에 큰 혼잡이 빚어졌다.

화물차(貨物車)

명 물건을 실어 나르는 자동차나 기차. a truck or train for goods

이 농산물 시장에는 화물차의 출입이 무척 많다.

환율(換率) [화뉼]

명 한 나라 돈과 다른 나라 돈의 교환 비율. exchange rate

오늘의 달러 환율은 1,097원으로 어제보다 2원 올랐다.

흑자(黑字)가 나다 [흑짜가나다]

수입이 지출보다 많아서 이익이 생기다. to be in the black; to have a gain

우리 회사는 히트 상품 덕분에 큰 규모로 흑자가 났다.

2. 영화 속을 걷다

가로젓다

동 가로 방향으로 머리나 손을 흔들다. to shake one's head

그는 말은 하지 않고 그것이 아니라는 듯이 고개를 가로저었다.

감독(監督)

명 영화나 연극, 운동 경기 따위에서 일의 전체를 지휘하며 실질적으로 책임을 맡은 사람. director; head coach; supervisor

김 감독이 이번 영화를 성공시키는 데 결정적인 역할을 했다.

개봉(開封)

명 새 영화를 처음으로 상영함. an opening or premiere (of a movie)

영화 관계자들이 영화 개봉을 앞두고 마지막 편집을 하고 있다.

고이다

동 물 같은 액체가 한곳에 모이다. to be collected into puddles (water, liquid)

비가 오자 구멍에 물이 고였다.

공상 과학(空想科學)

과학 기술을 주제로 만들어 낸 이야기를 소재로 한 작품. science fiction

공상 과학 영화로는 매트릭스, 터미네이터 같은 헐리우드 영화들이 있다.

공포(恐怖)

명 두렵고 무서움. horror; fear

공포를 심하게 느끼면 얼굴이 하얗게 질린다.

관객(觀客)

명 연극이나 영화 등을 보는 사람. audience

그 연극이 재미있다고 알려지면서 많은 관객이 몰려들었다.

어휘와 표현

관람 등급(觀覽等級) [괄람등급]
연극, 영화 등을 볼 때 적용되는 나이 등의 단계. media rating (for age)
이 영화는 관람 등급이 15세 이상이다.

넋을 잃다 [넉쓸일타]
정신을 잃거나 멍한 상태가 되다. to be out of it; to be carried away
그는 아버지를 잃은 후 한동안 넋을 잃었다.

대사(臺詞)
명 연극이나 영화 등에서 배우가 하는 말. lines; dialogue
액션 영화에는 배우들의 대사가 그리 많지 않다.

등장인물(登場人物)
명 연극, 영화, 소설 등에 나오는 인물. character; cast
연극이 끝났을 때 등장인물들이 모두 나와서 관객들에게 인사를 했다.

로맨틱 코미디
사랑을 소재로 재미있게 만든 작품. romantic comedy
데이트를 할 때 사람들은 로맨틱 코미디를 자주 본다.

멈칫
부 하던 일이나 동작을 갑자기 멈추는 모양. hesitantly; stop momentarily
그는 멈칫 서서 하늘을 바라보았다.

멜로
'멜로드라마'의 준말. 낭만적이고 감상적인 이야기를 다룬 대중적인 작품. melodrama; soap opera
사람들은 멜로 영화 속 주인공이 슬퍼할 때 함께 눈물을 흘린다.

배경(背景)
명 문학 작품에서 이야기의 시대, 사회적 환경이나 장소. background; setting
이 영화의 배경은 1950년에 일어난 한국 전쟁입니다.

벅차오르다
동 큰 감격이나 기쁨으로 가슴이 차게 되다. to be emotionally aroused; to be excited
그는 그렇게 바라던 대학에 합격하자 가슴이 벅차올랐다.

별안간(瞥眼間)
부 갑작스럽고 아주 짧은 동안. suddenly; all of a sudden
그 일은 별안간에 벌어진 일이라 잘 기억이 나지 않는다.

사로잡히다 [사로자피다]
동 생각이나 마음이 모두 어떤 것에서 벗어나지 못해 다른 것은 생각하지 않다. to be enraptured; to be enchanted
그는 욕심에 사로잡혀 가족보다 돈을 더 중요하게 생각하고 있다.

상영 시간(上映時間)
극장에서 영화를 보여 주는 시간. running time
이 영화는 상영 시간이 3시간으로 다른 영화보다 길다.

액션
명 배우의 행동. action
그 액션 영화에는 액션과 코미디가 섞여 있다.

어색(語塞)하다 [어새카다]
형 잘 모르거나 별로 만나고 싶지 않았던 사람과 만나서 자연스럽지 못하다. to be awkward
낯선 사람과 마주 보고 앉아 있으려니까 너무 어색하다.

억세다 [억쎄다]
형 강하고 세다. to be tough; to be rough
어려운 환경 속에서 살아야 했던 그들은 행동이 아주 억세고 거칠었다.

외면(外面)하다
동 서로 똑바로 바라보기를 싫어하여 피하거나 얼굴을 돌리다. to avoid; to look (or turn) away
그가 도움을 청할 때 주변의 친구들이 모두 그를 외면했다.

원두막(園頭幕)
명 밭을 지키기 위하여 밭머리에 지은 막. a shed on a melon field; a lookout hut
가족들이 원두막에 둘러앉아 수박을 먹는다.

장르
명 문학이나 영화 등을 성격에 따라 나눈 종류. genre; category
이 작가는 시, 소설, 희곡 등 다양한 장르의 작품들을 발표하고 있다.

접히다 [저피다]
동 천이나 종이 따위가 꺾여서 겹쳐 있다. to be folded
옷장 안의 옷들이 단정히 접혀 있다.

조연(助演)
명 연극이나 영화에서 주인공을 도와 내용이 전개되도록 하는 일. 또는 그렇게 하는 사람. supporting role (actor or actress)
그 영화는 주연보다 조연이 더 연기를 잘했다.

조조할인(早朝割引) [조조하린]

명 극장에서 오전에 입장하는 사람들에게 입장 요금을 조금 깎아 줌. 또는 그렇게 깎인 요금. early morning matinee

아침 8시 반쯤 가서 영화를 조조할인으로 보았다.

주연(主演)

명 연극이나 영화에서 주인공을 맡아 하는 일. 또는 그렇게 하는 사람. leading role (actor or actress); starring role

유명 배우가 주연을 맡은 영화가 늘 인기를 끄는 것은 아니다.

줄거리

명 사건이나 이야기의 흐름을 보여 주는 요약한 이야기. summary; synopsis; outline

두 소설은 부분적으로 서로 다른 부분이 있지만 근본 줄거리는 같다.

지문(地文)

명 희곡에서, 해설과 대사를 뺀 나머지 부분의 글. 인물의 동작, 표정, 심리, 말투 등을 지시하거나 나타낸다. stage directions

그 배우는 시나리오의 지문대로 연기를 정말 잘한다.

질색(窒塞) [질쌕]

명 몹시 싫어함. dislike intensely; hate; detest

나는 무더운 날씨가 정말 질색이다.

집필(執筆)

명 붓을 잡는다는 뜻으로, 직접 글을 쓰는 것을 이르는 말. writing a novel or book

출판사에서 그 소설가에게 새 소설의 집필을 권유했다.

처마

명 지붕이 집 기둥 밖으로 내민 부분. eaves

두 남녀는 비를 피해 처마 밑으로 뛰어 들어갔다.

촬영(撮影)

명 사람이나 사물 등을 사진이나 영화로 찍음. filming; shooting

이 영화는 작년 가을부터 촬영에 들어가 촬영 기간만 10개월이 넘었다.

추스르다

동 감정, 몸 상태 같은 것을 잘 정리하며 처리하다. to gather or put something together; to pull oneself together

어머니는 며칠째 몸도 못 추스르고 누워만 계신다.

코미디

명 웃음을 주면서 인간과 사회의 문제점을 경쾌하고 흥미 있게 다룬 연극이나 극 형식. comedy

최근 웃음을 주는 코미디 영화가 인기를 끌고 있다.

편집(編輯)

명 넣을 것을 넣고 뺄 것을 빼고 순서를 바꾸거나 하며 영화 필름이나 녹음테이프, 문서 따위를 하나의 작품으로 완성하는 일. editing

12시간 동안 영화를 찍었는데 편집을 하니 분량이 1시간이 안 되었다.

헐떡거리다 [헐떡꺼리다]

동 숨을 거칠게 쉬며 급히 숨 쉬는 소리를 자꾸 내다. to pant

아이가 5층까지 뛰어오더니 숨을 헐떡거리고 있다.

호들갑을 떨다 [호들가블떨다]

가볍고 야단스러운 말이나 행동을 하다. to make a great fuss; to act rashly

모두들 그 영화를 꼭 봐야 한다고 왜 호들갑을 떠는지 알 수가 없어.

회식(會食)하다 [회시카다/훼시카다]

동 여러 사람이 모여 함께 음식을 먹다. to dine with a big group (usually coworkers or colleagues)

우승 기념으로 우리 팀은 오늘 저녁에 회식하기로 했다.

훤히

부 앞에 가로막는 건물이 없어서 매우 넓고 시원스럽게. open widely

창을 여니 훤히 펼쳐진 바다가 눈에 들어왔다.

3. 광고와 소비자

개선(改善)하다

동 나쁜 것을 좋게 고치다. to improve; to upgrade

문제점을 개선한 새 제품이 나왔다.

과장(誇張)

명 사실보다 지나치게 크거나 좋게 나타냄. exaggeration

낚시를 좋아하는 내 동생은 항상 자기가 잡은 고기의 크기에 대해 과장이 심하다.

구석구석

부 잘 보이지 않는 가장 안쪽의 이곳저곳. every nook and corner; everywhere

온 집안을 구석구석 쓸고 닦았다.

귀(를) 기울이다

관심을 가지고 잘 듣다. to listen with attention

학생들은 조용히 선생님 말씀에 귀를 기울였다.

기(氣)(가) 막히다 [기가마키다]

너무 예상 밖이라서 말이 나오지 않다. to be stifled; to be at a loss for words

그의 뻔뻔스러운 태도에 기가 막혀서 할 말을 잊었다.

어휘와 표현

낭비(浪費)
명 시간이나 돈 등을 함부로 막 씀. waste; extravagance
이런 회의는 시간 낭비입니다.

낮추다
동 낮게 하다. to lower; to reduce
세금을 낮추기로 했다.

넘어가다
동 어떤 상황이 별일 없이 지나가다. to pass
아이가 거짓말을 했을 때 모르는 척하고 그냥 넘어가 주기도 하세요.

눈(을) 속이다
보는 사람이 속게 하다. to deceive; to cheat
그는 부모님의 눈을 속여 가며 미술을 공부하였다.

뒤덮이다 [뒤더피다]
동 빈 데가 없이 전부 다 덮이다. to be covered all over with
길가에 있는 나무들은 먼지로 뒤덮여 있었다.

때
명 옷이나 몸 등에 묻은 더러운 먼지 등의 물질. dirt
빨래를 해도 때가 잘 안 빠진다.

막대(莫大)하다 [막때하다]
형 더할 수 없을 만큼 많거나 크다. to be enormous; to be tremendous
이번 홍수로 입은 피해가 막대하다.

매장(賣場)
명 물건을 파는 장소. selling area
구두 매장은 몇 층에 있어요?

번지르르하다
형 기름기나 물기 따위가 묻어서 윤이 나고 미끄럽다. 또는 말이나 행동 등이 겉만 그럴듯하다. to be greasy; to be showy
이 호텔은 겉만 번지르르하고 내부는 지저분하다.

생산(生産)하다
동 물건을 만들어 내다. to produce
저기가 텔레비전을 생산하는 공장입니다.

서명 운동(署名運動)
어떤 주장이나 의견에 대한 찬성의 뜻으로 서명을 받는 운동. signature-collecting campaign
그 교육 정책에 반대하여 전국적으로 서명 운동이 일어났다.

소비(消費)하다
동 돈이나 물건, 시간, 노력 등을 써서 없애다. to consume
이 일에는 많은 시간과 돈이 소비된다.

시들시들하다
형 생기가 없고 힘이 없다. slightly wilted
비가 오지 않아 나뭇잎들이 시들시들하다.

시정(是正)하다
동 잘못된 것을 바르게 고치다. to correct
잘못을 시정하기 위해 우리 모두 노력해야 한다.

실물(實物)
명 실제로 있는 물건이나 사람. the actual object; the real thing
이번에 선 본 남자는 사진보다 실물이 낫다.

싱싱하다
형 상하지 않고 생기가 있다. to be fresh
싱싱한 재료를 써야 음식이 맛있다.

쓸모없다
형 필요 없거나 쓸 곳이 없다. to be useless
휴대 전화의 여러 가지 기능이 우리 할머니한테는 전혀 쓸모없다.

요구 사항(要求事項)
요구할 내용을 정리한 것. requirements
여러분의 요구 사항에 더 귀를 기울이는 좋은 백화점이 되겠습니다.

요구(要求)하다
동 받아야 할 것이나 필요한 것을 달라고 부탁하다. to request; to require
국민들은 실업자를 위한 대책을 빨리 세우도록 정부에 요구했다.

유용(有用)하다
형 여러 가지로 사용할 수 있다. to be useful
이 책은 요리를 못하는 사람한테 유용하다.

일자리 창출(創出) [일짜리창출]
일할 곳을 만들어 냄. job creation
정부는 노인의 일자리 창출을 위해 노력하고 있다.

전단지(傳單紙)
광고 등이 적힌 종이. flyers
신문 사이에 식당, 가게 등의 광고 전단지가 많이 끼어 있다.

전시(展示)하다

동 물건을 한곳에 두고 보이다. to exhibit

이 전시실에는 조선 시대 가구를 전시하고 있습니다.

전용(專用) [저농]

명 해당하는 사람만 씀. exclusive use

여성 전용 주차장이 있는 백화점이 많다.

정가(定價) [정까]

명 상품에 정해진 가격. fixed price

백화점에서는 정가대로 판다.

조목조목(條目條目)

부 하나하나 각각의 부분. item by item; one by one

왜 열심히 공부해야 하는지 그 이유를 조목조목 설명했다.

지겹다

형 지루하고 싫다. to be boring; to be tiresome; to be tedious

하루 10시간씩 같은 일을 하니 이제는 이 일이 지겹다.

질(質)

명 물건의 특징, 가치. quality

질이 좋은 물건을 싸게 팔면 많이 팔릴 것이다.

투자(投資)하다

동 이익을 얻기 위하여 사업에 돈을 마련하여 대다. to invest

그는 그동안 번 돈을 새로운 사업에 투자하기로 했다.

판매(販賣)하다

동 상품을 팔다. to sell

겨울옷은 이번 주까지만 판매할 계획입니다.

포장(包裝)하다

동 물건을 예쁘게 싸다. 겉으로만 그럴듯하게 보이게 하다. to wrap; to pack; to cover

친구에게 줄 생일 선물을 예쁜 종이로 포장했다.

허위(虛僞)

명 사실이 아닌 것을 사실인 것처럼 꾸밈. falsehood; fiction

인터넷으로 허위 사실을 알린 사람들이 벌을 받았다.

혜택(惠澤) [혜택/헤택]

명 어떤 것 덕분에 받게 된 좋은 것. 고마운 것. benefit; favor; blessing

우리는 자연의 혜택 없이는 살 수 없다.

효과(效果)

명 어떤 일로 생기는 좋은 결과. effect

이 약의 효과로 병이 나았다.

후반(後半)

명 전체를 반씩 둘로 나눈 것의 뒤쪽 반. the latter half; the second half

그 여자는 삼십 대 후반인데 이십 대처럼 보인다.

흔히

부 보통보다 더 자주. commonly; frequently

그런 사람은 길거리에서 흔히 볼 수 있다.

VIII 의식주와 생활

1 살고 싶은 집

주제 집에 얽힌 추억

읽고 말하기
- 온돌에 관한 수필 읽기
- 집에 대한 경험 · 추억 말하기

듣고 말하기
- 주택 건축에 대한 대화 듣기
- 짓고 싶은 집에 대해 말하기

과제 집을 주제로 수필 쓰기

문법
- V-(으)려는지
- V-기 십상이다
- A/V-거나 하다

어휘 온돌, 날씨, 온도

2 음식 여행, 비빔밥

주제 한국의 전통 음식

읽고 말하기
- 비빔밥 조리법 읽기
- 자국의 대표적 음식 소개하기

듣고 말하기
- 음식에 대한 대화 듣기
- 모임에 가져가고 싶은 음식 설명하기

과제 요리에 대한 설명, 조리법 발표하기

문법
- N 바람이 불다
- N을/를 막론하고
- N 길이

어휘 요리

3 유행하는 옷

주제 한국 여성의 옷차림

읽고 말하기
- 여성의 복식사에 대한 설명문 읽기
- 자국의 유행 소개하기

듣고 말하기
- 유행에 관한 대담 듣기
- 맞장구치기, 화제 바꾸기

과제 젊은이들의 소비 경향에 대해 토론하기

문법
- N은/는 물론이거니와
- N을/를 말하라면
- N이자 N

어휘 옷차림

보충 어휘 관용 표현 Ⅱ

1 살고 싶은 집

주제
집에 얽힌 추억

읽고 말하기
· 온돌에 관한 수필 읽기
· 집에 대한 경험·추억 말하기

듣고 말하기
· 주택 건축에 대한 대화 듣기
· 짓고 싶은 집에 대해 말하기

과제
집을 주제로 수필 쓰기

들어가기

이야기해 보세요

다음은 한국에서 일반적으로 볼 수 있는 집의 종류입니다. 여러분 나라에는 어떤 종류의 집이 있습니까? 또한 여러분은 어떤 집에서 살아 보았는지 이야기해 보세요.

❶ 

❷ 

❸ 

❹ 

❺ 

❻ 

❶ 단독 주택(한옥)
❷ 단독 주택(양옥)
❸ 오피스텔
❹ 아파트
❺ 빌라
❻ 원룸

들어 보세요 track 12

집에 대해 두 사람이 대화하고 있습니다. 잘 듣고 질문에 답하세요.

1. 남자와 여자는 각각 지금 어디에 살고 있습니까?

2. 남자와 관계있는 내용을 모두 고르세요.
   - ☐ 오피스텔이 편리해서 마음에 든다.
   - ☐ 어렸을 때 한옥에서 살았다.
   - ☐ 한옥보다 아파트를 더 좋아한다.
   - ☐ 한옥에서 편안하게 자 본 적이 있다.

3. 여러분 나라의 주택은 어떤 종류가 있는지 소개해 보세요.

읽고 말하기

주제 어휘

1. 다음 그림은 한옥의 온돌 구조입니다. ❶~❹에 알맞은 이름을 연결해 보세요.

윗목　　아랫목　　아궁이　　굴뚝

2. 다음은 날씨나 온도와 관련된 말입니다. 관계있는 설명과 연결해 보세요.

1) 따끈하다 ·	· 요즘 비가 오지 않아 습기가 없고 풀이나 나무가 말라 있어요.
2) 아늑하다 ·	· 추운 날에 따뜻한 국물이나 차를 마시면 기분이 좋아져요.
3) 썰렁하다 ·	· 장마철에는 오랫동안 계속 비가 내려 빨래가 잘 마르지 않아요.
4) 건조하다 ·	· 뜨겁던 국이 전화받는 동안에 식어 이제는 별로 뜨겁지 않아요.
5) 습하다 ·	· 내 방에 있으면 엄마 품에 안긴 것처럼 편안하고 기분이 좋아요.
6) 미지근하다 ·	· 아직 봄이라서 난방을 안 하면 좀 추운 느낌이 들어요.

읽어 보세요 track 13

다음은 온돌에 관해 쓴 수필입니다. 잘 읽고 질문에 답하세요.

온돌의 추억

가 지난 주말이었다. 몸살이 나려는지 으슬으슬 한기가 들고 슬슬 몸이 쑤시기 시작했다. 그래서 저녁도 대충 먹고 침대에 누웠는데 침대 속이 썰렁한 게 영 몸이 따뜻해지지 않았다. 아무래도 안 되겠다 싶어서 다시 일어나 방바닥에 요를 깔고 누웠다. 한참 누워 있었더니 점점 몸이 따뜻해지고 땀이 나면서 그제야 좀 살 것 같았다. 다음 날, 푹 자고 일어나서 아무렇지도 않게 출근할 수 있었다.

나 돌이켜 보니 어렸을 때 학교 갔다 돌아오면 어머니가 차가운 내 손을 잡아 얼른 아랫목 이불 속으로 넣어 주시던 생각이 난다. 동생이나 내가 아프거나 하면 어머니는 우리를 아랫목에 눕혀 주셨다. 배탈이 났을 때 아랫목에 배를 깔고 엎드려 있으면 배 아픈 것이 나았고, 감기에 걸렸을 때도 아랫목에 누워 있으면 신기하게 다 나았다. 아랫목에는 늘 이불이 깔려 있어서 추운 데서 놀다 들어와 따끈한 이불 속에 손발을 넣고 있으면 세상에 부러울 게 없었다. 이불 속에는 늦게 돌아오는 가족을 위해 어머니가 넣어 두신 밥그릇이 들어 있었다. 밥그릇은 항상 적당하게 따뜻했다.

온돌은 따뜻한 아랫목과 시원한 윗목이 공존해서 좋았다. 윗목은 아궁이의 불기가 덜 닿는 곳이라 시원했기 때문에 아이들이 놀기 좋았다. 또 나무로 만든 가구는 아랫목같이 덥고 건조한 곳에 두면 나무가 뒤틀리거나 터지기 십상이었다. 그래서 더운 곳에 두면 안 되는 가구는 다 윗목에 두었다. 또 아랫

1. 가 에서 글쓴이는 왜 방바닥에 누웠습니까?

2. 나 에서 글쓴이가 말한 온돌과 관련된 추억에 대해 이야기해 보세요.

3. 온돌방에서 윗목은 어떤 특징이 있습니까?

4. 이 글은 크게 세 부분으로 구성되어 있습니다. 다음 표현을 사용해서 내용을 간단하게 정리해 보세요.

   가 도입 : 몸살이 나다/침대에 눕다/썰렁하다/방바닥에 눕다/푹 자다

   나 본문 : 아프다/아랫목에 엎드리다/몸이 낫다/시원한 윗목/아이들이 놀다/가구를 두다/습도가 조절되다

   다 마무리 : 온돌/오순도순 이야기를 나누다/아늑하다/가족애의 바탕

5. 글쓴이가 온돌에 대해 가지고 있는 생각이나 느낌을 나타내는 말을 글에서 찾아보세요.

목과 윗목의 온도 차이로 인해 공기 순환이 잘되고 습도가 자연적으로 조절되어 지금처럼 자주 감기로 고생하는 일도 없었다.

다 온돌 하면 무엇보다 우리 가족들이 추운 겨울밤 아랫목 이불 속에 다리를 묻고 오손도손 이야기를 나누던 모습이 가슴 따뜻하게 떠오른다. 몸살을 다스리기 위해 침대에서 내려와 바닥에 눕는 내 마음은 어느새 그 작지만 아늑했던 공간을 찾아간다. 우리 사회에서 전통 한옥은 거의 사라졌지만 가족애의 바탕인 온돌은 아직도 우리 곁에 살아 있다.

이야기해 보세요

집에 대한 여러분의 경험이나 추억을 소개해 보세요.

우리 할머니 댁은 몽골의 전통 주택인 게르예요. 방학 때는 저도 할머니 댁에서 지냈어요. 게르는 천막 형태의 집인데 조립이나 이동이 간단해요. 그래서 유목 생활에 좋지요. 겨울에 밖이 아무리 추워도 동그란 게르 안은 따뜻했어요.

저는 안동으로 여행을 간 적이 있는데 그때 처음으로 온돌방에서 잤어요. 침대 위가 아닌 바닥에서 자는 것이 처음이라서 잠이 잘 안 왔어요. 그런데 좀 누워 있었더니 등이 따끈해지면서 기분이 정말 좋더군요.

문법과 표현

1. V-(으)려는지
· 비가 오려는지 하늘이 잔뜩 흐려 있다.
· 친구는 책을 읽으려는지 가방에서 소설책을 한 권 꺼냈다.

2. V-기 십상이다
· 입어 보지 않고 눈으로만 보고 산 옷은 몸에 안 맞기 십상이다.
· 그렇게 얇은 옷을 입고 다니다가는 감기에 걸리기 십상이다.

3. A/V-거나 하다
· 조금만 피곤해지거나 하면 얼굴에 뭐가 나요.
· 저는 겁이 많아서 비가 많이 오거나 하면 운전도 안 해요.

듣고 말하기

주제 어휘

다음은 어디를 말하는 것인지 적절한 곳에 써 보세요.

안방　　사랑방　　장독대　　대청마루　　마당　　대문

1. 

2. 

3. 

4. 

5. 

6. 

들어 보세요 track 14

부부가 새로 지을 집에 대해 건축가와 이야기하고 있습니다. 잘 듣고 질문에 답하세요.

1. 어떤 집을 지으려고 합니까?

2. 이 부부가 전통식으로 짓고 싶어 하는 곳에는 '전', 현대식으로 짓고 싶어 하는 곳에는 '현'이라고 쓰세요.

- 안방 ....
- 부엌 ....
- 마당 ....
- 장독대 ....
- 욕실 ....
- 대청마루 ....

3. 다음 중 내용과 같은 것을 모두 고르세요.

- ☐ 새로 지을 집에는 두 사람이 살게 된다.
- ☐ 부엌 옆에 책을 읽을 수 있는 서재를 만들려고 한다.
- ☐ 마당에는 장독대와 화단을 만들 것이다.
- ☐ 한옥은 황토, 나무 등의 자연 재료를 사용해서 만든다.
- ☐ 대청마루에서는 마당이 잘 보일 것이다.

이야기해 보세요

여러분이 집을 짓는다면 어떤 집을 짓고 싶은지 이야기해 보세요.

과제

'집'을 주제로 다음과 같이 수필을 써 보세요.

1. 다음 중에서 여러분이 쓰고 싶은 주제를 고르세요.

☐ 집에 대한 추억　　☐ 내가 살고 싶은 집　　☐ 기타 :

2. 주제와 관련해서 떠오르는 생각들을 〈보기〉와 같이 메모해 보세요.

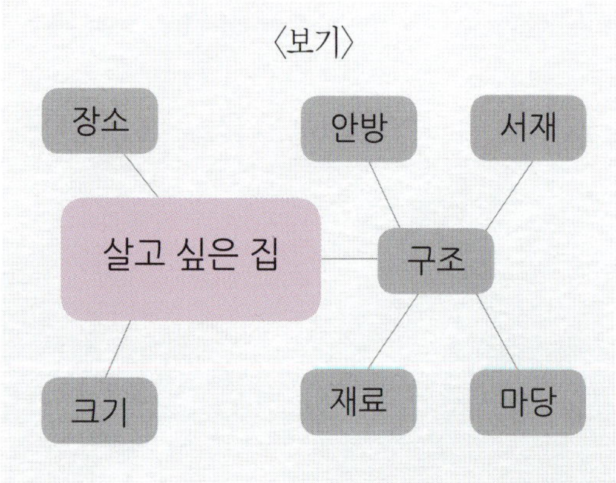

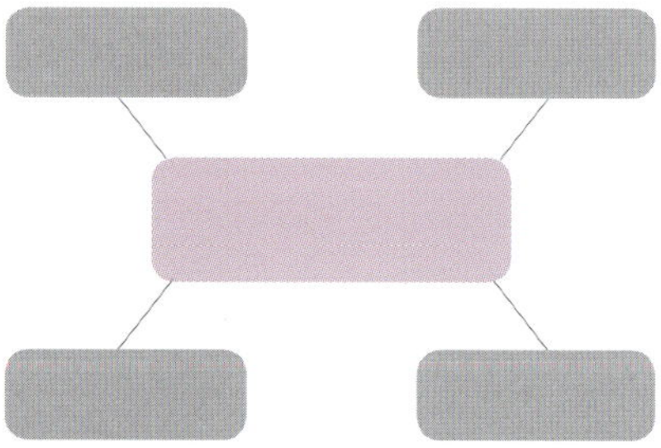

3. 친구에게 메모한 것을 보여 주며 어떤 내용인지 설명해 보세요.

4. 글에 넣고 싶은 내용을 다음과 같이 정리해 보세요.

집에 대한 추억	내가 살고 싶은 집
▪ 집과 관련된 경험	▪ 살고 싶은 집에 대한 조건
▪ 집에서 있었던 추억	▪ 그 이유
▪ 집의 의미	▪ 내 꿈의 집을 통해 본 나의 현재 생활
▪	▪ ....

5. 글을 쓰기 전에 다음과 같이 개요를 만들어 보세요.

제목		온돌의 추억
주제문		가족애의 바탕인 온돌은 아직도 우리 곁에 살아 있다.
개요	도입	① 몸살이 났다. ② 방바닥에 누우니 옛날 온돌 생각이 난다.
	본문	① 어렸을 때 온돌과 관련된 여러 가지 추억이 떠오른다.
		② 온돌의 아랫목과 윗목은 각각 의미가 있었다.
	마무리	온돌은 나에게 가족을 떠올리게 한다.

제목		
주제문		
개요	도입	
	본문	
	마무리	

6. 5에서 만든 개요를 바탕으로 글을 써 보세요.

주제
한국의 전통 음식

읽고 말하기
· 비빔밥 조리법 읽기
· 자국의 대표적 음식 소개하기

듣고 말하기
· 음식에 대한 대화 듣기
· 모임에 가져가고 싶은 음식 설명하기

과제
요리에 대한 설명, 조리법 발표하기

2 음식 여행, 비빔밥

들어가기

이야기해 보세요

다음은 한국의 대표적인 지방 음식입니다.

❶ 개성 보쌈김치
❷ 서울 설렁탕
❸ 전주비빔밥
❹ 함흥냉면
❺ 제주 옥돔구이

1. 여러분은 위의 음식들을 먹어 본 적이 있습니까? 그리고 여러분이 알고 있는 한국 음식에 대해 더 말해 보세요.
2. 위의 음식의 맛에 대해 말해 보세요. 여러분은 어떤 맛을 좋아합니까?

고소하다	구수하다	담백하다	느끼하다	시원하다	얼큰하다
싱겁다	깔끔하다	매콤하다	새콤하다	달콤하다	

들어 보세요 track 15

다음은 한국 요리에 대한 강의의 일부입니다. 잘 듣고 질문에 답하세요.

1. 한국 음식의 특징은 무엇입니까?
2. 전 요리에 대해 맞는 것을 모두 고르세요.
   - ☐ 밀가루와 달걀을 입혀 기름에 부친다.
   - ☐ 맛이 달콤하다.
   - ☐ 생일이나 명절에 전을 즐겨 먹는다.
   - ☐ 고기를 주요 재료로 쓴다.
3. 여러분 나라의 음식은 어떤 특징이 있습니까?

읽고 말하기

주제 어휘

1. 다음은 음식 재료를 준비할 때 쓰는 말입니다. 알맞은 말을 골라 ....에 쓰세요.

껍질을 벗기다　　채를 썰다　　다지다　　절이다　　고기를 재우다

1) 감자는 가늘고 길게 .... 물속에 담가 두세요.
2) 농약이 과일 껍질에 묻어 있을 수도 있으니까 .... 드세요.
3) 불고기를 만들 때는 양념에 .... 양념이 고기에 스며들게 한다.
4) 김치를 만들 때는 우선 배추를 잘 씻어서 소금으로 배추를 .... 놓는다.
5) 잘게 .... 고기로 둥글게 모양을 만들어 햄버거 스테이크를 만들었다.

2. 다음은 음식을 조리할 때 쓰는 말입니다. 알맞은 말을 골라 ....에 쓰세요.

굽다　　끓이다　　데치다　　무치다　　볶다　　부치다　　삶다　　조리다　　튀기다

1) ....

2) ....

3) ....

4) ....

5) ....

6) ....

7) ....

8) ....

9) ....

읽어 보세요 track 16

다음은 비빔밥에 대해 설명하고 조리법을 소개한 글입니다. 잘 읽고 질문에 답하세요.

(가) 비빔밥

비빔밥은 따뜻한 밥에 여러 가지 나물, 고기, 고명 등을 얹고 참기름과 양념을 넣은 음식이다. 고소한 참기름과 매콤한 고추장 양념으로 비비기 때문에 갖가지 재료가 어우러진 맛이 일품이다. 지역에 따라 특색 있는 비빔밥이 있는데, 지역 특산물인 콩나물을 쓰는 전주비빔밥과, 숙주나물과 육회가 들어가는 진주비빔밥이 유명하다. 최근 웰빙 바람이 불면서 각종 야채를 골고루 먹을 수 있는 비빔밥은 국내외를 막론하고 세계적으로 인기 있는 건강식이 되고 있다.

재료(4인분)

쇠고기 150g, 도라지 100g, 고사리 100g, 시금치 1단, 느타리버섯 150g, 호박 1개, 당근 ½개, 달걀 4개, 진간장, 다진 마늘, 다진 파, 깨소금, 참기름, 후춧가루, 소금, 식용유, 양념 고추장(고추장 3 큰술, 참기름 2 큰술, 설탕 2 작은술, 깨소금 2 작은술)

1. 글 (가)에서 나온 내용을 고르세요.

☐ 재료 ☐ 색 ☐ 맛
☐ 먹는 순서 ☐ 지역별 특색 ☐ 사람들의 선호도

2. 비빔밥 재료를 준비하는 방법에 대해 설명해 보세요.

▪ 쇠고기 ▪ 도라지 ▪ 고사리 ▪ 시금치 ▪ 느타리버섯 ▪ 호박 ▪ 당근

3. 비빔밥 만드는 순서에 따라 알맞은 번호를 적어 보세요.

(　　) 그릇에 따뜻한 밥을 담는다. (　　) 쇠고기, 야채 등 재료를 손질한다.
(　　) 재료별로 양념을 넣어 볶아 낸다. (　　) 밥 위에 볶은 고기와 야채를 얹고 양념 고추장을 같이 낸다.

(나) 만드는 법

준비

① 쇠고기는 곱게 다져서 진간장, 다진 마늘, 다진 파, 깨소금, 참기름, 후춧가루로 양념한다.

② 도라지는 끓는 물에 소금을 넣고 살짝 데쳐 가늘게 찢는다.

③ 고사리는 억센 줄기를 잘라 내고 나서 적당한 크기로 다듬은 뒤 깨끗이 씻어서 5cm 길이로 썬다.

④ 시금치는 뿌리를 떼어 내고 다듬은 후, 끓는 물에 소금을 넣고 살짝 데쳤다가 꺼내어 물기를 꼭 짠다.

⑤ 느타리버섯은 두 가닥으로 찢는다.

⑥ 호박은 깨끗이 씻은 다음 0.2cm 두께로 반달 모양으로 썰어 소금에 살짝 절였다가 물기를 꼭 짠다.

⑦ 당근은 껍질을 벗기고 5cm 길이로 가늘게 채 썰어 소금에 절였다가 물기를 꼭 짠다.

만들기

① 고기, 야채 볶기, 무치기

먼저 프라이팬에 기름을 두르고 뜨겁게 달구어지면 도라지, 고사리, 느타리버섯, 호박, 당근을 다진 파, 다진 마늘, 깨소금, 참기름, 소금으로 각각 양념하여 하나씩 볶아 낸다. 마지막에 간이 밴 쇠고기를 넣어 볶는다. 시금치는 다진 파, 다진 마늘, 깨소금, 참기름, 소금으로 각각 양념하여 무친다.

② 양념 고추장 만들기

고추장에 다진 마늘, 참기름, 깨소금, 설탕을 조금씩 넣고 섞는다.

③ 그릇에 담기

그릇에 밥을 담고 준비한 재료를 예쁘게 얹은 다음, 양념 고추장을 곁들여 낸다. 달걀은 지단을 부쳐 채 썰어 얹어도 된다.

이야기해 보세요

여러분 나라의 대표적인 음식은 무엇입니까? 다음과 같이 소개해 보세요.

- 재료
- 양념
- 맛
- 먹는 방법
- 사람들의 선호도

비빔밥은 따뜻한 밥에 나물, 고기 등을 넣어서 비벼 먹는 밥인데요. 갖가지 나물과 고기 등을 고소한 참기름과 매콤한 고추장 양념으로 비비기 때문에 여러 가지 재료가 어우러지는 맛이 일품이에요. 최근 웰빙 바람이 불면서 야채를 골고루 먹는 건강식으로 인기를 끌고 있어요.

문법과 표현

1. N 바람[열풍]이 불다
- 한창 조기 유학 바람이 불면서 많은 초등학생들이 해외로 나갔다.
- 요즘 에너지 절약에 대한 관심이 높아지면서 자전거 타기 열풍이 불고 있다.

2. N을/를 막론하고
- 장미꽃은 남녀노소를 막론하고 누구나 좋아하는 꽃이다.
- 그분은 동서양을 막론하고 누구에게나 존경받는 분이다.

3. N 길이[깊이, 넓이, 두께, 크기]
- 쇠고기는 3cm 길이로 가늘고 길게 썰어서 양념해 두세요.
- 유치원생들이 50cm 깊이의 얕은 수영장에서 물놀이를 하고 있다.
- 무나물에 들어가는 무는 2mm 두께로 얇게 썰어야 한다.
- 그림은 A5 크기의 도화지에 그리세요.

듣고 말하기

들어 보세요 track 17

다음은 여러 가지 음식에 대한 대화입니다. 잘 듣고 알맞게 연결해 보세요.

음식명	만드는 법	맛
1)  퍼 •	• 볶는다 •	• 고소하다
2)  오코노미야키 •	• 삶는다 •	• 매콤하다
3)  야키소바 •	• 부친다 •	• 담백하다
4)  마파두부 •	• 끓인다 •	

이야기해 보세요

여러분이 모임에 간다면 어떤 음식을 가져가겠습니까? 음식명, 재료, 만드는 법, 맛 등에 대해 간단히 설명해 보세요.

과제

여러분이 자신 있는 요리나 여러분 나라의 대표적인 요리를 소개해 보세요.

1. 다음 빈칸에 메모해 보세요.

- 음식명 : ……………………　　▪ 지역 : ……………………
- 재료 : ……………………　　▪ 맛 : ……………………
- 기타 : ……………………

2. 메모를 보고 그 요리에 대한 설명과 조리법을 간단히 써 보세요.

- 설명 : ……………………………………

……………………………………

…………………… 만드는 법

- 재료 ……………………
- 준비 ① ……………………
  ② ……………………
  ③ ……………………
  ④ ……………………
- 만들기 ① ……………………
  ② ……………………
  ③ ……………………
  ④ ……………………

3. 위에서 정리한 내용을 보며 친구들에게 발표해 보세요.

4. 친구들의 발표를 다 듣고 다음을 정해 보세요.

1) 가장 맛있어 보이는 음식　2) 가장 쉽게 만들 수 있는 음식
3) 건강에 가장 좋은 음식　4) 한국 사람에게 가장 인기가 있을 것 같은 음식

3 유행하는 옷

주제
한국 여성의 옷차림

읽고 말하기
· 여성의 복식사에 대한 설명문 읽기
· 자국의 유행 소개하기

듣고 말하기
· 유행에 관한 대담 듣기
· 맞장구치기, 화제 바꾸기

과제
젊은이들의 소비 경향에 대해 토론하기

들어가기

이야기해 보세요

다음은 한국 여성의 옷차림의 변화를 보여 주고 있습니다. 어떤 변화가 있는지, 그것에 대한 사람들의 태도는 어떤지 말해 보세요. 또한 여러분 나라의 경우에는 여성과 남성의 옷차림에 어떤 변화가 있었습니까?

조선 시대 → 1940년대 → 1970년대 → 2000년대

"참하다!"

"여자가 발목을 보이다니!"

"미쳤군!"

"멋있다!"

들어 보세요 track 18

다음은 유행에 대한 대담의 일부입니다. 잘 듣고 질문에 답하세요.

1. 남자는 어떤 질문을 했습니까?

2. 질문에 대한 여자의 대답은 무엇입니까?

3. 여자가 그렇게 설명한 이유는 무엇입니까?

읽고 말하기

주제 어휘

다음은 옷차림을 나타내는 말입니다. 옷차림과 어울리는 단어를 골라 문장을 만들어 보세요.

세련되다　　복고풍이다　　유행을 타다　　격식을 차리다　　실용적이다
보수적이다　　활동적이다　　파격적이다　　개성적이다

1.　2.　3.　4.　5.　6.

1. 이 정장은 약간 보수적이고 격식을 차린 듯한 느낌을 줘요.

2. ....

3. ....

4. ....

5. ....

6. ....

읽어 보세요 track 19

다음은 여성들의 옷차림의 변화에 대한 글입니다. 잘 읽고 질문에 답하세요.

한국 여성들이 전통적으로 입던 한복은 시대에 따라 신분을 드러내는 수단이 되기도 했다. 예를 들어 조선 시대에는 여자들이 입던 치마의 길이와 색깔은 물론이거니와 모양도 사회 계층을 나타냈다. 양반 계층의 치마는 넓고 길었으며 서민 계층의 여자들은 양반보다 길이가 짧은 치마를 입었다. 또한 신분에 따라 정해진 색이 있는가 하면 나이에 따른 구별도 있었다.

20세기 초 개화기에는 서구 문화가 유입되면서 양장이 들어왔다. 신여성을 중심으로 유행하기 시작한 양장은 새로운 문화를 추구하려는 변화 욕구를 드러낸 것이었다. 당시 언론에 소개된 하이힐에 양장을 차려 입은 신여성을 보면 현대 여성 못지않게 세련된 모습이었다. 한복은 1945년 광복 이후까지도 널리 애용되었지만 6 · 25 전쟁이 끝나면서 양장이 일반화되기 시작하였다.

한국 여성들의 복식사에서 획기적인 사건을 꼽으라면 미니스커트의 등장을 들 수 있다. 미니스커트는 1960년대에 세계적으로 유행하던 옷인데, 한국에는 한 인기 가수가 이 옷을 입고 나와 사람들에게 큰 충격을 주었다. 당시 많은 사람들이 노출이 심한 미니스커트에 거부감을 느끼며 비판을 했지만, 젊은 여성들 사이에서 미니스커트는 새롭고 신선한 유행으로 많은 주목을 받았다.

1. 시대에 따라 새롭게 나타난 옷차림을 써 보세요.

2. 조선 시대에는 옷차림에 어떤 구별이 있었습니까?

3. 개화기의 양장은 여성의 어떤 심리를 나타냅니까?

4. 미니스커트에 대하여 한국 사람들이 어떻게 반응을 했습니까?

5. 1970년대 이후 옷차림은 시기별로 어떤 특징을 보입니까?

6. 역사적으로 여성들의 옷차림은 어떤 변화를 보였습니까?

- 한복에서 양장으로
-
-

1970년대와 1980년대에는 유행의 중심이 맞춤복에서 기성복으로 이동하여 패션의 대중화가 이루어졌다. 또한 이 시기부터 티셔츠와 청바지가 젊은이들의 일반적인 옷차림이 되고, 1980년대 초반에는 중고교 교복 자율화를 계기로 젊은이 중심의 패션 문화가 꽃을 피우게 되었다.

1990년대 이후 일상적으로 입는 옷들은 더욱 개성적이고 다양해졌다. 파격적인 디자인에서 복고풍의 의상까지, 유행은 해마다 바뀌고 다양한 스타일의 옷이 거리로 나왔다. 이제 의상은 개성의 시대이자 다양성의 시대인 현대의 시대상을 반영하여 어느 하나로 규정하기 어려운 특색을 가지게 되었다.

한국 여성들의 옷은 역사적으로 한복에서 양장으로, 격식을 차리거나 다른 사람의 눈을 의식하는 옷차림에서 실용적인 옷차림으로, 또한 보수적인 옷차림에서 개성을 살리는 옷차림으로 놀라우리만큼 다양하게 변화해 왔다. 오늘날 여성들은 매년 새롭게 등장하는 유행의 홍수 속에서 자신의 개성을 살리기 위해 오늘은 어떤 옷을 입을까 하는 고민을 하며 살고 있다.

이야기해 보세요

여러분 나라에서 유행했거나 유행하고 있는 옷차림에 대하여 말해 보세요.

> 한복은 요즘 좀 전통적인 스타일이 유행이에요. 몇 년 전만 해도 무늬나 색이 화려한 한복이 유행이었는데 요즘 다시 점잖아진 것 같아요.

문법과 표현

1. N은/는 물론이거니와
- 이 영화는 재미는 물론이거니와 작품성까지 갖춘 영화로 평가된다.
- 비빔밥은 한국 사람은 물론이거니와 외국 사람들도 즐기는 음식이 되었다.

2. N을/를 말하라면[들라면, 꼽으라면]
- 좋아하는 한국 음식을 말하라면 외국 사람들은 비빔밥이나 불고기를 꼽는다.
- 한국에서 인기 있는 신혼 여행지를 들라면 제주도를 꼽을 수 있다.
- 우리 가게에서 잘 팔리는 옷을 꼽으라면 세련된 정장을 들 수 있다.

3. N이자 N
- 이분은 내 학교 선배이자 직장 상사이다.
- 환경을 보호하는 것은 지구를 살리는 일이자 개인을 위한 일이다.

듣고 말하기

들어 보세요 1 track 20

다음은 유행에 대한 두 사람의 대화입니다. 잘 듣고 질문에 답하세요.

1. 두 사람은 무엇에 대해 이야기하고 있습니까?
2. 남자는 맞장구를 칠 때 어떤 표현을 쓰고 있습니까?
3. 여자는 화제를 바꾸기 위해 어떤 표현을 쓰고 있습니까?
4. 이와 같이 다른 사람의 말에 맞장구를 칠 때와 화제를 바꿀 때 쓰는 표현을 정리해 보세요.

맞장구치기

- 네, 맞는 말씀입니다
- 네, 그렇습니다
- 네, 맞아요
- 정말 그래요
- 물론이지요

화제 바꾸기

- 그럼 이번에는 ~에 대해 말씀해 주시겠어요?
- 이제부터는 ~에 대해 얘기해 볼까요?
- ~에 대한 이야기는 그 정도로 하고 다음으로 넘어가지요

이야기해 보세요

앞의 표현을 사용해서 다음 주제에 대해 아래와 같이 말해 보세요.

1. 유행에 대한 태도
2. 밍크코트 같은 모피 옷을 입는 것
3. 노출이 심한 옷을 입는 것
4. 고급 브랜드나 명품 선호 경향

저는 유행을 열심히 따라가는 편은 아니지만 새로운 유행은 우리 생활에 즐거움을 주는 역할을 한다고 생각해요.

네, 맞는 말씀이에요. 저도 우울할 때 유행하는 옷을 입거나 새로운 머리 스타일로 바꾸거나 하면 기분이 좋아져요. 그럼 이번에는 모피 옷을 입는 것에 대해 얘기해 볼까요?

들어 보세요 2 track 21

다음은 유행에 관한 라디오 대담 프로그램의 일부입니다. 잘 듣고 질문에 답하세요.

1. 두 사람은 무엇에 대해 이야기하고 있습니까? 관계없는 것을 고르세요.

- [ ] 유행하는 옷
- [ ] 유행이 생기는 이유
- [ ] 유행에 대한 사람들의 생각
- [ ] 유행에 대한 의식 조사 방법

2. 옷에 대한 사람들의 의식이 어떻게 바뀌었습니까?

- 몸을 가리고 보호하는 실용적인 기능 → ....

3. 유행이 생기는 이유는 무엇입니까?

4. 유행에 대한 사람들의 의식을 정리해 보세요.

- 54%
- 43%
- 3%

5. 마지막 질문은 무엇입니까? 여러분이 이러한 질문을 받는다면 뭐라고 답하겠습니까?

과제

다음 만화는 젊은이들의 소비 경향을 정리한 것입니다. 잘 읽어 보고 그 심리와 문제점에 대해 토론해 보세요.

브랜드 선호

또래 집단의 영향

대중 매체의 영향

과소비

1. 젊은이들의 소비 경향에 대해 여러분의 생각을 정리해 보세요.

소비 경향	소비 심리	나의 입장
브랜드 선호	자기 표현 욕구	과소비를 하게 됨
또래 집단의 영향		
대중 매체의 영향		
과소비		

2. 젊은이들의 소비 심리와 그 문제점에 대해 이야기해 보세요.

젊은이들은 브랜드를 보고 옷이나 신발을 고르는 경우가 많은 편인데요. 이것은 일종의 자기 표현 욕구 때문이라고 생각해요.

네, 맞는 말씀이에요. 제 생각에도 유명 브랜드의 옷이나 신발을 삼으로써 자신이 남과 다르다는 것을 표현하려는 욕구가 있는 것 같아요.

그럼 이번에는 이런 소비 심리의 문제점은 무엇인지에 대해 얘기해 볼까요? 저는 유명 브랜드는 대개 값이 비싸기 때문에 과소비로 이어지는 게 가장 큰 문제라고 보는데요. 어떻게 생각하세요?

자기 평가

1. 다음 중 아는 단어에 V 하세요.

□ 아랫목	□ 따끈하다	□ 아늑하다	□ 썰렁하다
□ 미지근하다	□ 채를 썰다	□ 다지다	□ 데치다
□ 조리다	□ 무치다	□ 파격적이다	□ 복고풍이다
□ 유행을 타다	□ 격식을 차리다	□ 개성적이다	□ 실용적이다

2. 다음 표현을 이용해서 문장을 만들어 보세요.

1) V-(으)려는지

→

2) N을/를 막론하고

→

3) N은/는 물론이거니와

→

3. 다음과 같은 상황에서 어떻게 말할 수 있습니까?

1) 다른 사람이 한 말에 맞장구칠 때

....

2) 이야기하다가 화제를 바꿀 때

....

보충 어휘

관용 표현(Ⅱ) 다음은 몸짓과 관련된 관용 표현입니다. 이런 표현을 익혀 여러분의 생각을 다양하게 표현하도록 합시다.

고개를 젓다 고개를 좌우로 움직여 부정이나 거절의 뜻을 나타내다.	**머리를 긁적이다** 머리를 긁으면서 부끄럽거나 창피함을 나타내다.
코웃음을 치다 다른 사람을 깔보거나 비웃음을 나타내다.	**입술을 깨물다** 강한 감정을 참거나 어떤 결심을 굳게 함을 나타내다.
혀를 차다 혀로 '쯧쯧' 소리를 내며 마음이 언짢거나 유감이 있음을 나타내다.	**목에 힘을 주다** 목을 빳빳이 세워 잘난 척하거나 남을 무시하는 듯한 태도를 나타내다.
무릎을 치다 손으로 무릎 위 허벅지를 쳐서 갑자기 어떤 좋은 생각이 나거나 놀라운 일을 알게 되었음을 나타내다.	**발을 (동동) 구르다** 매우 다급하거나 안타깝다.
가슴을 치다 마음에 큰 충격을 받다.	**배를 잡다** 매우 웃기다.

연습 1 다음 상황에 어울리는 관용 표현을 고르세요.

1)

① 목에 힘을 주다.
② 입술을 깨물다.

2)

① 고개를 젓다.
② 머리를 긁적이다.

3)

① 코웃음을 치다.
② 혀를 차다.

4)

① 무릎을 치다.
② 발을 구르다.

보충 어휘

연습 2 ....에 상황에 어울리는 관용 표현을 쓰세요.

1) 민석 : (고개를 저으며) 절대 안 돼. 그 일은 절대 허락할 수 없어.

2) 지연 : (............) 오늘 일은 절대 잊지 않을 거야. 반드시 복수할 거야.

3) 철수 : (............) 정말 죄송해요. 다음에는 그런 실수 안 하도록 조심할게요.

4) 민수 : (............) 너처럼 힘이 약한 사람이 나와 싸우겠다고? 내가 권투 선수라는 것을 모르는 것은 아니겠지?

5) 영희 : (............) 아, 그렇구나. 그걸 왜 몰랐지?

6) 유진 : (............) 저게 뭐야. 쓰레기를 저런 데 버리면 어떻게 해?

연습 3 관용 표현을 넣어서 대화 연습을 해 보세요.

1) 가 : 뉴스에서 지진 피해 상황 봤지? 건물까지 무너지다니…….

나 : 응. 봤어. 건물 밖에서 가족들이 .... 우는 모습이 나왔는데 정말 안타깝더라.

2) 가 : 자기가 지도자라고 잘난 척하며 .... 지도자는 좋은 지도자가 아니라고 생각해요.

나 : 맞아요. 겸손하게 자기를 낮추는 지도자야말로 진정한 지도자지요.

3) 가 : 사장님께서 어제 김 대리 발표를 듣고 굉장히 감탄하셨다면서?

나 : 응. "그래, 그게 바로 내가 찾던 방법이야."라고 하시면서 ....

4) 가 : 회사를 그만두는 것에 대해 친구들과 의논을 해 봤어?

나 : 응. 요즘 취직도 어려운 데다가 지금 다니고 있는 회사만 한 곳 찾기도 어렵다면서 모두들 ....

5) 가 : 여자 친구한테 결혼하자고 했다가 거절당했다면서? 뭐라고 했는데?

나 : 평생 공주님처럼 모시겠다고 했더니 그 말을 어떻게 믿느냐면서 ....

6) 가 : 어제 본 영화 너무 재미있었지? 너무 많이 웃어서 나중에는 배가 아프더라.

나 : 응. 나도 .... 웃었어. 다른 애들한테도 보라고 하자.

7) 가 : 사업에 실패했을 때 도와주지 않은 사람들을 많이 원망하셨죠?

나 : 아뇨, 원망하지 않았습니다. 단지 오늘의 실패를 바탕으로 반드시 성공하겠다고 .... 뿐입니다.

8) 가 : 민수가 선생님께 무례했던 것 사과드렸어?

나 : 응. .... 정말 죄송하다고 사과하더라고.

9) 가 : 책 다 읽었어? 깊은 감동을 주는 이야기였지?

나 : 응. 특히 주인공이 '엄마에게도 엄마가 필요하다'고 한 말이 ....

10) 가 : 지하철에서 시끄럽게 웃고 떠드는 여학생들 보면 나도 모르게 ....

나 : 그러게 말야. 우리 애들한테는 그러지 못하게 잘 가르쳐야겠어.

어휘와 표현

1. 살고 싶은 집

가족애(家族愛) [가조개]
명 가족 간의 사랑. love between family members
가족들의 정성이 담긴 음식을 나눠 먹으며 진한 가족애를 느꼈다.

건조(乾燥)하다
형 물기나 습기가 말라서 없다. to be dry
겨울이 되니 피부가 건조하다.

굴뚝
명 불을 땔 때, 연기가 밖으로 빠져나가도록 만든 구멍. chimney
저녁밥을 지을 때가 되면 집집마다 굴뚝에서 연기가 난다.

그제야
부 앞에서 이미 이야기한 바로 그때가 되어서 비로소. only then; not ... until
문자를 받고 그제야 약속이 있다는 것이 생각났다.

깔다
동 바닥에 펴 놓다. to spread out; to lay out
침대가 없어서 이불을 깔고 잔다.

다스리다
동 보살펴 관리하다. 잘 정리해서 처리하다. to rule over; to govern
이번 대통령은 나라를 잘 다스리고 있다.

단독 주택(單獨住宅)
한 채씩 따로 지은 집. a detached house
저는 여러 집이 모여 있는 아파트보다 독립적인 단독 주택이 좋아요.

대문(大門)
명 큰 문. 한 집의 출입문. main gate
엄마는 대문 밖까지 나와서 나를 기다리고 계셨다.

대청마루
명 한옥에서 방과 방 사이에 있는 큰 마루. the main floor between rooms
신발을 벗고 대청마루로 올라섰다.

대충
부 자세하지 않게, 기본적이고 중요한 것만 하고. roughly; loosely
이번 일은 대충 넘어갈 일이 아니다.

돌이키다 [도리키다]
동 지난 일을 다시 생각하다. to reflect; to look back upon the past
남을 비판하기 전에 항상 나 자신부터 돌이켜 봐야 한다.

뒤틀리다
동 꼬이는 것처럼 몹시 비틀리다. to be wrenched; to be twisted
음악회가 너무 지루해서 몸이 뒤틀렸다.

따끈하다
형 꽤 따뜻하다. to be nice and warm (or hot)
따끈한 커피 한 잔 마시고 싶어요.

마당
명 집의 앞이나 뒤에 평평하게 닦아 놓은 땅. yard
아이들은 마당에 나가서 강아지와 놀고 있다.

묵다
동 여행하면서 어떤 곳에 머무르다. to stay
여기가 우리가 묵을 호텔이다.

미지근하다
형 더운 기운이 조금 있다. to be lukewarm
국이 식어서 미지근하다.

바르다
동 종이 등에 풀을 칠해서 다른 물건에 붙이다. to paste; to stick
새 벽지를 바르니까 방이 아주 깨끗해졌다.

바탕
명 사물이나 현상의 밑에 있는 기초. foundation; basis
포기하지 않고 노력한 것이 성공의 바탕이 되었다.

방바닥 [방빠닥]
명 방의 바닥. the floor of a room
아이가 장난감을 방바닥 가득히 흩어 놓고 놀고 있다.

배탈(이) 나다
음식을 잘못 먹어 배가 아프다. to have stomach trouble; to have a stomachache
찬 것을 너무 많이 먹으면 배탈이 날 거야.

보료
명 앉는 자리에 깔아 놓는 요. fancy mattress used as cushion
할머니 방에는 침대 대신 보료를 깔아 놓았다.

사랑방(舍廊房) [사랑빵]
명 남자 주인이 살며 손님을 접대하는 곳. man's room for receiving guests; the living room (for receiving guests)
젊은이들이 사랑방에 모여 마을 일을 의논하고 있다.

서재(書齋)

명 책을 읽거나 글을 쓰는 방. a study; a library

아버지는 서재에서 책을 읽고 계신다.

순환(循環)

명 일정한 시간마다 계속해서 주위를 도는 것. circulation

야채를 많이 먹는 것이 혈액 순환에 좋다.

슬슬

부 심하지 않게, 가볍게. slowly; bit by bit; gradually

많이 놀았으니까 슬슬 공부를 시작하자.

습도(濕度) [습또]

명 공기 중에 물이 포함된 정도. humidity

장마철이라서 습도가 높다.

습(濕)하다 [스파다]

형 물기나 습기가 많다. 축축하다. to be damp; to be humid

여름 장마철에 덥고 습한 날씨가 괴롭다.

썰렁하다

형 서늘한 기운이 있어 조금 추운 듯하다. to be a bit chilly

하루 종일 창문을 열어 놓았더니 방이 썰렁하다.

쑤시다

동 몸의 일부분이 바늘로 찌르는 것처럼 아프다. to ache; to feel sharp pains

할머니께서는 날씨가 흐리면 다친 다리가 쑤신다고 하신다.

아궁이

명 방에 불을 때기 위해 만든 구멍. fireplace; a fuel hole

아궁이에 불을 때니 방이 금방 따뜻해졌다.

아늑하다 [아느카다]

형 따뜻하게 감싸 안기듯 편안하고 조용한 느낌이 있다. to be cozy

그 마을은 산으로 둘러싸여 아늑한 느낌을 준다.

아랫목 [아랜목]

명 온돌방에서 아궁이 가까운 쪽의 방바닥. the place on the *ondol* floor nearest the fire place; warmer part of the *ondol* floor

집에 들어와서 아랫목에 누우니 몸이 금방 따뜻해지네요.

안방(-房) [안빵]

명 안주인이 거처하는 방. the main room; woman's room; the main bedroom

우리 집에서 안방이 제일 크다.

엎드리다 [업뜨리다]

동 배를 바닥에 붙이거나 몸 전체를 길게 뻗다. to lie on one's face

침대에 엎드려 책을 읽는다.

영

부 (부정하는 말과 함께) 전혀. 도무지. (not) at all; never

앞에 나가서 발표하는 것은 영 자신이 없다.

오손도손

부 사이좋게 지내거나 이야기하는 모양. friendly; happily

오랜만에 만난 형제들끼리 오손도손 이야기를 나누었다.

요

명 잠 잘 때 바닥에 까는 것. a sleeping mat

침대 대신 방바닥에 요와 이불을 깔고 잠을 잤다.

윗목 [윈목]

명 온돌방에서 아궁이로부터 먼 쪽의 방바닥. the place on the *ondol* floor away from the fireplace

윗목은 차가우니 이쪽 따뜻한 곳에 앉으세요.

으슬으슬

부 몸에 추위가 느껴져 아주 차가운 느낌이 계속 드는 모양. shivering; chilly

산에 올라오는 동안은 더웠는데 땀이 식으니까 으슬으슬 춥네요.

장독대(醬-臺) [장똑때]

명 간장, 고추장 등을 담는 그릇인 장독 등을 놓아두려고 좀 높게 만들어 놓은 곳. jar stand

장독대에 가서 간장을 떠와라.

조절(調節)되다

동 균형이 맞게 온도, 양 등이 높여지거나 낮춰지다. to get regulated; to be controlled

이 제품은 밝기가 자동으로 조절됩니다.

탁 트이다

막힌 곳이 없이 시원하게 열려 있다. to be wide open

산꼭대기에 올라가 탁 트인 풍경을 보면 마음이 시원하다.

한기(寒氣)

명 차가운 기운이나 추운 느낌. chilly sensation

오랫동안 불을 안 넣은 방이라 한기가 느껴졌다.

한식(韓式)

명 한국 고유의 방식. Korean style

이 방은 한식으로 꾸미려고 합니다.

어휘와 표현

한옥(韓屋)
명 한국 고유의 형식으로 지은 집. traditional Korean-style house
한옥에 살 때는 양옥에 살고 싶었는데 아파트에 이사 오니 한옥에 가고 싶다.

한지(韓紙)
명 한국 고유의 방법으로 만든 종이. traditional Korean paper handmade from mulberry trees
민속촌에서 한지 만드는 것을 봤어요.

화단(花壇)
명 꽃을 심기 위하여 흙을 한 층 높게 하여 꾸며 놓은 꽃밭. flower bed
그 집 뒤뜰에는 예쁜 꽃들을 심어 놓은 화단이 있다.

황토(黃土)
명 누런 흙. yellow soil
황토가 건강에 좋아 황토로 만든 집이 인기가 있다.

2. 음식 여행, 비빔밥

가늘다
형 어떤 물체의 굵기가 보통보다 얇다. to be thin; to be slender; to be slim
그 여자의 머리카락은 유난히 가늘고 길다.

가닥
명 한군데서 나누어져 나온 하나하나의 줄이나 줄기를 세는 단위. strand; pieces of
아이의 머리를 두 가닥으로 묶었다.

간
명 음식을 짜게 하는 소금, 간장 등의 물질. 음식이 짠 정도. seasoning with salt
우리 식구는 모두 싱겁게 먹으니까 너무 짜게 간을 하지 마라.

개성(開城)
명 경기도 북서부에 있는 도시. city in the northwest part of Gyeonggi-do in North Korea

곁들이다 [곋뜨리다]
동 어떤 음식 옆에 다른 것을 어울리게 내어 놓거나 함께 먹다. to garnish; to add
나는 맥주에는 치즈나 땅콩 같은 안주를 곁들여서 먹는다.

고기를 재우다
고기에 양념 맛이 속까지 들어가도록 고기를 양념 속에 넣어 두다. to marinate (or season) meat
잔칫날 하루 전에 고기를 양념에 재워 두었다.

고명
명 음식의 모양과 빛깔을 좋아 보이게 하고 음식의 맛을 더하기 위하여 음식 위에 올려놓거나 뿌리는 것을 모두 이르는 말. garnish
떡국에 계란으로 고명을 얹었다.

고사리
명 나물 종류. 채소의 한 종류. Bracken
고사리는 색깔이 연한 것이 진한 것보다 부드럽다.

고소하다
형 볶은 깨, 참기름, 땅콩 등에서 나는 맛이나 냄새처럼 맛이 좋다. to be flavored (of nut); to be savory
땅콩이 들어가서 그런지 과자가 고소하다.

구수하다
형 된장찌개나 숭늉에서 나는 맛이나 냄새처럼 맛이 좋다. to be taste good; to be smell good like the bean-paste stew
할머니께서 끓여 주신 된장찌개의 구수한 맛은 정말 잊을 수가 없다.

구이
명 고기나 생선 등을 구운 음식. meat roasted; fish baked with seasoning
구이 중에서도 고기구이는 고기를 강한 불에 빨리 익혀야 맛이 있다.

굽다
동 불에 익히다. to roast; to grill; to bake
나는 기름에 튀긴 것보다 불에 구운 생선이 더 좋다.

껍질을 벗기다 [껍찌를벋끼다]
물건의 겉을 싸고 있는 것을 떼어 내다. to peel
사과 껍질을 벗겨서 먹기 좋게 잘랐다.

끓이다 [끄리다]
동 물 등의 액체를 뜨겁게 하여 뜨거워진 액체가 방울방울 위로 올라오게 하다. to boil; to heat
저 혼자 마실 테니까 커피 물은 조금만 끓이세요.

느끼하다
형 음식에 기름기가 많아서 먹고 싶지 않을 정도이다. to be greasy; to be fatty
버터를 세 숟가락이나 밥에 넣고 비비다니 너무 느끼할 것 같다.

느타리버섯

명 야채의 하나. oyster mushroom
느타리버섯을 살짝 데쳐서 된장찌개에 넣으면 맛이 있다.

다지다
동 고기, 채소 등을 여러 번 칼질하여 잘게 만들다. to mince; to chop up
칼로 마늘을 다져서 국에 넣으세요.

단
명 채소 등의 묶음을 세는 단위. bunch
시장에 가서 파 한 단을 사 와라.

달구다
동 쇠, 돌 등 딱딱한 물건을 뜨겁게 하다. to make something hot; to heat (up)
프라이팬을 불 위에 놓고 충분히 달군 다음에 생선을 굽는 것이 좋다.

달콤하다
형 입에 맞게 달다. to be sweet
피곤할 때는 설탕을 넣은 달콤한 커피를 자주 먹는다.

담백(淡白)하다 [담배카다]
형 음식에 기름이 많지 않아 깨끗하고 시원한 맛이 나다. to be clean (taste); not to be greasy or fatty
쇠고기로 국을 만들 때는 국을 끓인 후에 국물 위에 뜬 기름을 없애야 국물 맛이 담백하다.

데치다
동 물에 넣어 살짝 익히다. to boil slightly
채소를 끓는 물에 살짝 데쳐서 간장, 참기름 등으로 양념하였다.

도라지
명 채소의 한 종류. bellflower (root)
도라지는 쓴 맛을 없애기 위하여 끓는 물에 살짝 데쳐 내는 것이 좋다.

도화지(圖畵紙)
명 그림을 그리는 데 쓰는 종이. drawing paper
학생들이 연필로 도화지에 그림을 그렸다.

두께
명 두꺼운 정도. thickness
벽 두께가 두껍기 때문에 방 안 소리가 밖에서는 잘 들리지 않는다.

두르다
동 (프라이팬 등에) 기름을 둥근 모양으로 떨어뜨려 바르다. to put something around; to spread oil (on a pan)
기름을 조금 넉넉하게 프라이팬에 두르고 감자를 볶았다.

마파두부(麻婆豆腐)
명 중국 사천지방의 매운 두부 요리. mapa-tofu: Chinese tofu dish
마파두부는 매콤하여 한국 사람들이 좋아하는 중국 음식이다.

매콤하다
형 냄새나 맛이 약간 맵다. to be somewhat hot; to be peppery; to be slightly spicy
나는 고추장을 넣어 약간 매콤하게 비빈 국수를 좋아한다.

무치다
동 나물 등에 갖은 양념을 넣고 골고루 섞다. to season vegetables with some condiments
간이 골고루 배도록 나물에 양념을 넣고 잘 무쳤다.

물기 [물끼]
명 물의 기운. 수분. moisture; wetness
거의 한 달이나 비가 오지 않아서인지 밭에 물기가 전혀 없이 다 말랐다.

반달
명 반원 모양의 달. half moon
밤하늘의 반달이 하늘에 떠 있는 배같이 보인다.

반죽
명 가루에 물을 부어 잘 섞음. 또는 그렇게 한 것. dough
빵을 만들 때는 밀가루 반죽을 잘 만들어야 한다.

배다
동 냄새, 양념 등이 들어가 남아 있다. to soak (into)
고기를 구워 먹었더니 옷에 고기 냄새가 심하게 배었다.

보쌈김치(褓---)
명 무나 배추를 일정한 크기로 썰어서 갖은 양념을 한 것을 넓은 배추 잎으로 싸서 담근 김치. gimchi wrapped in a large cabbage leaf like a bundle
아이들도 겉의 배추 잎을 벗기고 안에 담긴 김치를 먹는 보쌈김치를 좋아한다.

볶다
동 음식이나 음식의 재료를 물기가 거의 없거나 적은 상태로 이리저리 자주 저으면서 익히다. to roast; to pan-broil
프라이팬에 기름을 두르고 감자를 볶았다.

어휘와 표현

부치다
동 프라이팬에 기름을 바르고 빈대떡, 전 등의 음식을 익혀서 만들다. to fry; to griddle
나는 삶은 계란보다 프라이팬에 기름을 넣고 부친 계란을 더 좋아한다.

삶다
동 물에 넣고 끓이다. to boil; to simmer
달걀을 속까지 익도록 10분간 삶았다.

새콤하다
형 조금 신맛이 있다. to be a bit sour
입맛이 없을 때는 식초를 넣어 새콤한 음식이 입맛을 당긴다.

선호도(選好度)
명 좋아하는 정도. preference (level)
요즘은 건강에 좋은 음식에 대한 선호도가 특히 높다.

설렁탕(--湯)
명 소의 머리, 내장, 뼈 등을 잘 삶아서 만든 국. 또는 그 국에 밥을 만 음식. Korean beef soup with rice
설렁탕에 밥 한 그릇을 넣어 먹으면 하루 종일 배가 부르다.

숙주나물 [숙쭈나물]

명 나물 이름. green-bean sprouts
숙주나물을 만두에 넣으면 맛이 있다.

시금치

명 채소의 하나. spinach
어머니께서는 시금치가 피를 맑게 해 준다며 나물로 만들어 자주 밥상에 올리셨다.

시원하다
형 음식이 차고 산뜻하거나, 뜨거운데 속의 답답함을 풀어 주는 느낌이 있다. to have a hearty flavor
술 마신 다음 날은 시원한 콩나물국이 생각난다.

실란트로

명 허브의 한 종류. cilantro; coriander
실란트로를 넣으면 국물에서 독특한 향이 난다.

야키소바
명 일본의 볶음 국수 요리. Japanese fried noodle with mixed vegetables and meat
일본 학생들이 모임을 가질 때는 가끔 야키소바를 만들어 먹는다.

양념
명 음식의 맛을 좋게 하기 위하여 쓰는 재료를 통틀어 이르는 말. seasoning
추운 날에는 마늘과 고춧가루 양념이 들어간 매운 불고기를 먹고 싶다.

어우러지다
동 여럿이 섞여 하나로 잘 어울리게 되다. to get joined together; to harmonize
야채와 드레싱의 맛이 잘 어우러져서 샐러드가 맛있게 되었다.

얹다
동 위에 올려놓다. to put on; to place (something) on
열이 심해서 찬 물수건을 이마에 얹었다.

얼큰하다
형 꽤 매운 맛이 나다. to be rather hot (or spicy)
고춧가루를 좀 많이 넣었는지 국물 맛이 얼큰하다.

열풍(烈風)
명 뜨거운 바람처럼 매우 세차게 일어나는 분위기를 비유적으로 이르는 말. [literally] means hot wind or hot air; [metaphorically] craze; fever
요즘 여성들 사이에 다이어트 열풍이 불고 있다.

오코노미야키
명 일본의 해물 부침 요리. Japanese pancake
오코노미야키는 한국의 빈대떡과 비슷한 음식이다.

옥돔 [옥똠]
명 물고기 이름. tile fish
옥돔은 제주도에서 난 것이 유명한데 주로 구워서 먹는다.

육회(肉膾) [유쾨/유퀘]
명 소의 살코기 등을 잘게 썰어 갖은 양념을 하여 익히지 않고 그냥 먹는 음식. a Korean-style minced raw beef; dish of minced raw beef
쇠고기가 싱싱해야 익히지 않은 육회로 만들어 먹을 수 있다.

일품(一品)
명 품질이나 상태가 제일 좋음. 또는 그런 물품. top quality
이 식당의 삼계탕은 국물 맛이 일품이다.

전(煎)

명 생선, 고기, 채소 등을 밀가루를 묻혀 기름에 지진 음식. Korean-style fried food pancake
생선으로 전을 부칠 때는 약한 불에 부치는 것이 좋다.

전주(全州)
명 전라북도에 있는 도시. name of city in Jeollabuk-do

절이다
동 채소나 생선 등의 속에 소금기나 식초, 설탕 따위가 들어가게 하다. to preserve with salt
무를 소금에 살짝 절여서 물기를 빼 두세요.

조리다
동 고기나 생선, 채소 등을 양념하여 양념 맛이 충분히 속까지 들어가도록 국물이 조금 남을 때까지 끓이다. to boil down in sauce
생선에 간장, 마늘, 설탕을 넣고 조렸어요.

줄기
명 식물의 중심 부분. stem
이 채소는 잎은 다 버리고 줄기 부분을 먹는다.

지단(鷄蛋)
명 달걀의 흰자와 노른자를 갈라서 따로따로 얇게 부친 것. fried egg white and yellow for food decoration
계란 지단을 부쳐서 떡국 위에 얹었다.

진간장(津-醬)
명 콩을 원료로 하여 소금을 넣어 만든 짠맛을 내는 검정색 액체 양념. nicely aged soy sauce
불고기를 만들 때 진간장과 설탕은 5 : 2의 비율로 넣는다.

진주(晉州)
명 경상남도 남서부에 있는 시. name of city in Gyeongsangnam-do

짜다
동 누르거나 비틀어서 물이나 기름을 빼 내다. to squeeze
걸레를 빨아서 꼭 짠 다음 바닥을 닦으세요.

찢다
동 종이 등을 잡아당겨서 가르다. to tear; to rip
이 종이는 얇아서 쉽게 찢어진다.

채를 썰다
채소나 과일 등을 가늘고 길쭉하게 잘게 썰다. to cut into long and slim pieces
무를 채 썰어서 김치 담그는 데 썼다.

튀기다
동 끓는 기름에 넣어서 부풀게 하다. to fry
닭을 튀길 때는 속까지 잘 익도록 해야 한다.

퍼
명 베트남 쌀국수 요리. Vietnamese rice noodle
베트남 쌀국수 퍼는 요즘 건강식으로 인기를 끌고 있다.

함흥(咸興)
명 함경남도에 있는 도시. name of city in Hamgyeongnam-do

해산물(海産物)
명 바다에서 나는 동식물을 모두 이르는 말. seafood
굴, 새우 같은 해산물을 잔뜩 넣어서 그런지 국물 맛에서 바다 냄새가 나는 것 같다.

후춧가루 [후추까루/후춛까루]
명 후추를 갈아서 만든 가루. 양념으로 쓴다. ground pepper
후춧가루는 고기의 나쁜 냄새를 없애 준다.

3. 유행하는 옷

개성적(個性的)이다 [개성저기다]
다른 사람이나 사물과 분명하게 구별되는 특징이 있다. to carry strong individuality (or personality)
그 옷은 여러 색의 단추가 달린 개성적인 디자인 때문에 사람들의 시선을 끈다.

개화기(開化期)
명 19세기 말~20세기 초까지 한국이 예전의 사회 질서를 무너뜨리고 근대적 사회로 크게 바꾸어 기던 시기. enlightenment period of Korea
개화기에 선진국의 앞선 학문과 문화를 받아들이는 등 지식인들이 나라를 발전시키는 데에 큰 역할을 하였다.

거부감(拒否感)
명 어떤 것을 받아들이고 싶지 않은 마음. repulsion; reluctance
유행을 따르는 것에 대해 거부감을 갖는 사람들도 있다.

격식(格式)(을) 차리다 [격씨글차리다]
정해진 형식에 맞춰 하다. to stand on formality
이번 행사는 중요한 분들이 많이 오시니 격식을 차려서 옷을 입어야 한다.

계층(階層)
명 사회적 지위가 비슷한 사람들의 층. social class
빈부격차가 계층 간의 갈등을 키우고 있다.

광복(光復)
명 빼앗긴 국가의 권리를 다시 찾음. (restoration of) independence
많은 사람이 조국의 광복을 위해 몸을 바쳤다.

어휘와 표현

구입(購入)하다 [구이파다]
동 물건을 사들이다. to purchase; to buy
잘 아는 가게에서 괜찮은 책상을 구입하였다.

규정(規定)하다
동 내용이나 성격, 의미 등을 밝혀 정하다. to prescribe
먼저 이 사건의 성격을 규정해 봅시다.

기성복(旣成服)
명 일정한 기준의 몸 크기에 맞추어서 대량으로 미리 지어 놓은 옷. ready-made clothes; off-the-rack clothes
양복을 맞추려면 보름 이상이 걸리지만 기성복은 바로 사서 입을 수 있다.

낭비(浪費)
명 시간이나 물건 따위를 쓸데없이 막 씀. waste; dissipation
시간의 낭비가 없도록 계획을 잘 세웠다.

노출(露出)이 심하다 [노추리심하다]
몸이 겉으로 심하게 드러나다. to be overexposed; to be insufficiently dressed
여름이면 일부 여자들이 노출이 심한 옷을 입곤 한다.

대중화(大衆化)
명 대중 사이에 널리 퍼져 친숙해짐. popularization
그는 대중 가수로서는 드물게 국악의 대중화에 노력을 기울였다.

맞춤복(--服) [맏춤복]
명 개인의 몸 크기에 맞추어서 특별히 지어 놓은 옷. custom clothes; tailor-made clothes
맞춤복은 하나만 만들기 때문에 비싸다.

모피(毛皮)
명 털이 붙어 있는 동물의 가죽. fur
최근 동물 보호 단체에서는 모피 코트를 입지 말자는 운동을 하고 있다.

반영(反映)하다 [바녕하다]
동 다른 것의 영향을 받아 어떤 현상을 나타내다. to reflect
대학 입시에서는 학교 성적을 반영한다.

배꼽 티
배꼽이 보이는 티셔츠. tight and short top showing one's bellybutton; belly-top; belly shirt
여성들이 배꼽 티를 입으면 배가 드러나 건강에 좋지 않습니다.

보수적(保守的)이다 [보수저기다]
새로운 것을 반대하고 전통적인 것을 지지하며 유지하려는 특징이 있다. to be conservative
그 학교는 매우 보수적이어서 학생들이 반바지를 입을 수가 없다.

복고풍(復古風)이다 [복꼬풍이다]
제도나 풍속, 유행 등이 과거의 모습으로 되돌아가는 특징이 있다. to be in retro style
요즘 유행하고 있는 굽이 높은 구두는 복고풍이다.

복식사(服飾史) [복씩싸]
명 옷이 발생하여 바뀌어 온 역사. history of clothing
이 박물관은 시대별 옷들을 전시하는 등 한국 복식사 연구자들을 위한 전시회를 많이 한다.

서구(西歐)
명 서양. Western
그녀는 눈이 크고 코가 오뚝한 것이 꼭 서구 사람같이 생겼다.

세련(洗練)되다 [세련되다/세련뒈다]
형 모습이 어색하지 않게 잘 꾸며져 있다. to be refined
얼마 전까지 촌스럽던 그가 세련된 모습으로 나타났다.

시대상(時代相)
명 어떤 시대의 모습이나 상황. the phases of the (or that) times
영화에는 그 시대의 시대상이 잘 드러나 있다.

신분(身分)
명 개인의 사회적인 위치나 계급. one's social position (or status); identity
예전에는 신분이 다른 사람들끼리 결혼하는 게 쉽지 않았다.

신여성(新女性) [신녀성]
명 개화기 때 새로운 서양식 교육을 받은 여자를 이르던 말. a modern female during the enlightenment period of Korea
그 당시의 신여성들은 자유 연애를 하는 등 새로운 서양 문화를 받아들였다.

실용적(實用的)이다 [실용저기다]
실제로 쓰기에 알맞은 특성이 있다. to be practical
이 옷은 실용적이어서 세탁하기 쉽고 활동하기 편하게 되어 있다.

애용(愛用)되다
동 좋아하여 자주 사용되다. to be used habitually
이 새로운 패션의 운동화가 요즘 청소년들에게 애용되고 있다.

양장(洋裝)
명 옷차림이나 머리 모양을 서양식으로 꾸밈. 또는 그런 옷이나 몸단장. Western-style clothes
그 여자는 오늘 투피스 차림의 양장을 했다.

욕구(欲求) [욕꾸]
명 무엇을 얻거나 무슨 일을 하고자 바라는 일. desire
모든 회원들의 다양한 욕구를 다 충족시킬 수는 없다.

유입(流入)되다
동 문화, 지식, 사상, 물건 등이 들어오다. to get an inflow of something
외국 제품의 유입으로 우리나라의 산업이 큰 피해를 입었다.

유행(流行)을 타다
유행을 따라가다. 유행에 맞다. to follow fashion (trend)
이 옷은 별로 유행을 타지 않는 옷이라서 10년째 입고 있다.

의식(意識)
명 사회적·역사적으로 형성되는 사물이나 일에 대한 개인적·집단적 감정이나 의견. consciousness
초등학교에서 아이들은 우리 사회에서 지켜야 할 여러 가지 질서 의식을 갖도록 교육을 받는다.

자율화(自律化)
명 남의 지배나 구속을 받지 않고 자기 스스로의 원칙에 따라 어떤 일을 하게 됨. liberalization; deregulation
학생회 활동이 자율화되면서 여러 가지 모임이 스스로 생겨났다.

작품성(作品性) [작품썽]
명 작품이 가지는 그 자체의 예술적 가치. value of an art piece
이 영화는 작품성과 대중성 모두에서 호평을 받고 있다.

주목(注目)을 받다 [주모글받따]
사람들의 깊은 관심을 받다. to receive attention
이 노래는 처음에는 별로 주목을 받지 못했다.

집단(集團) [집딴]
명 여럿이 모여 이룬 모임. group; organization
이 학교는 혼자 하는 활동보다는 집단으로 함께 하는 모임이 많다.

참하다
형 생김새가 곱고 얌전하다. to be fair; to be nice and pretty
그 여자 모델의 참한 얼굴이 여성스러운 고운 한복과 잘 어울린다.

추구(追求)하다
동 목적을 이룰 때까지 따라가며 구하다. to pursue; to seek
사람들은 저마다 자신의 행복을 추구하기 마련이다.

특색(特色) [특쌕]
명 보통의 것과 다른 점. distinct characteristic (or feature); peculiarity
그는 별다른 특색 없는 평범한 사람이었다.

파격적(破格的)이다 [파격쩌기다]
일정한 격식을 깨뜨리는 특징이 있다. to be unconventional
그 백화점은 이번에 파격적인 할인 행사를 할 예정이다.

하이힐
명 굽이 높은 여자용 구두. high heels
문득 복도 저편으로부터 하이힐을 신은 여인의 발자국 소리가 들려온다.

홍수(洪水)
명 사람이나 사물이 많이 쏟아져 나옴을 비유적으로 이르는 말. flood
요즘은 거리마다 차량의 홍수로 거리가 너무 복잡하다.

활동적(活動的)이다 [활똥저기다]
몸을 움직여 행동하는 특징이 있다. to be active
오늘은 밖에서 해야 할 일이 많으니 활동적인 옷을 입어야 한다.

획기적(劃期的) [획끼적/훽끼적]
관 명 어떤 과정이나 분야에서 전혀 새로운 시기를 열어 놓을 만큼 뚜렷이 구분되는 (것). groundbreaking; epoch-making
새로 만든 안전벨트는 운전자의 안전성을 획기적으로 높여 주었다.

IX 도시와 환경

1 살기 좋은 도시

주제 도시 개발의 방향

읽고 말하기
- 서울의 변화에 대한 연설문 읽기
- 대도시의 문제점에 대해 말하기

듣고 말하기
- 살기 좋은 도시에 대한 대화 듣기
- 시간 끌기, 다른 사람에게 말할 기회 주기

과제 도시 개발 공청회에서 의견 말하기

문법
- 한편으로(는)
- V-아/어 내다
- A-(으)ㄴ/V-는 만큼

어휘 도시의 환경

2 서울 돌아보기

주제 도시의 명소

읽고 말하기
- 대학로 소개하는 잡지 기사 읽기
- 서울의 유명한 거리 알아보기

듣고 말하기
- 도보 관광에 대한 안내 대화 듣기
- 외국인에게 자국 관광지 추천하기

과제 도시의 명소를 소개하는 잡지 기사 쓰기

문법
- A/V-다고 해도 과언이 아니다
- N이/가 눈길을 끌다
- (V-(으)ㄹ 겸) V-(으)ㄹ 겸 (해서)

어휘 도시의 거리

보충 어휘 관용 표현Ⅲ

1

주제
도시 개발의 방향

읽고 말하기
- 서울의 변화에 대한 연설문 읽기
- 대도시의 문제점에 대해 말하기

듣고 말하기
- 살기 좋은 도시에 대한 대화 듣기
- 시간 끌기, 다른 사람에게 말할 기회 주기

과제
도시 개발 공청회에서 의견 말하기

살기 좋은 도시

들어가기

이야기해 보세요

다음은 서울 거리의 달라진 모습을 보여 주고 있습니다. 어떤 변화가 있었습니까? 이렇게 변화된 이유는 무엇이라고 생각합니까?

〈서울의 청계천〉

〈서울 시청 앞의 서울광장〉

들어 보세요 track 22

다음은 서울에 대한 두 사람의 대화입니다. 잘 듣고 질문에 답하세요.

1. 남자와 여자가 사는 곳을 연결해 보세요.

남자 •	• 신도시
여자 •	• 강남
	• 강북

2. 다음 지역에 대해 두 사람이 이야기한 내용을 간단히 정리해 보세요.
   - 신도시 : 계획적으로 개발된 곳
   - 강남 :
   - 강북 :

읽고 말하기

주제 어휘

다음은 도시의 환경과 관련된 말입니다. 사진을 보고 알맞게 표현해 보세요.

개발　인구 집중　교통 체증　수질 오염　대기 오염　자연 친화적

1. 
2. 
3. 
4. 
5. 
6. 

1. 도시의 개발 과정에서 많은 도시 문제들이 생겨요.
2. ....
3. ....
4. ....
5. ....
6. ....

읽어 보세요 track 23

다음은 서울의 변화를 시민들에게 알리기 위한 연설문의 일부입니다. 잘 읽고 질문에 답하세요.

서울은 600년의 역사를 가진 대한민국의 수도로서 한국의 정치, 경제, 사회, 문화 전반에 걸쳐 중심 역할을 해 왔습니다. 서울은 특히 6 · 25 전쟁 이후 경제 성장의 중심지로 많은 발전을 이루었으나 한편으로는 개발 위주의 정책이 남긴 문제점을 안고 있는 도시였습니다. 그러나 최근 서울시는 개발과 성장 위주의 정책에서 벗어나 시민의 삶의 질을 향상시키는 도시, 자연 친화적인 도시, 전통과 현대가 조화를 이루는 도시를 만들고자 노력하고 있습니다.

예전에는 자동차를 위한 도로 확보가 우선이었던 데 비해 최근에는 '걷고 싶은 서울'을 만들기 위해 보행자 중심으로 도로 개편이 이루어지고 있습니다. 또한 버스와 지하철을 연계하고 버스 전용차로제를 전면적으로 실시함으로써 대중교통은 '시민의 발' 노릇을 충실히 해내고 있습니다.

한강변을 친환경적으로 정비한 덕분에 서울의 한가운데를 흐르는 한강에서 낚시를 하고 강변에 조성된 공원에서 가족과 함께 즐거운 시간을 보내게 되었습니다. 아스팔트로 덮여 있던 청계천에 다시 맑은 물이 흐르면서 연인들이 청계천의 아름다운 밤을 즐기고 있습니다. 아이들은 서울숲으로 체험학습을 나가서 살아 있는 자연을 관찰하며 뛰어놉니다. 시청 앞에 조성된 서울광장은 연중 다양한 행사가 열리는 데다가 겨울에는 스케이트도 탈 수 있어 시민들이 모이는 중심지가 되었습니다.

1. 최근 서울시는 어떤 도시를 만들기 위해 노력하고 있습니까?

2. 서울의 도로와 대중교통에 어떤 변화가 있습니까?

3. 서울시는 친환경적인 도시를 만들기 위해 어떤 일을 했습니까?

4. 서울시는 역사와 전통을 살리기 위해 무엇을 하고 있습니까?

5. 서울이 아직도 가지고 있는 문제점들은 무엇입니까?

서울에는 현대적인 고층 빌딩과 함께 경복궁, 덕수궁, 숭례문 등과 같은 문화재, 북촌 한옥마을과 같은 전통 가옥이 도심에 자리 잡고 있습니다. 서울시는 '문화재 제 모습 찾기' 사업을 통해 광화문과 경복궁을 복원하고 전통 한옥을 보존하는 등 개발 과정에서 밀려난 한국의 역사와 전통을 살리기 위해 노력하고 있습니다.

서울은 교통 체증, 대기 오염, 수질 오염, 수도권 인구 집중 등 개발 과정에서 생긴 문제점들을 가지고 있습니다. 그러나 이러한 문제점들을 개선하기 위한 노력을 꾸준히 하고 있는 만큼 앞으로 자연과 사람, 전통과 현대가 공존하는 아름다운 도시가 될 수 있을 것입니다.

이야기해 보세요

여러분 나라의 수도나 대도시는 어떤 문제점이 있습니까? 그러한 문제점을 해결하기 위해 어떤 일을 하고 있는지 다음과 같이 말해 보세요.

- 교통 체증
- 대기 오염
- 수질 오염
- 인구 집중
- 범죄율

서울은 70년대 이후에 강남이 개발되고 도시가 커지면서 인구 집중 문제가 생겼어요. 90년대에 분당, 일산 같은 신도시가 개발되면서 서울 인구는 좀 감소했지만 여전히 수도권 인구 집중 문제는 해결이 되지 않고 있어요.

문법과 표현

1. 한편으로(는), V-는 한편, N인 한편
- 그 사람의 친절이 고맙지만 한편으로는 부담스럽다.
- 그 사람의 친절이 한편으로는 고맙고 한편으로는 부담스럽다.
- 서울시는 경복궁을 복원하는 한편 전통 한옥을 보존하기 위한 노력도 하고 있다.
- 서울은 한국 경제의 중심지인 한편 역사와 전통을 자랑하는 도시이기도 하다.

2. V-아/어 내다
- 한국은 짧은 기간에 경제 성장을 이루어 낸 국가로 알려져 있다.
- 할 일이 너무 많아서 일요일까지 이 일을 다 해내기는 어려울 것 같다.

3. A-(으)ㄴ/V-는 만큼, N인 만큼
- 최근 환경 훼손이 심해지고 있는 만큼 우리가 환경 보호를 위해 할 일은 많다.
- 그런 일이 생길 것은 아무도 상상하지 못했던 만큼 사람들이 받은 충격은 매우 컸다.
- 친환경 도시 개발을 위한 공청회인 만큼 많은 시민들이 참석해 주시기 바랍니다.

듣고 말하기

들어 보세요 1 track 24

다음은 두 사람의 대화입니다. 잘 듣고 질문에 답하세요.

1. 남자는 여자에게 무엇을 물어보고 있습니까?

2. 여자는 자신의 의견을 바로 말할 수 없을 때 어떤 표현을 쓰고 있습니까? 또한 다른 사람에게 말할 기회를 주기 위해 어떤 표현을 쓰고 있습니까?

3. 이와 같이 의견을 바로 말할 수 없을 때 시간을 끌거나 다른 사람에게 말할 기회를 줄 때 쓰는 표현을 정리해 보세요.

시간 끌기	다른 사람에게 말할 기회 주기
▪ 글쎄요	▪ ~ 씨는 어떻게 생각하세요?
▪ 뭐랄까	▪ ~ 씨 생각[의견]은 어떠세요?
▪ 그런 것에 대해 별로 생각해 보지 않았어요	▪ ~ 씨 생각[의견]을 들어 볼까요?
▪ 그런 것은 깊이 생각해 볼 기회가 없었는데요	▪ 그럼 이번에는 ~ 씨가 의견을 말씀해 주시겠어요?

이야기해 보세요

위의 표현을 사용해서 아래와 같이 말해 보세요.

1. 살기 좋은 도시의 조건

2. 대기 오염을 줄이는 방법

3. 범죄율을 낮추는 방법

4. 자연 친화적 도시를 만드는 데 필요한 것

살기 좋은 도시의 조건이 뭐라고 생각해요?

글쎄요, 그런 것에 대해 별로 생각해 보지 않았어요. 우선 기후가 좋아야 하지 않을까요? 저는 너무 추운 곳은 싫거든요. 민석 씨는 어떻게 생각하세요?

들어 보세요 2 track 25

다음은 '살기 좋은 도시'에 대한 두 사람의 대화입니다. 잘 듣고 질문에 답하세요.

1. '살기 좋은 도시'의 기준이 되는 것을 모두 고르세요.

- [ ] 쇼핑하기 편리한가
- [ ] 공항에 쉽게 연결되는가
- [ ] 범죄율이 낮은가
- [ ] 기후가 좋은가
- [ ] 주택 가격이 싼가
- [ ] 취업하기 쉬운가
- [ ] 녹지가 많은가
- [ ] 바다가 가까운가

2. 두 사람의 대화에서 '살기 좋은 도시'의 조건으로 나오지 않은 것을 고르세요.

- [ ] 기본 시설
- [ ] 경제
- [ ] 환경
- [ ] 정치

3. 여러분이 생각하는 '살기 좋은 도시의 조건'을 표시하고 이 중에서 무엇이 가장 중요한지 말해 보세요. 또한 여러분 고향은 이 조건들과 비교할 때 어떤지 평가해 보세요.

- [ ] 정치적 안정
- [ ] 경제 발전
- [ ] 취업률
- [ ] 교통(대중교통, 도로 등)
- [ ] 공공요금(전기, 수도, 전화, 지하철, 버스 등)
- [ ] 치안(범죄율)
- [ ] 교육 여건(학교, 학원 등)
- [ ] 보건 및 위생(의료 시설, 쓰레기 처리, 수질 관리 등)
- [ ] 주택 가격
- [ ] 편의 시설(식당, 극장, 체육관 등)
- [ ] 문화 및 예술 공연(음악, 미술, 연극 등)
- [ ] 쇼핑
- [ ] 녹지
- [ ] 기후
- [ ] 기타 : ....

과제 도시의 자연 환경을 보존하면서 개발할 수 있는 방법에 대해 논의해 보세요.

해미시

특징

- 오염되지 않은 깨끗한 바다
- 수백 마리의 바다표범 서식지
- 전망이 아름다운 해안 절벽
- 수백 년 된 소나무 숲이 있는 산

문제점

- 관광객을 위한 숙소나 시설이 전혀 없음.
- 교통이 불편한 오지에 있음.
- 어업 외에 특별한 산업이 없어 주민 생활 수준이 낮음.

1. 다음은 해미시가 관광 도시 개발을 위해 공청회에서 제시한 회의 자료입니다. 이것을 보고 환경을 보존하기 위해 무엇이 문제가 될지 메모해 보세요.

〈 관광 도시 개발 계획 〉

관광 리조트 건설

- 호텔, 골프장, 식당 등 포함
- 일자리 1,000개 창출 효과

호텔 및 골프장으로 인한 수질 오염 가능성

관광 시설 개발

- 해안 일주 도로 및 자전거 전용 도로 신설
- 케이블카 설치
  (소나무 숲, 바다표범 서식지, 해안 절벽을 연결하는 코스)
- 뛰어난 전망으로 관광객 유치 효과

도로 건설

- 소나무 숲을 통과하는 터널 및 도로 건설
- 교통 오지 문제 해결

2. 여러분은 해미시의 시민입니다. 공청회에 참석해서 도시 개발 계획에 대해 논의하고 해결 방법을 찾아보세요.

리조트가 건설되면 일자리 창출 효과가 있기 때문에 주민들에게 큰 도움이 될 수 있습니다. 이 점이 이번 개발 계획에서 무엇보다도 중요합니다. 여러분들 의견은 어떠십니까?

우리 해미시는 오염되지 않은 깨끗한 자연 환경이 큰 자랑거리인 곳입니다. 일자리 창출도 좋지만 자연 환경을 보존하는 개발 방안을 고민해 봐야 합니다. 다른 분들은 어떻게 생각하십니까?

글쎄요. 저도 일자리 창출이라는 경제 효과는 우리 주민들에게 아주 중요한 점이라고 생각합니다. 그렇지만 환경은 한번 훼손되면 다시 살리기가 어려우니까 개발 단계에서부터 환경 보호를 위해 어떻게 해야 할지 고민하는 것이 필요하다고 봅니다.

2

서울 돌아보기

주제
도시의 명소

읽고 말하기
- 대학로 소개하는 잡지 기사 읽기
- 서울의 유명한 거리 알아보기

듣고 말하기
- 도보 관광에 대한 안내 대화 듣기
- 외국인에게 자국 관광지 추천하기

과제
도시의 명소를 소개하는 잡지 기사 쓰기

들어가기

이야기해 보세요

서울의 명소 중 여러분이 알거나 가 본 곳에 대해 이야기해 보세요.

들어 보세요 track 26

다음은 서울의 명소에 관한 두 사람의 대화입니다. 잘 듣고 질문에 답하세요.

1. 여자는 어제 어디에 갔습니까?

2. 인사동은 무엇으로 유명한 거리입니까?

읽고 말하기

주제 어휘

다음은 도시의 거리와 관련된 표현입니다. 어느 곳을 설명하고 있는지 앞에서 본 서울의 명소에서 알맞은 곳을 찾아보세요.

1. 여기는 항상 젊은 인파로 붐비는 곳이에요. 대학로

2. 여기는 많은 골동품 가게가 자리 잡고 있는 거리예요.

3. 오래된 한옥이 즐비하게 있어요.

4. 높은 곳에 있어서 서울 시내를 한눈에 볼 수 있어요.

5. 옛날에 왕이 살던 곳을 보려고 사람들의 발길이 끊이지 않아요.

읽어 보세요 track 27

다음은 여행 잡지에서 서울의 대학로를 소개하는 글입니다. 잘 읽고 질문에 답하세요.

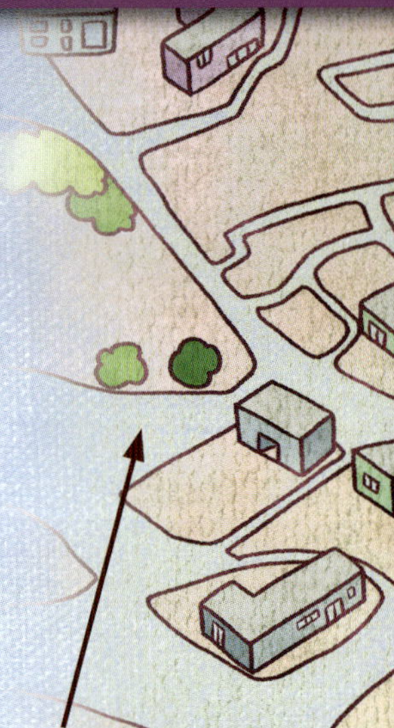

젊음의 거리, 대학로

성대 먹자골목

가 대학로는 젊음의 거리라고 해도 과언이 아닐 정도로 언제나 젊은 인파로 붐빈다. 이 길은 옛 서울대학교 문리대 시절부터 젊은이들이 많이 모이던 곳으로 1975년에 서울대학교가 관악산으로 옮기면서 문예회관, 파랑새극장, 문예진흥원 등 극장과 문화 예술 단체들이 새로 자리를 잡았다. 대학교가 있었던 곳이라는 의미에서 1985년부터 대학로라는 이름이 붙게 되었는데, 서울시는 이 지역의 특성을 살려 문화 예술의 거리를 조성하기 위해 도로를 확장하고 주변을 정비했다. 또한 문예진흥원 앞 도로 광장에는 야외 공연장을 만들어 음악회를 열거나 연극 등을 공연할 수 있도록 했다.

나 마로니에 공원 근처에는 다양한 규모의 극장들이 즐비하다. 소극장만 30여 개에 이르러 좋은 연극과 공연을 언제든지 만날 수 있다. 그래서 대학로는 다양한 예술적 취향을 즐기려는 사람들로 늘 붐비는 곳이다. 인도에는 술 취해 누워 있는 사람이나 커다란 강아지 모양 등의 각종 조형물이 자리를 잡아 거리를 지나가는 사람들의 눈길을 끈다. 대학로에서 낙산 쪽으로 가면 한국의 초대 대통령인 이승만 전 대통령이 살았던 이화장이 있다. 이곳은 1948년 7월 대한민국 초대 내각을 발표했던 역사적인 장소이다. 서울을 한눈에 보고 싶다면 낙산 공원으로 가면 된다. 낙산으로 오르는 길에는 서울 성곽이 복원되어 있는데 여기에서 내려다보는 서울의 야경이 특히 아름답다.

1. 가 – 다 는 각각 무엇에 대한 것인지 다음에서 찾아보세요.

- 전체 설명(역사나 배경, 위치 등) :
- 보충과 마무리(더 필요한 내용, 정리 등) :
- 구체적 내용(다른 곳과 구별되는 점, 특징, 설명이 필요한 내용 등) :

2. 다음의 표현을 사용해서 대학로에 대해 말해 보세요.

- 인파로 붐비다 : 대학로는 항상 젊은 인파로 붐빈다.
- 자리 잡다 :
- 공연하다 :
- 즐비하다 :
- 한눈에 보다 :
- 사람들의 발길이 끊이지 않다 :

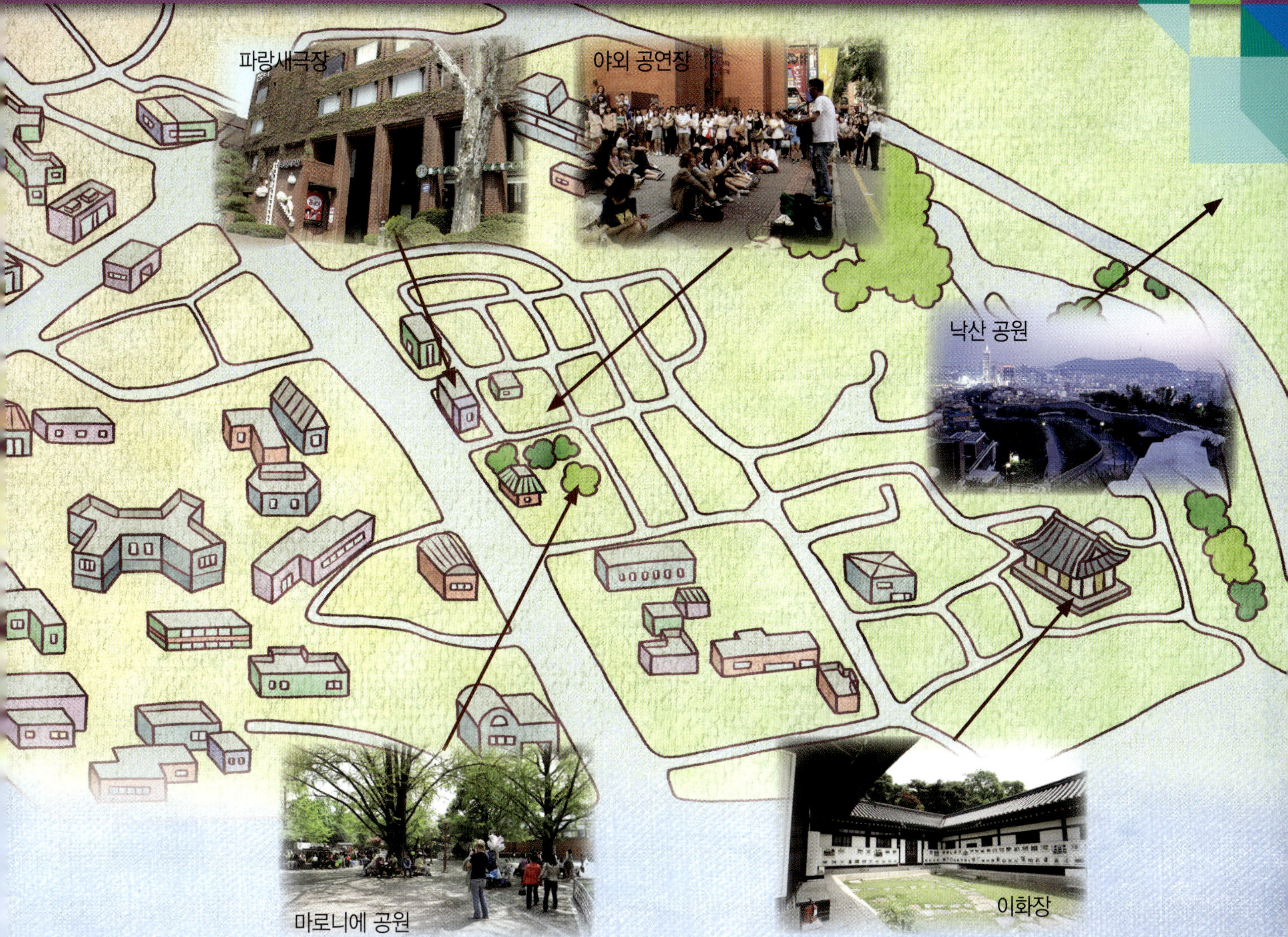

다 대학로에는 휴식 공간과 음식점, 카페 등이 많아서 젊은이들의 발길이 끊이지 않는다. 성대 먹자골목의 맛집들은 서렴하고 푸심해서 성겨움을 느끼게 한다. 주말이면 여기저기서 사진을 찍는 가족들을 쉽게 볼 수 있고 다정하게 손을 잡고 걷는 연인들과도 마주칠 수 있다. 누구든지 문화에 젖고 행복에 취하는 시간을 선물받는 거리. 이번 주말에는 바람도 쐴 겸 사랑하는 사람들과 함께 대학로로 나들이를 가 보면 어떨까.

3. 다음은 어떤 곳인지 말해 보세요.

- 야외 공연장 : 도로 광장에 야외 음악회, 연극 등을 공연하도록 만든 곳
- 이화장 :
- 낙산 공원 :
- 성대 먹자골목 :

이야기해 보세요

서울에는 다음과 같은 유명한 거리가 있습니다. 여러분이 알거나 가 본 곳에 대해 이야기해 보세요.

먹자골목

▪ 무교동 낙지볶음

▪ 신당동 떡볶이

▪ 장충동 족발

골동품 거리

▪ 인사동 거리

▪ 황학동 벼룩시장

의류시장

▪ 동대문시장

▪ 남대문시장

전자상가

▪ 용산 전자상가

문법과 표현

1. A/V-다고 해도 과언이 아니다
- 이보다 더 좋은 자동차는 없다고 해도 과언이 아니다.
- 이 시험이 내 장래를 결정한다고 해도 과언이 아니에요.
- 그 사람은 세계 최고의 지휘자라고 해도 과언이 아니다.

2. N이/가 눈길을 끌다
- 이번에 새로 생긴 미술관 건물은 특이한 모양으로 눈길을 끌고 있다.
- 인사동은 여러 가지 골동품이 사람들의 눈길을 끄는 곳이에요.

3. (V-(으)ㄹ 겸) V-(으)ㄹ 겸 (해서), N 겸 N
- 친구도 만날 겸 필요한 물건도 살 겸 해서 시내에 다녀왔어요.
- 옷도 사고 시장도 볼 겸 백화점에 가려고 해요.
- 이곳을 사무실 겸 연구실로 쓰고 있어요.

듣고 말하기

들어 보세요 track 28

다음은 서울에 온 외국인이 관광안내센터 직원과 하는 대화입니다. 잘 듣고 질문에 답하세요.

©서울시 관광정보 (http://www.visitseoul.net)

1. 남자는 어떤 관광을 하고 싶어 합니까?

2. 남자가 서울에서 가 보고 싶어 하는 곳에 모두 표시해 보세요.

☐ 서울의 명소　☐ 맛집이 있는 곳　☐ 유명한 거리
☐ 인파로 붐비는 곳　☐ 한국 역사와 관계된 곳

3. 여자가 추천한 곳에 대해 맞는 설명을 찾아 쓰세요.

① 서울의 역사와 문화를 한눈에 볼 수 있다.	② 한옥의 아름다움을 느낄 수 있다.
③ 조선 시대 왕궁의 역사를 볼 수 있다.	④ 한국 전통문화를 직접 체험할 수 있다.
⑤ 근대 한국의 건축물을 볼 수 있다.	⑥ 시청역에서 도보로 10분쯤 걸린다.
⑦ 덕수궁 옆에 미술관과 박물관이 있다.	⑧ 전통 한옥이 즐비하게 있는 곳이다.

북촌 한옥마을

....

....

....

....

....

덕수궁 · 정동 코스

....

....

....

....

....

4. 설명을 들으면서 관광하고 싶으면 어떻게 해야 합니까?

이야기해 보세요

여러분이 관광안내센터 직원이라면, 여러분이 사는 도시에 온 외국인에게 어느 곳을 추천하고 싶습니까? 그곳은 어떤 곳인지, 왜 추천하는지에 대해 다음과 같이 설명해 보세요.

저는 서울에 온 외국인에게 북촌 한옥마을에 가 보라고 추천할 거예요. 북촌 한옥마을은 전통 한옥이 많이 남아 있어서 한옥의 아름다움을 느낄 수 있는 곳이에요. 한국 문화에 관심이 많은 외국인이라면 한번쯤은 가 봐야 할 곳이라고 생각해요.

저는 베이징에 온 외국인에게 유리창에 가 보라고 하겠어요. 유리창은 인사동같이 옛날 물건들을 많이 파는 곳이에요. 골동품이나 전통 예술품을 파는 가게들이 즐비해서 그냥 구경만 해도 눈이 즐거운 곳이에요. 골동품에 관심이 많은 사람이라면 가 볼 만한 곳이에요.

과제

여러분은 한국 여행 잡지에 여러분 나라의 명소를 소개하는 글을 써야 합니다.
여러분 나라 도시의 명소 중 하나를 골라서 소개하는 기사를 써 보세요.

1. 먼저 소개하고 싶은 곳에 대해 간단히 정리해 보세요.

▪ 소개할 곳	
▪ 전체 설명 (역사나 배경, 위치 등)	
▪ 구체적 내용 (다른 곳과 구별되는 점, 특징, 설명이 필요한 내용 등)	

2. 다음과 같은 순서로 명소를 소개하는 글을 써 보세요.

▪ 제 목 ▪ 전체 설명 ▪ 구체적 내용 ▪ 보충과 마무리

자기 평가

1. 다음 중 아는 단어에 ∨ 하세요.

- [ ] 개발
- [ ] 인구 집중
- [ ] 교통 체증
- [ ] 수질 오염
- [ ] 대기 오염
- [ ] 자연 친화적
- [ ] 범죄율
- [ ] 인파로 붐비다
- [ ] 자리 잡다
- [ ] 즐비하다
- [ ] 한눈에 보다
- [ ] 사람들의 발길이 끊이지 않다

2. 다음 표현을 이용해서 문장을 만들어 보세요.

1) V-는 한편

→

2) V-아/어 내다

→

3) A/V-다고 해도 과언이 아니다

→

3. 다음과 같은 상황에서 어떻게 말할 수 있습니까?

1) 의견을 바로 말할 수 없어서 시간을 끌 때

....

2) 다른 사람에게 말할 기회를 줄 때

....

보충 어휘

관용 표현(Ⅲ) 다음은 여러 가지 상황을 나타내는 관용 표현입니다. 이런 표현을 익혀 한국 사람들의 생활이나 문화, 사고방식을 이해하고 다양한 상황을 생생하게 표현하도록 합시다.

벽에 부딪히다 진행하던 일이 어떤 장애물에 가로막히다.	**깨가 쏟아지다** 주로 남녀 사이가 몹시 아기자기하고 재미가 나다.
찬물을 끼얹다 잘되어 가고 있는 일에 어떤 행동을 해서 분위기를 망치다.	**사서 고생이다** 고생하지 않아도 될 일을 제 스스로 어렵게 만들어 고생하다.
뚜껑을 열어 보다 기다리다가 어떤 일의 내용이나 결과를 보게 되다.	**바가지를 긁다** 아내가 남편에게 생활의 어려움에서 오는 불평과 잔소리를 심하게 하다.
미역국을 먹다 시험에서 떨어지다.	**가뭄에 콩 나듯** 어떤 일이 매우 드물게 일어나는
강 건너 불 보듯 자기와 관계없는 일이라고 하여 무관심하게 구경하는	**다람쥐 쳇바퀴 돌 듯** 앞으로 나아가거나 변화가 없이 제자리걸음만 하는

연습 1 다음 관용 표현으로 어떤 말을 하려는 것인지 고르세요.

1)

① 그 다음에 어떻게 써야 할지 생각이 안 난다.
② 너무 힘들고 피곤해서 자고 싶다.

2)

① 합격했는지 결과를 확인하다.
② 시험 결과가 나쁘다.

3)

① 새로 시작한다.
② 행복하다.

4)

① 자기 자신의 일은 아니라는 듯이
② 열심히 하고 싶지 않다는 듯이

보충 어휘

연습 2 다음 .... 부분과 관련 있는 관용 표현을 쓰세요.

1) 이번에는 정말 열심히 공부했는데 이번에도 시험에 떨어지면 어떻게 하지?

→ 미역국을 먹다

2) 네가 아니더라도 그 일을 할 사람이 많은데 괜히 하겠다고 나서서 쓸데없이 힘들게 지내는구나.

→

3) 아버지가 여기저기 다니면서 장사를 하셔서 한 달에 한두 번밖에 만날 수가 없었다.

→

4) 매일 집에서 학교로, 학교에서 집으로 똑같은 생활만 반복하다 보니 답답해졌다.

→

5) 사람들이 즐겁게 이야기하고 있는데 민수가 화를 내며 소리를 질러 파티 분위기가 엉망이 되었다.

→

6) 아내가 날마다 "양말 좀 벗어서 아무데나 놓지 마라.", "술 좀 그만 마셔라." 등등 잔소리를 계속해 대서 귀찮아 죽을 지경이다.

→

연습 3 관용 표현을 넣어서 대화 연습을 해 보세요.

1) 가 : 난 슬픈 노래를 좋아하는데 사람들과 노래방에 가면 슬픈 노래는 부르지 않아.
   나 : 그래, 슬픈 노래 잘못 부르면 신나는 분위기에 .... 수도 있잖아.

2) 가 : 내 손으로 의자를 한번 만들어 보려고요.
   나 : 왜 ....? 요즘 싸고 좋은 의자가 얼마나 많은데요.

3) 가 : 이번에는 합격할 자신이 있니?
   나 : 네, 걱정하지 마세요. 이번에는 .... 않을게요.

4) 가 : 학교 옆에 도서관을 짓기로 했다면서요?
   나 : 네, 그랬는데 돈 문제로 .... 계획이 중단되었어요.

5) 가 : 앞집 신혼부부는 .... 재미있게 사는 것 같아요.
   나 : 그렇겠지. 우리도 그때는 그렇게 좋았잖아.

6) 가 : 아들이 전화 자주 해요?
   나 : 웬걸요. 너무 바쁜 애라 .... 어쩌다 한 번씩 잠깐 전화하는 게 다예요.

7) 가 : 이번 대통령 선거에서는 야당이 이길 거래요.

나 : 그건 아무도 모르는 거예요. .... 알지요.

8) 가 : 이삿짐이 많네. 무슨 물건이 이렇게 많아?

나 : 그렇게 가만히 서서 .... 구경만 하지 말고 너도 좀 도와줘.

9) 가 : 부인이 두 달 동안 유럽 여행을 떠나셨다면서? 자유로워서 좋겠네.

나 : 처음 며칠은 좋더니 지금은 '이거는 왜 안 하냐 저거는 왜 안 하냐' 하며 귀찮게 .... 소리조차 그리워.

10) 가 : .... 매일 반복되는 똑같은 학교생활이 힘들지 않으세요?

나 : 아뇨, 사실 매일매일 새로운 것을 배우고 때때로 재미있는 일들이 생기는 걸요.

어휘와 표현

1. 살기 좋은 도시

강남(江南)
명 서울의 한강 남쪽 지역. south region of the Han River in Seoul
70년대 이후 서울 강남 지역에는 아파트가 많이 건설되었다.

강북(江北)
명 서울의 한강 북쪽 지역. north region of the Han River in Seoul
서울 강북 지역에는 오래된 건물들이 많다.

개발(開發)
명 산업이나 경제를 발전하게 함. development
한국은 60년대부터 경제 개발 계획을 세웠다.

개편(改編)
명 고쳐서 다시 편성함. reorganization; reform
방송국에서는 봄을 맞아 프로그램 개편을 할 예정이다.

경복궁(景福宮) [경복꿍]
명 서울에 있는 조선 시대의 궁전. palace in Seoul built in the Joseon Dynasty

고층(高層) 빌딩
층수가 아주 많은 건물. skyscraper; high-rise building
대도시에는 고층 빌딩이 많이 있다.

공공요금(公共料金) [공공뇨금]
명 철도, 우편, 전기, 수도 등의 공익사업에 대한 요금. public utility charge; utility bill (or fee)
이번 달부터 공공요금이 인상되어 서민들의 부담이 커졌다.

공존(共存)하다
동 서로 도와서 함께 존재하다. to coexist
사람은 자연과 조화를 이루면서 공존해야 한다.

공청회(公聽會)
명 국민의 관심이 많거나 사회에 큰 영향을 미치는 일을 결정하기 전에 관계되는 사람들의 의견을 들어 보는 공개적인 회의. public hearing
서울시는 도시 재개발에 대한 시민들의 의견을 듣기 위해 공청회를 열었다.

광화문(光化門)
명 경복궁의 정문. main gate of Gyeongbokgung

교통 체증(交通滯症)
교통 흐름이 순조롭지 않고 막히는 상태. traffic jam
주말에는 고속도로의 교통 체증이 더 심해진다.

기준(基準)
명 기본이 되는 표준. standard
이 대회의 심사 기준이 무엇인지 알려 주세요.

기후(氣候)
명 어느 지역에서 여러 해에 걸쳐 나타난 날씨의 평균 상태. climate
이곳의 기후는 덥고 비가 많아서 쌀농사 짓기에 좋다.

녹지(綠地) [녹찌]
명 도시의 환경 보호를 위해 일부러 나무나 풀을 심은 곳. green tract; green belt
도로 주변에 나무나 꽃을 심어 녹지를 만들었다.

대기 오염(大氣汚染)
공기가 더러워지는 것. air pollution
이 도시는 대기 오염이 심해서 걸어 다니는 것이 힘들다.

대중교통(大衆交通)
명 여러 사람이 이용하는 버스, 지하철 같은 교통. public transportation
한국은 편리한 대중교통을 이용하는 사람이 많다.

덕수궁(德壽宮) [덕쑤궁]
명 서울에 있는 조선 시대의 궁전. palace in Seoul built in the Joseon Dynasty

도심(都心)
명 도시의 중심. the heart (or center) of a city; downtown
서울 도심은 많은 자동차와 사람들로 언제나 복잡하다.

문화재(文化財)
명 역사적 가치가 뛰어나서 보호 대상으로 정한 물건. cultural properties (or assets)
경주는 오래된 문화재가 많이 있는 역사 도시이다.

밀려나다
동 어떤 자리에서 쫓겨나거나 떠밀리다. to be pushed out; to be ousted from
이번 골프 대회에서는 작년에 1위였던 선수가 10위 바깥으로 밀려났다.

바다표범
명 바다에 사는 동물의 한 종류. seal
물개와 바다표범은 생김새는 비슷하지만 서로 다른 동물이다.

범죄율(犯罪率)
명 범죄가 일어나는 비율. crime rate
보통 시골보다 도시의 범죄율이 높은 편이다.

보건(保健)
명 병의 예방, 치료를 통해 사람들이 건강과 생명을 보호하는 일. preservation of good health
각 지역마다 시민들을 위한 보건 시설이 잘 마련되어 있다.

보존(保存)하다
동 잘 보호해서 남기다. to preserve
서울시는 사라져 가는 한옥을 보존하기 위해 노력하고 있다.

보행자(步行者)
명 걸어 다니는 사람. pedestrian
이 길에는 보행자가 많지 않아 자전거를 타기에 좋다.

복원(復元)하다 [보권하다]
동 원래의 상태로 다시 만들다. to restore (to the original state)
불 타 버린 문화 유적을 이전과 똑같이 복원하기는 쉽지 않다.

부담스럽다(負擔---)
형 어떤 의무나 책임을 져야 할 듯한 느낌이 있다. to be a burden
아무 일도 안 하고 돈을 받는다는 게 부담스럽다.

북촌 한옥마을(北村韓屋--) [북촌하농마을]
경복궁과 창덕궁 사이 북악산 기슭에 있는 한옥 보존 지역. preservation area of traditional Korean-style houses in between Gyeongbokgung and Changdeokgung

분당
명 서울 근처 남쪽에 있는 도시 이름. name of a new town in south of Seoul

서식지(棲息地) [서식찌]
명 동물이 깃들여 사는 곳. a habitation of animals; a dwelling place
환경 파괴로 많은 동물의 서식지도 오염되고 있다.

서울 광장(廣場)
서울 시청 앞에 있는 광장. City Hall plaza in Seoul

서울숲
명 서울 뚝섬에 있는 큰 공원. a park in Ttukseom, Seoul

성장(成長)
명 크기나 힘이 점점 커짐. growth
서울은 세계적인 대도시로 성장을 했다.

수도(首都)
명 나라의 정부가 있는 도시. capital
한국의 수도는 서울이다.

수도권(首都圈) [수도꿘]
명 수도를 중심으로 이루어진 대도시 지역. the metropolitan area
한국은 서울을 중심으로 하는 수도권에 많은 인구가 몰려 살고 있다.

수질 오염(水質汚染) [수지로염]
강이나 바다와 같은 물이 더러워지는 것. water pollution
강물의 수질 오염이 심해서 수영하는 것이 금지되었다.

숭례문(崇禮門) [숭녜문]
명 서울에 있는 문화재로 조선 시대에 서울의 남쪽에 세운 문. the south gate of old Seoul built in the Joseon Dynasty

신도시(新都市)
명 대도시 근처에 계획적으로 개발한 새 주택지. new town
신도시 개발로 주택 문제가 해결되었다.

신설(新設)
명 새로 설치하거나 마련함. new establishment; new creation
우리 학교는 신설 학교라서 우리가 1회 졸업생이다.

안정(安定)
명 바뀌어 달라지지 않고 일정한 상태를 유지함. stability; calm
몸이 아주 약해졌기 때문에 당분간 안정을 해야 한다.

여건(與件) [여껀]
명 주어진 조건. a given condition (or circumstance)
여건이 된다면 대학원에 진학해서 공부를 계속하고 싶다.

연계(連繫)하다 [연계하다/연게하다]
동 서로 연결하여 관계를 맺다. to connect
우리 학교는 시민 단체와 연계하여 봉사 활동을 하려고 한다.

연중(年中)
명 일 년 내내. all year round; throughout the year
이 나라는 연중 온화한 날씨가 계속되고 비도 잘 오지 않는다.

위생(衛生)
명 건강을 위한 조건을 갖추는 일. sanitation
여름에는 식당에서 음식의 위생 상태에 더 신경을 써야 한다.

유치(誘致)
명 행사나 사업을 이끌어 가져옴. attraction; invitation
세계 여러 나라들이 올림픽 유치에 힘을 쓰고 있다.

어휘와 표현

인구 집중(人口集中) [인구집쭝]
인구가 한곳으로 모임. concentration of population; high-density population
도시가 커지면서 인구 집중 현상이 생겼다.

일산 [일싼]
명 서울 근처 북쪽에 있는 도시 이름. name of new town in north of Seoul

일주(一周) [일쭈]
명 일정한 경로를 한 바퀴 돎. round
어려서부터 세계 일주를 해 보는 것이 내 꿈이었다.

자연 친화적(自然親和的)
자연과 잘 어울려 조화를 이루게 하는 (것). nature-friendly; earth-friendly
요즘은 흙이나 나무를 사용해서 자연 친화적으로 지은 집이 많다.

전면적(全面的)
관 명 일정한 범위 전체에 걸치는 (것). full; allover
산불이 나서 등산이 전면적으로 금지되고 있다.

전용 차로제(專用車路制) [저뇽차로제]
복잡한 교통 문제를 해결하기 위해 버스와 같이 특정한 차만 다닐 수 있게 차선을 만드는 제도. exclusive bus (or other specific vehicle) lane; bus-only lane
버스 전용 차로제를 실시하면서 대중교통 이용이 좀 더 편리해졌다.

전통 가옥(傳統家屋)
옛날부터 이어져 내려오는 주택의 형태. traditional house
북촌 한옥마을에 가면 한국의 전통 가옥인 한옥을 많이 볼 수 있다.

절벽(絕壁)
명 아주 높이 서 있는 낭떠러지. cliff
길 양쪽이 절벽이어서 조금만 발을 잘못 디뎌도 떨어질 것 같았다.

정비(整備)하다
동 고치거나 정리하여 새로 준비해 놓다. to repair; to maintain
교육부에서는 복잡한 입시 제도를 정비하려고 한다.

조성(造成)되다
동 새로 만들어서 이루어지다. to be created; to be made (up)
이곳에는 테니스장, 농구장, 수영장 같은 운동 시설이 조성될 것이다.

청계천(淸溪川)
명 서울 강북의 중심을 흐르는 하천. a stream flowing through the center of Gangbuk area in Seoul

충실히(忠實-)
부 내용이 알차고 의미 있게. substantially; fully
한 번도 빠지지 않고 강의를 충실히 들었다.

치안(治安)
명 사회의 질서를 잘 유지함. public order; public peace (and security)
여기는 치안이 불안한 곳이니 밤에 혼자서 다니지 마세요.

친환경적(親環境的)
관 명 환경을 오염시키지 않고 환경과 잘 어울리게 만든 (것). environmental-friendly; eco-friendly
기름 대신 태양열을 이용하는 친환경적인 자동차를 개발하고 있다.

편의 시설(便宜施設) [펴늬시설/펴니시설]
사람들이 편리하게 이용하도록 만든 시설. convenient facilities; amenities
이 아파트에는 공원, 놀이터, 수영장, 도서관 등 주민들을 위한 여러 가지 편의 시설이 있다.

확보(確保) [확뽀]
명 확실하게 가지고 있음. security; guarantee
취업에서 경쟁력을 확보하기 위해 자격증을 따는 사람이 많다.

훼손(毁損)
명 헐거나 깨뜨려 못 쓰게 만드는 것. damage
문화재를 훼손할 경우 처벌을 받게 된다.

2. 서울 돌아보기

건축물(建築物) [건충물]
명 지붕, 기둥, 벽이 있는 땅 위의 건물. building; structure
이 도시에는 역사가 깊은 아름다운 건축물이 많이 남아 있다.

골동품(骨董品) [골똥품]
명 오래되고 가치가 높은 물건. antique
나는 오래된 골동품을 수집하는 게 취미이다.

공간(空間)
명 비어 있는 곳이나 어떤 일을 하는 장소. space
좁은 공간에 너무 많은 건물이 모여 있어서 답답하다.

관악산(冠岳山) [과낙싼]
명 서울의 남쪽에 있는 산 이름. a mountain located in south of Seoul

규모(規模)
명 사물의 크기나 범위. scale
이 건물은 50층 규모로 지어질 예정이다.

근대(近代)
명 역사에서 중세와 현대 사이의 시대. the modern period
한국에서는 1876년부터 1919년에 이르는 시기를 근대라고 부른다.

나들이
명 집 밖으로 외출하는 것. going out; outing
날씨가 따뜻해지니까 야외로 나들이 나가는 사람들이 많아진다.

낙산(駱山) [낙싼]
명 서울의 대학로 근처에 있는 산 이름. mountain near Daehangno, Seoul

낙산 공원(駱山公園) [낙싼공원]
대학로 근처의 낙산에 있는 공원 이름. park in Naksan mountain near Daehangno

내각(內閣)
명 나라의 행정부 일을 하는 기관. cabinet; ministry
내각에서 제일 높은 사람은 총리이다.

대학로(大學路) [대항노]
명 서울의 혜화동에 있는 길 이름. a street in Hyehwa-dong, Seoul

도보 관광(徒步觀光)
걸어 다니면서 하는 관광. tour on foot
도보 관광을 하면 힘들지만 더 많은 것을 볼 수 있다.

돌담 길 [돌담낄]
돌로 된 담을 따라 나 있는 길. a way along the stone wall
예전에 덕수궁 돌담 길을 연인이 함께 걸으면 헤어지게 된다는 말이 있었다.

러시아 공사관(公使館)
조선 후기에 러시아 외교관이 있었던 곳으로 서울의 정동에 있음. Russian Legation

마로니에 공원(公園)
서울의 대학로에 있는 공원 이름. a park in Daehangno, Seoul

마무리
명 일을 끝냄. 또는 끝 부분. finish; completion
글의 내용은 좋은데 마무리가 좀 부족하니까 이 부분만 다시 써 보세요.

명소(名所)
명 유명한 곳. famous place; tourist attraction
제주도는 관광의 명소로 알려져 있다.

문리대(文理大) [물리대]
명 인문 과학과 자연 과학을 공부하는 대학. college of liberal arts and science
서울대학교 문리대 캠퍼스는 동숭동에 있었다.

문예진흥원(文藝振興院)
명 문화, 예술에 관련된 일을 하는 기관 이름. The Korean Culture and Arts Foundation

문예회관(文藝會館)
명 대학로에 있는 연극이나 음악 등을 공연하는 극장 이름. a theater in Daehangno, Seoul

민속 박물관(民俗博物館) [민속빵물관]
서울의 경복궁 안에 있는 박물관 이름. National Folk Museum located inside of Gyeongbokgung in Seoul

보충(補充)
명 부족한 것을 더해서 채움. supplementation
내용을 이해하지 못하는 사람들이 많아 보충 설명이 필요하다.

북촌문화센터(北村文化--)
명 서울의 북촌 한옥마을에 있는 문화센터 이름. a cultural center in the preservation area of traditional Korean-style houses in Seoul

붐비다
동 사람이나 차가 많아서 복잡하다. to be crowded
이 식당은 항상 사람들로 붐빈다.

서울시립미술관(--市立美術館) [서울시림미술관]
명 서울시에서 운영하는 미술관 이름. Seoul Museum of Art

서울역사박물관(--歷史博物館) [서울력싸방물관]
명 서울시에서 운영하는 역사박물관 이름. Seoul Museum of History

성곽(城郭)
명 옛날에 도시의 둘레를 두르고 있던 성. castle walls
서울에는 조선 시대에 만들어진 성곽이 남아 있다.

성대(成大)
명 '성균관대학교'를 줄여서 부르는 이름. short for Seonggyungwan University

어휘와 표현

성 프란치스코 성당(聖堂)
서울의 정동에 있는 성당 이름. a catholic church in Jeongdong, Seoul

시절(時節)
명 일정한 시기나 때. the time of the days; year in the past
전쟁이 끝난 직후라서 그 시절에는 모두가 다 가난했다.

야경(夜景)
명 밤의 경치. night view
서울 야경을 보기에 어디가 가장 좋아요?

야외 공연장(野外公演場)
바깥에서 공연을 할 수 있는 장소. outdoor theater
야외 공연장에서는 사물놀이 공연이 열리고 있다.

연인(戀人) [여닌]
명 사랑하는 사람. lover; one's man (or woman); couple
이곳은 가깝고 경치가 좋아서 연인들의 데이트 장소로 많이 이용된다.

의류(衣類)
명 여러 종류의 옷. clothing
동대문시장은 의류 시장으로 유명한 곳이다.

이승만(李承晩)
명 한국의 첫 번째 대통령 이름. the first president of Korea

이화장(梨花莊)
명 이승만 대통령이 살던 집. the house where the former president Lee, Seung-man used to live

인도(人道)
명 사람들이 걸어 다닐 수 있는 길. sidewalk; pavement
인도에는 자전거나 차가 다니면 안 된다.

인파(人波)
명 많은 사람들. crowd (of people)
여름이 되면 산이나 바닷가는 휴가를 즐기는 인파로 뒤덮인다.

자리(를) 잡다
사람이나 물건이 자리를 차지하다. to take one's place; to place oneself
박물관 옆에는 현대미술관이 자리 잡고 있다.

정겹다(情--)
형 넘칠 정도로 정이 많다. to be warm-hearted; to be friendly
친구들과 차를 마시면서 정겹게 이야기를 나눈다.

조형물(造型物)
명 길거리나 건물을 꾸미기 위해 만들어 놓은 작품. sculpture
이 건물 앞에 있는 조형물은 건물과 잘 어울려서 보기가 좋다.

주변(周邊)
명 어떤 대상의 둘레. 주위. circumference; surrounding
집 주변에 공원이 있어서 산책하기에 좋다.

즐비(櫛比)하다
형 가게나 집들이 많이 늘어서 있다. to stand closely together
이 거리에는 맛있는 식당이 즐비하다.

체험(體驗)하다
동 직접 경험하다. to gain one's experience at first hand; to gain firsthand experience
머리로 생각하는 것보다 직접 체험해 보는 것이 가장 빨리 이해할 수 있는 방법이다.

초대(初代)
명 첫 번째. the first
이분은 우리 연구소의 초대 소장님이셨다.

추천(推薦)하다
동 조건에 맞는 대상을 책임지고 소개하다. to recommend
서울에서 가 볼 만한 곳을 추천해 주세요.

취향(趣向)
명 좋아하거나 하고 싶은 방향. taste; liking; preference
친구들이 음식 취향이 다 다르니까 식당을 정하기가 어렵다.

특성(特性)
명 특별히 가지고 있는 성격. specific characteristic (or attribute); distictive quality
선인장은 건조한 사막에서도 잘 견디는 특성이 있다.

특이(特異)하다 [트기하다]
형 다른 것과 특별히 다르다. to be unique; to be unusual
이 인형은 다른 인형과는 달리 좀 특이하게 생겼다.

파랑새극장(---劇場) [파랑새극짱]
대학로에 있는 연극이나 음악 등을 공연하는 극장 이름. a theater in Daehangno, Seoul

푸짐하다
형 양이 충분히 많다. to be abundant; to be plentiful
이 식당은 값이 싼 데 비해 푸짐하게 음식을 주어서 인기가 많다.

한국학(韓國學) [한구칵]

명 한국의 역사, 문화, 문학, 언어 등을 연구하는 학문. Korean studies

이 도서관은 한국학 연구에 필요한 자료를 모아 놓은 곳이다.

확장(擴張)하다 [확짱하다]

동 원래보다 더 넓거나 크게 만들다. to extend; to expand

도서관을 확장해서 더 많은 학생들이 이용할 수 있게 되었다.

휴식(休息)

명 쉬는 것. rest

일하는 중간에 잠깐씩 휴식을 취하면 일의 능률이 더 높다.

X 관념의 세계

1 삶과 운명

주제 운명과 운세

읽고 말하기
- 점에 대한 수필 읽기
- 운명에 대한 경험 말하기

듣고 말하기
- 결혼과 운명에 대한 대화 듣기
- 문제점 지적하기, 비판하기

과제 운명론에 대해 찬반 토론하기

문법
- A-기 짝이 없다
- N(이)니 N(이)니 하다
- N 여부

어휘 운명

2 세상을 보는 눈

주제 입장과 시각

읽고 말하기
- 다양한 관점에 대한 논설문 읽기
- 각도에 따라 달라지는 그림에 대해 말하기

듣고 말하기
- 고정 관념에 대한 대화 듣기
- 고정 관념에 대해 말하기

과제 상대방의 관점을 이해하고 함께 역할극 하기

문법
- V-다시피 하다
- A/V-(으)ㄴ 나머지
- A/V-(으)ㄹ 법하다

어휘 입장과 시각

보충 어휘 결합 표현

1 삶과 운명

주제
운명과 운세

읽고 말하기
· 점에 대한 수필 읽기
· 운명에 대한 경험 말하기

듣고 말하기
· 결혼과 운명에 대한 대화 듣기
· 문제점 지적하기, 비판하기

과제
운명론에 대해 찬반 토론하기

들어가기

이야기해 보세요

다음은 운명을 알아보는 여러 가지 방법입니다. 여러분이 알고 있는 방법을 더 소개해 보세요.

❶

❷

❸
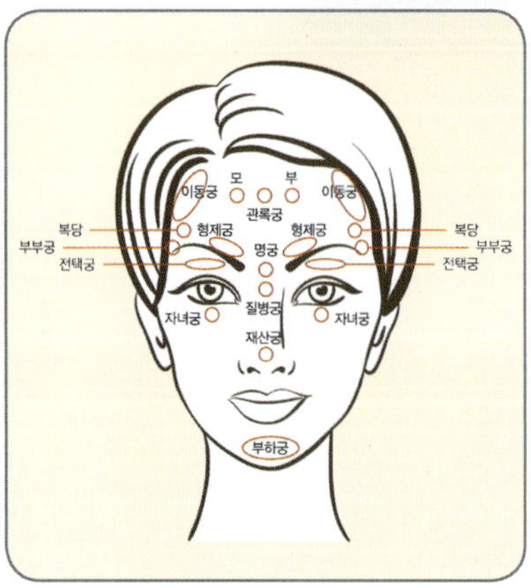

❹
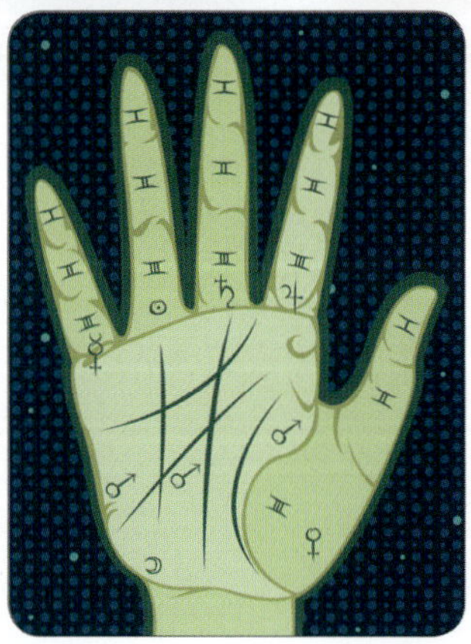

❺
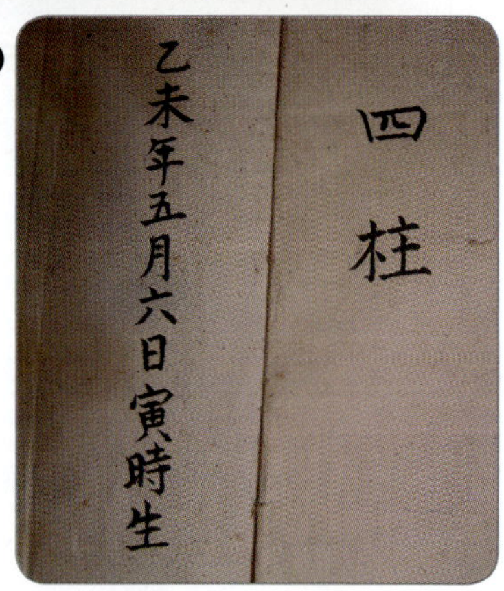

❶ 별자리 ❷ 타로 카드
❸ 관상 ❹ 손금
❺ 사주

들어 보세요 track 29

두 사람의 대화를 잘 듣고 질문에 답하세요.

1. 무엇에 대해 이야기하고 있습니까?
2. 여자는 무엇을 했습니까? 그 결과는 어떻습니까?
3. 여러분은 점을 쳐 본 적이 있습니까?

읽고 말하기

주제 어휘

다음은 운명과 관련 있는 말입니다. 서로 관계있는 말을 찾아 써 보세요.

운명적이다 　 점을 치다 　 관상을 보다 　 궁합을 보다 　 사주를 보다

1) 

저는 교사가 될 수밖에 없었어요. 부모님 두 분 모두 교사이셨고, 어렸을 때 동생들과 놀이를 해도 학교 놀이를 했고 교사 외에 다른 것은 하겠다는 생각도 해 본 적이 없어요. 운명적이다

2) 

우리가 결혼을 하면 오래오래 행복하게 살 수 있을까요? 아이는 몇 명을 낳나요? 우리 아이들은 똑똑할까요? ....

3) 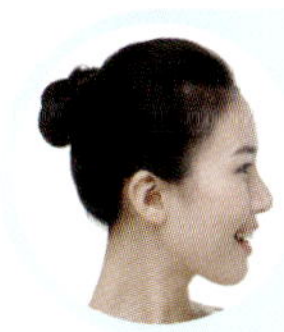

저는 어떤 일을 하는 것이 좋을까요? 어떤 사람과 결혼하게 될까요? ....

4) 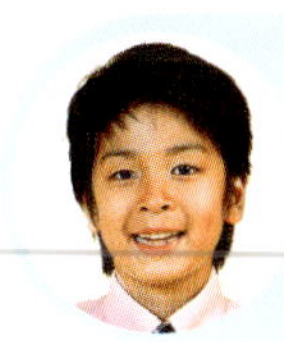

이마와 코가 잘생기고 눈빛이 맑아서 앞으로 훌륭한 사람이 될 거래요. ....

5) 

이번 취직 시험에 붙을지 떨어질지 궁금해서 견딜 수가 없어요. 어디 잘 맞히는 사람한테 한번 물어보러 가야겠어요. ....

읽어 보세요 track 30

다음은 사람의 운명에 관한 글입니다. 잘 읽고 질문에 답하세요.

친구를 따라 점집에 가 봤다. 그동안 나는 점이라는 것을 믿지도 않았을 뿐만 아니라 점치러 다니는 사람을 좀 경멸하기까지 했다. 점쟁이의 말이 운명의 심판이라도 되는 것처럼 듣고 앉아 있는 것이 한심하기 짝이 없는 일이라고 생각했기 때문이다. 그러나 요즘 좀 답답한 일도 있었고 점에 대해 약간은 호기심도 있었기 때문에 점집에 같이 가 보자고 이끄는 친구의 말을 거절하지 않았다. 그 친구는 점집을 여러 군데 알고 있어서 '인생철학관'이라는 간판을 달아 놓은 집을 몇 군데나 돌아다녔다. 그런데 거기서 만난 그 몇 명의 점쟁이가 모두 요즘 내가 답답해하고 있던 고민거리를 비슷하게 지적하는 것이었다. 점을 믿지 않는 나였지만 이 우연의 일치는 신기하기 짝이 없었다.

세상을 살아가다 보면 세상일이 내 노력만으로 되는 것이 아니라는 것을 뼈아프게 깨달을 때가 있다. 그럴 때 우리는 운명이란 것이 있는 것 같다는 생각을 하게 된다. 내 운명은 무엇일까? 내 앞날에는 과연 어떤 일들이 일어날까? 좋은 일들, 힘든 일들 무엇이 기다리고 있는 것일까? 그 모든 일들은

1. 글쓴이는 왜, 어떤 마음으로 점을 치러 갔습니까?

2. '신기한 우연의 일치'란 무엇을 말하는 것입니까?

3. 인간은 어떨 때 운명에 대해 생각합니까?

4. 글쓴이는 왜 점에 의지하는 사람들이 생기게 된다고 했습니까?

5. 글쓴이는 점을 치고 나서 어떤 생각을 하게 되었습니까?

6. 여러분은 '점치는 것'에 대해 어떻게 생각합니까?

내가 태어날 때부터 준비되어 있던 것일까? 불안하고 답답할 때에는 더욱 더 사주니 관상이니 하면서 운명을 알아보고 싶은 유혹을 느끼게 된다.

사주나 관상은 다 통계로 얻은 결과라는 말이 있다. 오랫동안 많은 사람들의 인생을 통해 얻은 자료가 쌓여 생년월일시나 얼굴 모습으로 사람의 타고난 성격이나 앞날에 대해 어느 정도 믿을 수 있는 설명을 할 수 있게 되었다는 것이다. 하지만 그렇다고 해서 우리 인생에서 다양하게 일어나는 일들 하나하나에 다 들어맞을 수는 없을 것이다. 비슷한 문제가 일어나도 그 문제의 전개와 결과는 사람에 따라 상황에 따라 모두 다를 수밖에 없기 때문이다. 그런데도 사람들은 점쟁이가 비슷하게 알아맞힌 것에만 초점을 두고 신기해하고 감탄하며 다시 점쟁이를 찾게 된다. 그러다가 점에 얽매여서 헤어나지 못하게 된다면 미신에 사로잡히게 될 수도 있다.

여전히 나는 내 인생의 승패 여부를 점쟁이한테 물어보는 약자가 되거나, 불안감을 덜기 위해 점치는 것을 삶의 방편으로 삼고 싶지는 않다. 그러나 점을 쳐 본 경험은 재미있고 신기했다. 인간이 살아가면서 고민하는 문제들이 비슷하구나, 알 수 없는 앞날에 대한 불안감을 누구나 안고 살아가는구나, 새삼스레 깨달으며 왠지 위안이 되었다. 운명은 가슴 두근거리며 내일을 맞게 하는 인생의 두려우면서도 아름다운 비밀이다.

이야기해 보세요

다음의 표현을 써서 자신의 경험이나 알고 있는 이야기를 해 보세요.

운명적인 사랑　　운명적인 만남　　운명적인 기회　　운명적인 사건

저와 남편은 초등학교 같은 반이었어요. 그런데 대학 때 소개팅에서 10년 만에 다시 만나게 된 거예요. 그런데 그때도 몇 번 만나다가 연락이 끊어졌는데 그로부터 3년 후 친척 소개로 선을 보았는데 그때 또 다시 만나게 된 거예요. 이 정도면 '운명적인 만남'이라고 할 수 있지 않겠어요?

문법과 표현

1. A-기 짝이 없다
- 뜻하지 않게 이런 일이 생겨서 부끄럽기 짝이 없습니다.
- 회사에서는 까다롭기 짝이 없는 사장님이 사모님 앞에서는 꼼짝을 못 하신다.

2. N(이)니 N(이)니 하다
- 친구들은 제주도니 경주니 하며 여름휴가 여행 계획을 짜고 있지만 저는 휴가 동안 고향에 가서 농사일을 도우려고 해요.
- 다른 사람들은 학원이니 과외니 하면서 아이들을 쉴 틈 없이 공부하게 하지만 제 생각은 다릅니다.

3. N 여부
- 경찰이 사고 현장에서 승객들의 생사 여부를 확인하고 있다.
- 우리 인터넷 서점은 회원 가입 여부에 따라 서비스 내용이 달라집니다.

듣고 말하기

들어 보세요 1 track 31

다음은 엄마와 딸이 어떤 문제에 대해 서로 다른 입장에서 이야기하고 있습니다. 잘 듣고 질문에 답하세요.

1. 두 사람은 무엇에 대해 이야기하고 있습니까?
2. 엄마는 딸의 말에 잘못된 점이 있다는 것을 지적하기 위해 어떤 표현을 썼습니까?
3. 딸은 엄마의 이야기를 비판하기 위해 어떤 표현을 썼습니까?
4. 이와 같이 다른 사람 주장에 잘못된 점이 있음을 지적할 때나 다른 사람의 의견을 비판할 때 쓰는 표현을 정리해 보세요.

상대방 의견의 문제점 지적하기	상대방 비판하기
▪ ~다고요? 그 의견은 좀 문제가 있는 것 같습니다	▪ 도대체 그게 무슨 말씀이세요?
▪ ~다고 하시지만 사실은 ~지 않습니까?	▪ 그것 보세요. ~지 않습니까?
▪ 지금 말씀하신 것이 맞다 하더라도 ~다면 문제 아닐까요?	▪ 지금 무슨 말씀을 하고 계시는 겁니까?

이야기해 보세요

위의 표현을 사용해서 다음과 같이 말해 보세요.

1) "있잖아, 우리 궁합이 좋지 않대. 결혼하면 누구 한 사람이 다친대. 난 좀 걱정돼."

2) "이번에 선 본 사람도 마음에 들지 않아요. 나는 그냥 혼자 살 운명인가 봐요. 이제는 결혼하려고 애쓰지 않을래요."

3) "나는 돈을 모으려고 애쓰고 싶지 않아. 내 관상이 재복이 많은 관상이라 가만히 있어도 평생 돈이 부족하지 않을 거래."

있잖아, 우리 궁합이 좋지 않대. 결혼하면 누구 한 사람이 다친대. 난 좀 걱정돼.

뭐라고? 도대체 그게 무슨 말이야. 궁합이 좋지 않아 누가 다칠 거라고? 지금 네가 하는 말이 정말 문제가 많다는 것 알고 있니? 사람은 살다보면 별일이 다 생기는 거라고. 다칠 때도 있고 아플 때도 있고. 앞으로 결혼 생활하면서 생기는 이런저런 일들을 모두 궁합이 나빠서 생기는 거라고 할 거야?

들어 보세요 2 track 32

다음은 결혼과 운명에 대한 엄마와 딸의 대화입니다. 잘 듣고 질문에 답하세요.

1. 다음은 딸과 엄마 중 누구의 생각입니까?

- 결혼하기 위해 조건이 좋은 사람과 만나보는 것이 필요하다. ....
- 결혼하기 위한 만남을 위해 조건을 따지는 일을 하고 싶지 않다. ....
- 결혼할 사람과의 만남은 운명적인 것이어야 한다. ....
- 결혼은 환상이 아니라 현실이다. 현실적으로 생각하고 판단해야 한다. ....

2. 딸은 어떤 사람을 '운명의 짝'이라고 했습니까?

3. 다음은 '운명의 짝'에 대한 엄마의 생각입니다. 빈칸에 알맞은 말을 쓰세요.

> ....을/를 믿는 것은 철없는 일이다. 옛날에는 ....(으)로 생각하고 판단해서 결혼할 사람을 정했기 때문에 ....도 못 보고 결혼해도 평생 잘 살 수 있었다. 요즘 젊은 사람들은 ....이니 ....이니 하면서 결혼하는데 요즘 이혼율이 높아진 것과 관계가 있는 것 같다.

4. 궁합을 본 결과는 어떻습니까?

5. 결과적으로 엄마와 딸이 '운명'에 대해 각각 어떻게 생각하는 것 같습니까?

과제

운명론에 대해 찬반 토론을 해 보세요.

1. '운명론'은 어떤 것이라고 생각합니까?

> 운명론 : 명 (철학) 운명이 인간의 삶을 지배하므로 인간은 운명을 벗어날 수 없다고 믿는 사고방식.

2. '운명론'에 대한 찬성과 반대 입장을 읽어 보세요. 그리고 자신의 입장을 정해 보세요.

찬성	반대
▪ 사주팔자를 보면 맞는 부분이 많습니다.	▪ 모든 사람에게 다 맞는 것은 아닙니다. 즉, 일반화할 수 없습니다.
▪ 운명은 신의 뜻의 다른 말이라고 할 수 있습니다.	▪ 운명은 사람이 스스로 개척하는 것입니다.
▪ 아무리 사람이 노력해도 운명을 바꿀 수는 없습니다.	▪ 우리에게는 자유 의지가 있습니다. 운명을 바꿀 수 없다면 자유 의지는 무엇입니까?
▪ 신문의 띠별 운세만 보더라도 신기하게 잘 맞을 때가 있습니다.	▪ 신문의 띠별 운세를 보면 모든 띠의 이야기가 나한테 해당되는 것으로 보입니다.

3. 입장이 같은 팀끼리 모여 토론에서 주장할 내용을 정리해 보세요.

찬성 입장	반대 입장
▪	▪
▪	▪
▪	▪
▪	▪

4. 각 팀의 주장을 바꿔 읽고 상대방 주장의 문제점에 대해 지적하면서 반대 의견을 제시해 보세요.

5. 찬성 팀과 반대 팀이 모여 다음 순서에 따라 찬반 토론을 해 보세요.

입장 밝히기 : 각 팀의 찬성 또는 반대 입장과 이유를 3~4개 밝히세요.

질의응답 하기 : 서로에게 질문하고 대답하는 방식으로 상대방 주장의 문제점을 4~5개 정도 지적하세요.

반박하기 : 상대방의 대답 가운데 중요한 문제점을 지적하면서 각자의 주장을 요약하고 강조하세요.

마무리하기 : 지금까지의 주장을 정리하고 가장 강조하고 싶은 이야기로 마무리하세요.

> 저는 운명이란 것이 존재한다고 생각합니다. 예를 들어 사주 같은 것도 맞는 부분이 꽤 많습니다. 그저 우연히 맞는 거라고 여기기에는 일치하는 부분이 상당히 그럴 듯하고요.

> 사주가 잘 맞는다고 말씀하셨지만 사실 사주란 것이 일종의 통계 아닙니까? 아시다시피 생년월일시가 같은 여러 사람들의 인생의 공통적인 특성을 모아 정리한 것이 사주라고 할 수 있습니다. 이런 사주가 사람들 저마다의 인생에 대한 예언이라도 되는 것처럼 여긴다면 문제 아닐까요?

2 세상을 보는 눈

주제
입장과 시각

읽고 말하기
- 다양한 관점에 대한 논설문 읽기
- 각도에 따라 달라지는 그림에 대해 말하기

듣고 말하기
- 고정 관념에 대한 대화 듣기
- 고정 관념에 대해 말하기

과제
상대방의 관점을 이해하고 함께 역할극 하기

들어가기

이야기해 보세요

다음을 읽어 보세요. 무엇을 말하고 있습니까?

1.

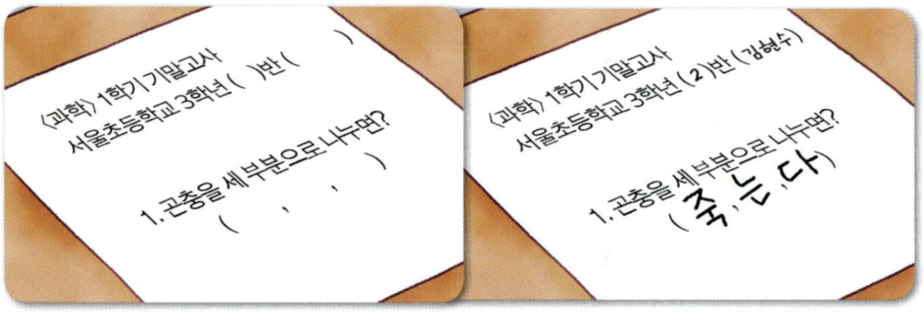

2.

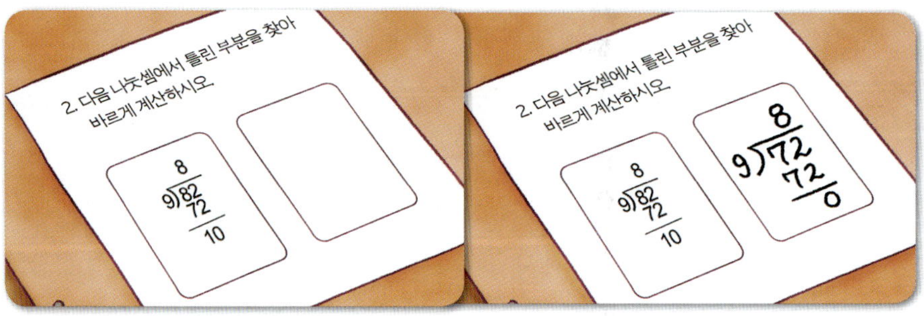

들어 보세요 track 33

다음은 뉴스의 일부입니다. 잘 듣고 질문에 답하세요.

1. 여기에 소개된 시계는 어떤 것일까요?

1)  2)  3) 

2. 왜 이 시계를 설치하게 되었습니까?

3. 여러분이 알고 있는 고정 관념의 예를 들어 보세요.

읽고 말하기

주제 어휘

다음은 대상을 보는 입장이나 시각에 관련된 말입니다. 알맞은 말을 골라 ....에 쓰세요.

관점　　사고방식　　세계관　　문제의식　　선입견　　고정 관념　　발상의 전환

1. 칼로리만 높고 영양이 낮은 음식이라고 알려진 라면도 건강에 좋은 음식으로 바꿀 수 있다는 ....을/를 통해 이 제품을 만들게 되었습니다.

2. 여성들의 사회 진출이 늘면서 여성이 집안 살림과 육아를 전담해야 한다는 사람들의 .... 이/가 깨지고 있다.

3. 처음 그를 만났을 때 작은 일에 몹시 화를 내는 모습을 보고 나는 그가 아주 까다로운 사람이라는 ....을/를 갖게 되었다.

4. 옛날에는 태양이나 별들이 지구 주위를 돈다고 생각했다. 과학이 발달함에 따라 지구가 태양 주위를 돈다는 사실이 밝혀지자 이러한 지구 중심적인 ....이/가 깨어졌다.

5. 교육적인 ....에서 볼 때 학교 교육보다 학원 교육을 중요하게 생각하는 태도는 바람직하지 않다.

6. 공부를 도와줄 어른이 없어서 소년 소녀 가장들이 학교 공부를 제대로 따라갈 수 없다는 .... 에서 출발하여 이 공부방을 시작하게 되었다.

7. 다른 사람을 배려할 줄 모르고 매사에 너무나 자기중심적인 ....을/를 가진 사람들은 다른 사람에게서 환영받지 못한다.

읽어 보세요 track 34

다음은 다양한 시각과 관점에 대한 글입니다. 잘 읽고 질문에 답하세요.

콜럼버스가 미국 대륙에 처음 닿았을 때, 사람들은 그가 한 일이 배를 타고 항해를 하다 보면 누구든지 할 수 있는 대수롭지 않은 일이라고 드러내 놓고 무시하다시피 했다. 그런 말을 들은 콜럼버스는 달걀을 하나 꺼내 들고 사람들에게 그것을 세워 보라고 했다. 모두들 달걀을 세우려고 애써 보았지만 둥근 달걀이 세워질 리가 없었다. 그러자 콜럼버스는 달걀 한쪽 끝을 톡톡 쳐서 깨뜨리더니 책상 위에 세웠다. 사람들은 그것쯤이야 누구든지 할 수 있는 일이라며 기가 막힌 나머지 크게 웃었다. 콜럼버스는 조용히 "남이 해 놓은 일은 무엇이든지 쉬워 보이는 법이죠. 그러나 내가 세우기 전에 이렇게라도 세운 사람은 아무도 없었습니다." 하고 말했다.

하나의 시각으로는 한쪽밖에 볼 수가 없다. 사물이나 현상을 앞, 뒤, 좌, 우, 위, 아래에서 바라봐야 다양한 측면을 볼 수 있다. 예를 들어, '동전' 하면 '둥글다'는 고정 관념을 가지게 마련이지만 옆에서 보았을 때는 '선'으로 보이고 멀리서 보았을 때는 '점'일 뿐이다. 실체는 변하지 않으나 보는 시각에 따라 전혀 새로운 형태를 만나 볼 수 있다.

1. 사람들은 왜 콜럼버스를 무시했습니까?

2. 콜럼버스의 달걀 일화를 간단히 정리해서 써 보세요.

3. 동전의 예를 통해 무엇을 말하고 있습니까?

4. 현대인과 원시인은 평면을 보는 시각이 어떻게 다릅니까?

5. 사물이나 현상을 바르게 이해하기 위해서는 어떻게 해야 합니까?

대상을 보는 시각은 세상에 대한 지식에 따라 달라질 수도 있다. 그림에서 창을 든 사람이 겨누는 것은 무엇인가? 현대인들에게는 산양을 겨누는 것으로 보이겠지만, 원시인들에게는 코끼리로 보일 것이라고 한다. 평면을 삼차원적으로 이해할 수 있도록 훈련된 현대인들과는 달리, 원시인들은 그렇지 못했기 때문에 가까이 있는 코끼리를 겨누는 것으로 볼 수밖에 없다는 것이다.

고정 관념을 깨는 다양한 시각으로 사물이나 현상을 바르게 이해하기 위해서는 사소한 것을 무시하지 말아야 한다. 역사상 위대한 발견과 발명도 하찮다고 무시할 법한 일들에서 출발했다. 작은 일도 '지금 이대로가 좋은가?' 하는 문제의식을 가져야 한다. 지금까지 해 온 일들이 판단에 방해가 될 수도 있으므로 '꼭 이래야 하나?', '반드시 필요한가?' 하는 질문을 해야 사물이나 현상을 여러 관점에서 다각적으로 볼 수 있다. 아울러 시각도 각자가 가진 지식에 따라 달라질 수 있다는 점을 잊어서는 안 된다. 이렇게 다양한 시각과 세상에 대한 지식, 문제의식을 가질 때 개인이든 조직이든 발전과 개선을 이룰 수 있다.

이야기해 보세요

다음은 보는 시각에 따라 두 가지로 달리 보이는 그림입니다. 각각 어떤 그림으로 보이는지 말해 보세요.

1. 

2. 

3. 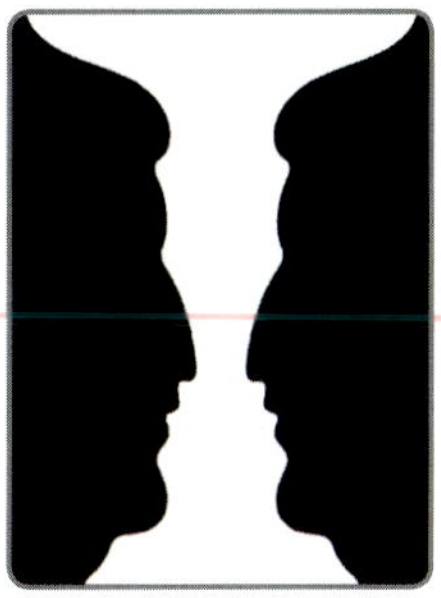

문법과 표현

1. **V-다시피 하다**
   - 시간이 없어서 나는 거의 뛰다시피 하며 급히 걸어갔다.
   - 시험 날이 다가오자 그 학생은 도서관에서 거의 살다시피 했다.

2. **A/V-(으)ㄴ 나머지**
   - 어머니는 아들의 합격 소식에 너무나 기쁜 나머지 눈물까지 보였다.
   - 그는 아들의 사고 소식에 몹시 놀란 나머지 한참 동안 말을 하지 못했다.

3. **A/V-(으)ㄹ 법하다**
   - 어떻게 그런 일이 가능할까 했는데 설명을 들으니 그런 일이 있을 법하네요.
   - 일찍 떠났으니 지금쯤 도착했을 법한데 철수에게서 아직 아무 연락이 없다.

듣고 말하기

들어 보세요 track 35

다음은 두 사람의 대화입니다. 잘 듣고 질문에 답하세요.

1. 무엇에 대해 이야기하고 있습니까?

2. 여자가 어떤 예를 들고 있는지 정리해 보세요.

	예	이전의 상식	변화된 내용
1	웨이터		
2			
3			

이야기해 보세요

1. 주변에서 위와 같은 예들을 찾아 소개해 보세요.

2. 다음은 고정 관념을 버려야 풀 수 있는 문제입니다. 문제를 풀 수 있는 방법을 말해 보세요.

   1) 직선 4개를 사용하여 종이에서 연필을 떼지 말고 점 9개를 연결해 보세요.

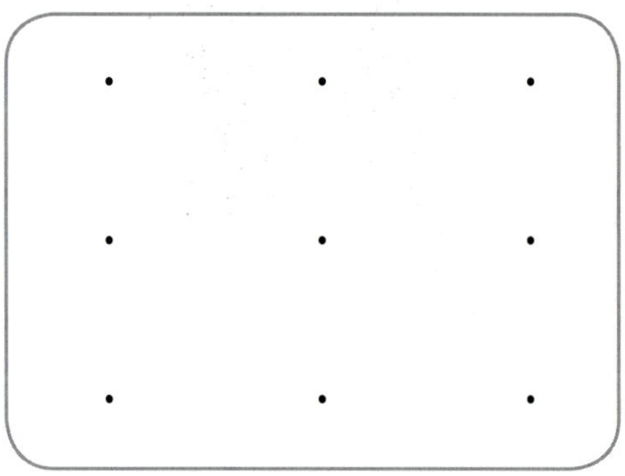

   2) 성냥개비 6개로 원을 만들어 보세요.

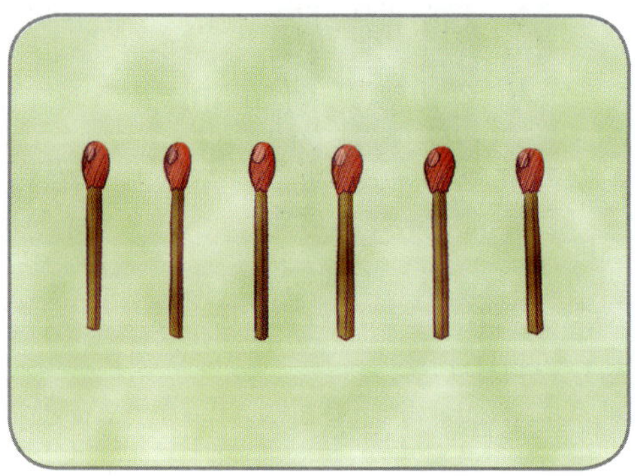

과제

다른 사람의 시각이나 사고방식을 이해하고 입장을 바꿔 역할극을 해 보세요.

1. 다음에서 두 사람의 관점이 어떤 차이를 보이는지에 대해 이야기해 보세요.

집에 돌아오자 아내는 오늘도 내게 끝없이 얘기를 한다. 부모님과의 이야기, 물건을 비싸게 산 일, 아이들 공부 이야기……. 도무지 끝날 것 같지 않은 얘기를 대충 듣고 있지만 짜증이 난다. 쉬고 싶은데, 아내는 내가 쉴 틈을 주지 않는다.

남편은 집에 들어서면서부터 얼굴을 찌푸리고 있다. 무슨 일이냐고 아무리 물어도 내 말을 무시하고 아무 말이 없다. 하루 종일 이런저런 일로 스트레스를 받은 나는 하고 싶은 이야기가 많다. 부모님 문제, 아이들 공부 문제, 쓰레기 문제 등 남편이 내 말을 들어줬으면 한다. 그런데 남편은 들으려고 하지 않는다.

2. 상대방의 말이나 행동 때문에 답답하거나 화가 났던 경험이 있습니까? 여러분의 경험을 다음과 같이 정리하고 이야기해 보세요.

- 남자 : 밖의 일로 지쳐서 쉬고 싶은데, 아내는 내가 쉴 틈을 주지 않는다.
- 여자 : 남편은 내가 우리 가족의 중요한 문제를 이야기해도 들으려고 하지 않고 방으로 들어가 버린다.

3. 위에서 이야기한 것 중의 하나를 골라서 다음과 같이 입장을 바꿔서 역할극을 해 보세요.

남편 : 사람이 말을 하는데, 그렇게 대충 듣고 방으로 들어가 버리면 어떡해요?

아내 : 무슨 말이야? 다 들어줬는데. 그리고 나 오늘 피곤해. 쉬고 싶다고.

남편 : 나도 피곤해서 쉬고 싶어요. 그렇지만 우리 집 일이니까 같이 의논해야 하잖아요? 그렇게 모른 척하면 안 되잖아요?

아내 : 언제 모른 척했다 그래? 늘 똑같은 얘기만 하니까 그렇지. 그냥 우리 조용히 살면 안 돼?

4. 역할극을 하고 나서 어떤 입장의 차이를 알게 되었는지 말해 보세요.

자기 평가

1. 다음 중 아는 단어에 V 하세요.

□ 운명적이다	□ 관상을 보다	□ 사주를 보다	□ 궁합을 보다
□ 점을 치다	□ 관점	□ 사고방식	□ 세계관
□ 문제의식	□ 선입견	□ 고정 관념	□ 발상의 전환

2. 다음 표현을 이용해서 문장을 만들어 보세요.

1) A-기 짝이 없다

→

2) V-다시피 하다

→

3) A/V-(으)ㄴ 나머지

→

3. 다음과 같은 상황에서 어떻게 말할 수 있습니까?

1) 상대방 의견의 문제점을 지적할 때

....

2) 상대방 의견이 마음에 들지 않음을 나타낼 때

....

보충 어휘

결합 표현 다음은 긍정과 부정을 결합해서 한꺼번에 나타내는 표현입니다. 주로 한자어입니다. 이런 표현을 익혀 긍정과 부정에 대한 우리의 인식을 효율적으로 표현하도록 합시다.

길흉(吉凶) 운이 좋고 나쁨	상벌(賞罰) 상과 벌
선악(善惡) 선함과 악함	승패(勝敗) 승리와 패배
시비(是非) 옳음과 그름	우열(優劣) 뛰어남과 뒤떨어짐
진위(眞僞) 참과 거짓	찬반(贊反) 찬성과 반대
희비(喜悲) 기쁨과 슬픔	호불호(好不好) 좋음과 좋지 않음

연습 1 다음 ______ 부분이 어떤 뜻인지 고르세요.

1)

① 착한 사람과 나쁜 사람이 대결한다.
② 강한 사람과 약한 사람이 대결한다.

2)

① 물건이 있는지 없는지 확인하기가 어렵다.
② 물건이 진짜인지 가짜인지 확인하기가 어렵다.

3)

① 보는 사람도 많고 안 보는 사람도 많다.
② 좋아하는 사람도 있고 싫어하는 사람도 있다.

4)

① 기뻐한 사람도 있고 슬퍼한 사람도 있다.
② 이긴 사람도 있고 진 사람도 있다.

보충 어휘

연습 2 다음의 ______ 부분과 관련 있는 표현을 쓰세요.

1) 새해가 시작되면 한 해 동안 어떤 좋은 일이 있고 나쁜 일이 있는지를 점쳐 보는 사람들이 많다.

→ 길흉

2) 학부모와 학생들한테 교복을 입는 것에 대해 찬성하는지 반대하는지를 물어봅시다.

→

3) 아이들을 가르칠 때 잘하면 칭찬을 해 주고 잘못하면 분명하게 야단을 쳐야 한다.

→

4) 교통사고가 나면 운전자들끼리 서로 잘했느니 잘못했느니 하면서 말싸움을 벌이는 경우가 많다.

→

5) 선수들의 실력이 너무나 뛰어나서 누가 더 잘하고 못하는지를 가리기가 힘들다.

→

6) 월드컵 경기가 있을 때 어느 팀이 이기고 어느 팀이 질지를 친구들과 예상해 보면 재미있다.

→

연습 3 적절한 표현을 넣어서 대화 연습을 해 보세요.

1) 가 : 수미 씨는 항상 좋으면 좋다, 싫으면 싫다고 자신의 의견을 확실하게 밝히는 것 같아요.
   나 : 네, 수미 씨는 매사에 ______ 이/가 분명한 성격이지요.

2) 가 : 이 회사에 어떤 ______ 제도가 있나요?
   나 : 회사 일을 잘했을 때는 해외여행을 보내 주기도 하지만 뭔가 문제를 일으켰을 때는 월급을 깎기도 해요.

3) 가 : 유럽에서는 모피 코트가 잘 팔리지 않는대요.
   나 : 네, 동물 학대 ______ 이/가 일고 있는 모피 코트에 대해 사회적 인식이 좋지 않으니까요.

4) 가 : 옛날에는 집이나 무덤의 위치가 중요했대요.
   나 : 네, 어떤 곳에 위치해 있는지가 그 가족의 ______ 와/과 관계있다고 생각해서 나쁜 일이 생기면 집이나 무덤의 위치를 바꾸기도 했어요.

5) 가 : 산 정상까지 올라가는 케이블카를 설치하기로 했대요?
   나 : 주민들에게 ______ 투표를 해서 의견을 물어본 후 결정하기로 했대요.

6) 가 : 어렸을 때 읽은 동화책 속 인물들은 착한 사람과 나쁜 사람이 나뉘어 있었어요.

나 : 맞아요. 하지만 현실에서 만나는 사람들은 각 사람마다 .... 이/가 공존하지요. 그게 또 실제 인간의 매력인 것 같아요.

7) 가 : 요즘 제일 인기 있는 두 가수가 서로 사귄다는 소문 들었어요?

나 : 네. 하지만 기자들도 그 소문의 .... 을/를 확인하지는 못했대요.

8) 가 : 야구 경기는 끝까지 .... 을/를 알 수 없는 것이 매력입니다.

나 : 그렇습니다. 큰 점수 차이로 이기고 있다가도 9회 말에 가서 역전이 되기도 하니까요.

9) 가 : 이번에 김 과장님과 이 과장님 중에서 누가 부장으로 승진할까요?

나 : 두 사람의 능력이 서로 엇비슷하게 뛰어나서 .... 을/를 가리기 힘들 거예요.

10) 가 : 이긴 팀 선수들은 기뻐하고 진 팀 선수들은 고개를 숙이고 경기가 끝난 후의 양팀 표정이 너무나 다르지요?

나 : 네, 그야말로 .... 이/가 엇갈리는군요.

어휘와 표현

1. 삶과 운명

간판(看板)
명 기관, 상점, 영업소 등에서 이름이나 업종 등을 써서 걸거나 붙인 표지. sign
그 가게 간판은 아주 크고 빨간색이니까 금방 찾을 수 있을 거야.

거절(拒絕)하다
동 상대방의 요구나 부탁 등을 받아들이지 않다. to refuse; to decline (an offer)
돈을 더 달라는 아들의 요구를 거절했다.

경멸(輕蔑)하다
동 다른 사람을 낮추어 보고 무시하다. to despise; to look down on
나는 돈밖에 모르는 사람을 경멸한다.

고민거리(苦悶--) [고민꺼리]
명 매우 괴로워하게 하는 일. woe; worries; trouble
요즘 친구가 고민거리가 있는지 얼굴이 어둡다.

고집(을) 부리다
동 행동이나 성질 따위를 계속 드러내거나 보이다. to be stubborn
아이가 가지 않겠다고 고집을 부려 야단을 쳤다.

과연(果然)
부 아닌 게 아니라 정말. 생각했던 대로. indeed; really
내가 과연 이 일을 해낼 수 있을까?

관상(觀相)을 보다
사람의 얼굴을 보고 그의 운명, 성격, 수명 등을 판단하다. to tell one's fortune by looking at one's face
저 아이는 관상을 보니 지도자의 관상을 가졌다.

궁합(宮合)을 보다
사주를 통해 결혼할 남녀가 부부로서 좋은지 나쁜지 알아보다. to match the horoscopes of a prospective bride and groom
젊은 사람들 중에서도 결혼하기 전에 궁합을 본다는 사람이 많다.

깨닫다
동 어떤 것에 대해 생각해서 알게 되다. to be enlightened
이번 경험을 통해 중요한 것을 깨달았다.

따지다
동 계획을 세우거나 일을 하는 데에 어떤 것을 특히 중요하게 여겨 검토하다. to call in question
우리 회사는 사람을 뽑을 때 학력은 안 따진다.

미신(迷信)
명 상식적으로 혹은 과학적으로 설명할 수 없는 것을 잘 생각해 보지도 않고 그냥 믿는 것. superstition
이 돌 앞에서 기도를 하면 아들을 낳는다는 미신을 믿고 사람들이 많이 찾아오고 있다.

방편(方便)
명 그때그때의 경우에 따라 편하고 쉽게 이용하는 수단과 방법. method
대통령은 국민과의 의사소통의 한 방편으로 블로그를 활용하고 있다.

사주(四柱)를 보다
태어난 날짜와 시간으로 미리 정해진 사람의 앞날을 알아보다. to consult (or go see) a fortune teller; fortunetelling
아들 사주를 봤는데 내년쯤에는 결혼할 것 같다고 한다.

상대(相對)
명 어떤 일을 같이 하는 다른 편 쪽의 사람. partner
배드민턴 대회에 나가야 하는데 내 연습 상대 좀 해 줘.

손금을 보다 [손끄믈보다]
손바닥에 있는 선으로 사람의 미래를 살펴보다. to read one's palm; to tell fortunes by the lines of the hand
손금을 보니 평생 건강하게 산대요.

신기(神奇)하다
형 믿을 수 없을 정도로 색다르고 놀랍다. to be amazing
눈앞에서 새가 없어지는 마술이 너무 신기하다.

약자(弱子) [약짜]
명 힘이나 세력이 약한 사람. the weak
그 사람은 강자에게 약하고 약자에게 강한 나쁜 사람이다.

얽매이다 [엉매이다]
동 어떤 것에 계속 영향을 받고 자유롭지 못한 상황에 놓이다. to be bounded; to be tied
그는 너무 가난하여 돈에 얽매여 산다.

여전히(如前-)
부 전과 같이. as same as before; as same as ever
그는 10년 전에도 성실했는데 지금도 여전히 성실하다.

우연(偶然)
명 어떤 일에 특별한 이유나 원인 없이 그냥 뜻하지 않게 일어난 일. coincidence
한국에 오게 된 것은 우연이었다. 계획한 일이 아니었다.

운명적(運命的)이다
운명과 관련되어 있다. to be destined
이 영화는 두 남녀의 운명적인 사랑을 그린 것이다.

위안(慰安)
명 위로하여 마음을 편하게 함. solace; consolation
친구가 옆에 있어 준 것만으로도 큰 위안이 되었다.

유혹(誘惑)
명 그럴 듯한 말이나 행동으로 다른 사람의 생각을 안 좋은 쪽으로 이끌다. temptation
술의 유혹에 빠져 건강을 해쳤다.

의지(依支)하다
동 어떤 것에 마음을 기대어 힘을 받고 도움을 받다. to depend
이제 한 가족이 된 할머니와 아이는 서로 의지하면서 살게 될 것이다.

일치(一致)
명 서로 같거나 들어맞음. in agreement; accordance
우리 형제는 항상 의견이 일치한다.

전개(展開)
명 시작하여 해 나감. unfolding; development
학생회에서 환경 보호 운동을 전개하고 있다.

점(占)을 치다
앞날을 미리 판단하고 예언하다. to tell one's fortune; to perform psychic reading
시험에 붙을지 떨어질지 몰라 불안해서 점을 치러 갔다.

점쟁이(占--)
명 점을 봐 주는 사람. fortune teller; psychic
저 사람은 점이 잘 맞기로 소문난 점쟁이이다.

점집(占-) [점찝]
명 점을 보는 집. fortune teller's house
요즘 젊은이들은 점집보다 사주 카페 같은 곳에 점을 보러 간다.

제각기(-各其) [제각끼]
부 저마다 각각. each; one's own; individually
밤이 늦어 제각기 방에 들어가 잘 준비를 했다.

지적(指摘)하다 [지저카다]
동 문제점이나 잘못된 점을 꼭 집어서 가리키다. to point out
내가 너무 작은 목소리로 말한다고 선생님께서 지적하셨다.

철없다 [처럽따]
형 세상 일을 잘 알지 못해 일을 처리하거나 해결해 나가는 능력이 없다. to be immature; to be childish
너는 15살이다. 이제는 철없는 아이가 아니니 책임감 있는 행동을 해야 한다.

초점(焦點) [초쩜]
명 사람들의 관심이나 주의가 집중되는 부분. focus; focal point
다리 힘을 기르는 데 초점을 두고 훈련하고 있다.

타로 카드
그림으로 사람의 앞날을 말해 준다는 서양 카드. tarot (cards)
네 사랑이 이루어질지 타로 카드로 한번 볼까?

통계(統計) [통계/통게]
명 어떤 현상을 종합적으로 한눈에 알아보기 쉽게 일정한 체계에 따라 숫자로 나타냄. statistics
이 지역은 외국인이 많이 살고 있다. 통계에 의하면 100명 중 1명이 외국인이라고 한다.

한심(寒心)하다
형 정도에 지나치거나 모자라서 딱하거나 기막히다. to be pitiful; to be pathetic
게으름을 피우다가 기회를 놓치다니 한심하다, 한심해.

헤어나다
동 힘든 상태를 이기고 벗어나다. to get out of; to be freed
가난에서 헤어나기 위해 열심히 노력했다.

호기심(好奇心)
명 새롭고 신기한 것을 좋아하거나 모르는 것을 알고 싶어 하는 마음. curiosity
새로 전학 온 예쁜 여학생한테 호기심이 생겨 이것저것 물어봤다.

환상(幻像)
명 현실적으로 가능성이 없거나 현실과 거리가 먼 생각이나 상상. fantasy; delusion
소녀들은 결혼에 대한 환상을 가지고 있다.

2. 세상을 보는 눈

거꾸로
부 차례나 방향 또는 형편 등이 반대로 되게. upside down; inside out
그는 실수로 옷을 거꾸로 입었다.

어휘와 표현

겨누다
동 활이나 총 따위를 쏠 때 목표물을 향해 방향과 거리를 잡다. to aim
그는 총으로 토끼를 겨누었다.

고정 관념(固定觀念)
어떤 것에 대해 지나치게 단순하고 일반화된, 굳어져 잘 변하지 않는 생각. stereotype; fixed idea
이 강의를 들으면서 여자가 약한 존재라는 나의 고정 관념이 완전히 깨졌다.

곤충(昆蟲)
명 나비, 개미 등 몸이 머리, 가슴, 배의 세 부분으로 나누어지는 동물. insect
지구상에 알려진 생물 가운데 절반은 곤충이라고 한다.

관점(觀點) [관쩜]
명 사물이나 현상을 관찰할 때, 그 사람이 보고 생각하는 태도. perspective
관점에 따라 그 일에 대한 해결 방법이 다르다.

구청(區廳)
명 구(區)의 사무를 맡아보는 정부의 사무실. district office
요즘은 구청에서도 여권을 신청할 수 있다.

다각적(多角的) [다각쩍]
관 명 여러 방면이나 분야에 걸친 (것). multilateral; from various angles
그는 사건의 해결 방법을 다각적으로 검토하였다.

대륙(大陸)
명 바다의 영향을 받지 않을 정도로 넓은 육지. continent
중국은 대륙이라서 그런지 일본이나 영국 등의 섬나라와 다른 특징을 보인다.

대수롭지 않다 [대수롭찌안타]
중요하게 생각할 만하지 않다. does not matter
감기는 만병의 근원인데 대수롭지 않게 여기는 사람들이 많다.

드러내다
동 알려지지 않은 사실이 밖으로 나타나게 하다. to reveal
평소에 별로 자신의 감정을 드러내지 않는 그가 이번에는 솔직한 모습을 보였다.

막걸리 [막껄리]
명 한국 고유의 술의 하나. 맑은 술을 떠내지 않고 그대로 걸러 낸 술로 빛깔이 흐리고 맛이 고소하다. Korean rice wine
막걸리 한 잔에는 빈대떡이 어울린다.

매사(每事)
명 하나하나의 모든 일. each circumstance; each situation; every matter
결혼은 중요한 일이다. 매사에 잘 생각해서 결정하도록 해라.

문제의식(問題意識)
명 문제점을 찾아서 그에 적극적으로 대처하려는 태도. awareness of issues
정부는 무엇이 어떻게 잘못됐는지에 대해 문제의식을 가지고 오늘의 경제 위기를 해결해 나가야 할 것이다.

발명(發明)
명 아직까지 없던 기술이나 물건을 새로 생각하여 만들어 냄. invention
문자의 발명에 따라 문명이 급속히 발전하게 되었다.

발상(發想)의 전환(轉換) [발쌍의전환/발쌍에전환]
어떤 생각을 다른 방향으로 바꿈. change in one's perspective
아이스크림도 튀길 수 있다는 발상의 전환으로 아이스크림 튀김을 만들었습니다.

배려(配慮)하다
동 도와주거나 보살펴 주려고 마음을 쓰다. to be considerate
이 건물에는 노인이나 장애인들을 배려하는 여러 가지 편의 시설이 있다.

사고방식(思考方式)
명 어떤 문제에 대하여 생각하는 방법이나 태도. one's way of thinking
여자는 너무 적극적이면 안 된다는 낡은 사고방식을 버려야 한다.

사소(些少)하다
형 중요하지 않을 정도로 작거나 적다. to be trivial; to be insignificant
사소한 실수로 큰 사고가 생길 수 있다.

산양(山羊)
명 동물의 한 종류. 염소. (mountain) goat
한국에서는 산양이 거의 사라지고 있어서 특별히 보호받고 있다.

삼차원(三次元)
명 공간을 상하, 좌우, 전후의 세 방향으로 나타낼 수 있음을 이르는 말. three dimensions; the third dimension
컴퓨터에서 삼차원으로 그려진 지도를 보니까 주변 땅 모양이 어떻게 생겼는지 정확하게 이해할 수 있었다.

선입견(先入見) [서닙껸]
명 어떤 대상에 대하여 이미 마음속에 가지고 있는 고정적인 관념이나 관점. preconception; prejudice (against)
이 영화는 그 감독의 영화는 어렵다는 선입견을 없애 주었다.

성냥개비 [성냥깨비]
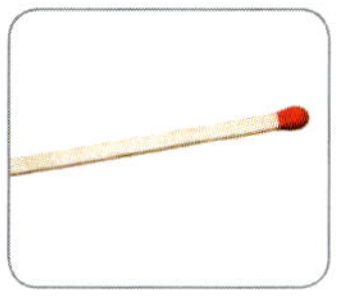
명 불을 붙이는 도구. matches
그는 성냥을 그어 담뱃불을 붙이고는 꺼진 성냥개비를 바닥에 버렸다.

세계관(世界觀)
명 자연이나 인간 세계를 이루는 인생의 의미에 관한 생각. view of the world; outlook on the world
인간중심적 세계관이 오늘날의 환경 파괴를 낳았다.

시각(視角)
명 사물을 관찰하고 파악하는 기본적인 태도. point of view
여성의 시각에서 남녀 차별 문제를 생각해 보자.

실체(實體)
명 겉으로 드러난 사물의 실제 모양. truth; true nature (form)
그 경찰은 사건의 실체를 파악하려고 노력하고 있다.

애쓰다
동 마음과 힘을 다하여 무엇을 이루려고 힘쓰다. to try hard; to make an effort
오늘날 많은 여성이 날씬한 몸매를 유지하기 위해 애쓴다.

원시인(原始人)
명 문명이 거의 발달하지 않은 사회의 사람. caveman; primitive man
원시인들은 벼락으로부터 불씨를 얻었다.

전담(全擔)하다
동 어떤 일이나 비용 등을 모두 맡아 하거나 부담하다. to be solely responsible; to take full charge
이번 여행 계획은 철수 씨가 전담하여 짜도록 하세요.

창(槍)
명 긴 나무 끝에 날카로운 쇠촉을 박아 던지고 찌르는 데에 쓰던 무기의 한 종류. spear
창을 던져 멧돼지를 잡았다.

취지(趣旨)
명 어떤 일의 근본이 되는 목적이나 중요한 뜻. intent; motive
책임자는 이 일의 취지를 밝히고 직원들의 협조를 부탁하였다.

톡톡
부 자꾸 가볍게 살짝살짝 치거나 건드리는 소리. 또는 그 모양. tap
한 아이가 친구의 어깨를 톡톡 건드렸다.

평면(平面)
명 평평한 표면. flat surface
이 건물은 바닥을 평면으로 처리해 물이 잘 빠지지 않는다.

하찮다
형 전혀 중요하게 여길 만하지 않다. to be insignificant; to be unimportant
아무리 작고 하찮은 도움이라도 모이고 쌓이면 큰 도움이 된다.

항해(航海)
명 배를 타고 바다 위를 다님. sailing
이 지역은 큰 배의 항해가 금지된 곳이다.

현상(現象)
명 인간이 느낄 수 있는 사물의 모양과 상태. phenomenon
최근에는 핵가족화 현상이 거의 일반화되었다.

XI 역사의 발자취

1 한강에 얽힌 역사

주제 강과 역사의 변화

읽고 말하기
- 한국 역사와 한강에 대한 설명문 읽기
- 자국의 강의 역할 소개하기

듣고 말하기
- 역사적 가정에 대한 대화 듣기
- 가정해 보고 싶은 역사에 대해 말하기

과제 자국 역사에 대해 발제문 준비해 발표하기

문법
- N을/를 바탕으로
- V-고 말다
- 이상에서 본 바와 같이

어휘 상황 변화

2 이야기 속 인물

주제 역사 인물과 일화

읽고 말하기
- 역사 인물의 일화 읽기
- 일화에 나타난 인물의 특성 말하기

듣고 말하기
- 역사 인물의 일화에 대한 대담 듣기
- 들은 내용 확인하기, 다시 설명하기

과제 역사 인물의 일화 소개하기

문법
- V-(으)ㄴ 후에야 (비로소)
- A-/V-(으)ㄴ들
- A-(으)ㄴ/V-는 법이다

어휘 태도 및 평가

3 여행으로 만나는 세상

주제 역사 유적지 기행

읽고 말하기
- 경주 기행문 읽기
- 인상적인 여행지 소개하기

듣고 말하기
- 기행문 쓰기에 대한 대화 듣기
- 쓰고 싶은 기행문 말하기

과제 여행지에 대한 기행문 쓰기

문법
- A/V-되
- V-노라면
- N은/는 A/V-(으)ㅁ을 말해 주다

어휘 경치 및 인상

보충 어휘 평가의 표현

1

한강에 얽힌 역사

주제
강과 역사의 변화

읽고 말하기
· 한국 역사와 한강에 대한 설명문 읽기
· 자국의 강의 역할 소개하기

듣고 말하기
· 역사적 가정에 대한 대화 듣기
· 가정해 보고 싶은 역사에 대해 말하기

과제
자국 역사에 대해 발제문 준비해 발표하기

들어가기

이야기해 보세요

다음은 한반도의 역사를 보여 주는 연표와 지도입니다. 같은 시기에 여러분 나라에는 어떤 일이 있었습니까?

〈연표〉

- B.C. 2333년 - 고조선 건국
- B.C. 108년 - 고조선 멸망
- B.C. 57년 - 신라 건국
- B.C. 37년 - 고구려 건국
- B.C. 18년 - 백제 건국
- 372년 - 고구려에 불교 전래
- 405년 - 백제, 일본에 한자 전파
- 552년 - 백제, 일본에 불교 전파
- 553년 - 신라, 한강 유역 차지
- 660년 - 백제 멸망
- 668년 - 고구려 멸망
- 676년 - 신라, 삼국 통일
- 918년 - 고려 건국
- 935년 - 신라 멸망
- 958년 - 고려, 과거 제도 실시
- 1231년 - 몽골, 고려 침입
- 1392년 - 고려 멸망, 조선 건국
- 1394년 - 조선, 한양 천도

〈5세기 말의 한반도 지도〉

들어 보세요 track 36

다음은 문명의 발달에 대한 대담입니다. 잘 듣고 질문에 답하세요.

1. 문명의 발달이 큰 강을 중심으로 이루어진 이유는 무엇입니까?
2. 한국 역사에서 한강의 의미를 어떻게 평가하고 있습니까?

읽고 말하기

주제 어휘

다음은 상황의 변화와 관련된 말입니다. 알맞은 말을 골라 .... 에 쓰세요.

발달하다	교류하다	확장하다	지배하다	추진하다	주도권을 잃다

1. 여기에서는 세계 여러 나라에서 온 친구들과 자연스럽게 .... 한국어를 배울 수 있다.

2. 그 영화는 지능을 가진 컴퓨터가 세상을 .... 것에 대한 이야기이다.

3. 우리 축구팀은 2점을 상대 팀에게 먼저 내 준 후 경기의 .... 실력을 발휘할 기회를 얻지 못했다.

4. 농업 기술이 .... 식량 생산도 늘어났지만 여전히 세계적으로 식량은 부족하다.

5. 서울시는 최근 서울을 친환경 도시로 만들기 위한 계획을 .... 있다.

6. 경기가 회복되면서 사업 규모를 .... 회사들이 늘고 있다.

읽어 보세요 track37

다음은 한국 역사와 한강의 관계에 대한 글입니다. 잘 읽고 질문에 답하세요.

한국 역사와 한강

한반도의 한복판을 흐르는 한강은 하류에 곡창 지대가 있고 풍부한 수량과 지류 덕분에 수상 교통이 발달하였을 뿐만 아니라 서해를 거쳐 중국과 교류하는 관문 역할을 해 왔다. 이러한 지리적 이점을 갖춘 한강은 1394년에 한양이 조선의 수도로 정해지면서 한민족 역사의 중심으로 분명하게 자리 잡았다.

한강 유역은 이미 삼국 시대부터 이 지역을 차지하기 위한 수많은 전쟁이 일어났던 곳이기도 하다. B.C. 3세기 말 ~ B.C. 2세기 초에 한반도에 철기 문화가 전래되면서 각 지역에 국가가 성립되었다.

그리고 이들 사이에 전쟁이 벌어지면서 고구려, 백제, 신라 삼국이 형성되었다. 삼국은 안으로는 체제를 정비하고 밖으로는 영토 확장을 위한 전쟁을 하는 가운데 한강 유역을 차지하기 위해 다툼을 벌였다.

삼국 가운데 가장 먼저 한강 유역을 차지한 나라는 백제였다. 백제는 한강 유역의 지리적 여건과 철기 문화를 바탕으로 급속히 성장했고 서해를 통해 중국과 교류하면서 문화를 발달시켰다. 그러나 남진 정책을 추진하는 고구려와 충돌이 계속되면서

1. 한강의 지리적 이점은 무엇입니까?
   - 하류에 곡창 지대가 있음.
   -
   -

2. 삼국이 형성된 이후 세 나라는 무엇을 했습니까?

3. 다음에 한강 유역을 지배한 나라의 이름을 써 보세요.

   백제 → ....(475년) → ....(551년) → ....(553년)

4. 백제가 한강 유역을 먼저 차지함으로써 어떤 이점이 생겼습니까?

5. 신라, 백제, 고구려는 한강 유역을 차지하거나 잃음으로써 어떻게 되었습니까?

6. 한강 유역과 삼국의 관계에 대해 어떤 결론을 내리고 있습니까?

백제는 475년에 500년 가까이 중심지 역할을 하던 한강 유역을 잃고 말았다.

고구려의 남진은 백제뿐 아니라 신라에도 위협이 되었으므로 백제와 신라는 함께 고구려에 대항하였다. 마침내 551년에 고구려로부터 한강 유역을 다시 빼앗아 백제가 하류 지역을, 신라가 상류 지역을 각각 차지하였다. 그러나 불과 2년 후인 553년에 신라는 백제가 차지한 지역마저 빼앗아 한강 유역을 완전히 지배하게 되었다. 이로써 신라는 서쪽으로 직접 중국과 통하는 해로를 얻었고 고구려와 백제를 억누르면서 삼국 통일의 기초를 마련할 수 있었다. 반면에 한강 유역을 빼앗긴 백제는 이후 점차 쇠퇴하였고 고구려도 한반도에서 주도권을 잃게 되었다.

이상에서 본 바와 같이, 삼국 시대의 한강 유역은 각국의 흥망과 깊은 관계가 있을 정도로 역사적으로 중요한 역할을 했다. 그러므로 한국 역사에서 한강 유역을 차지한다는 것은 곧 한반도를 지배한다는 것을 의미했다 해도 과언이 아니다.

이야기해 보세요

다음은 세계의 주요 강을 표시한 지도입니다.
여러분 나라의 역사에서 중요한 의미가 있는 강을
지도에 표시해 보고 그 강의 역할에 대해 설명해 보세요.

문법과 표현

1. N을/를 바탕으로
- 우리 회사는 풍부한 자본을 바탕으로 새로운 사업을 추진하려고 한다.
- 그 소설은 실화를 바탕으로 한 것이라서 사람들이 더 흥미를 가진다.

2. V-고 말다
- 집에서 일찍 출발했지만 차가 막히는 바람에 기차를 놓치고 말았어요.
- 꼭 성공하고 말겠다는 생각으로 열심히 노력하고 있어요.

3. 이상에서[위에서, 앞에서] 본[말한, 이야기한] 바와 같이
- 이상에서 본 바와 같이 강은 문명의 발달에서 큰 비중을 차지해 왔다.
- 앞에서 말한 바와 같이 웃음은 마음의 문을 열어 주는 역할을 합니다.

듣고 말하기

들어 보세요 track 38

역사적 사건에 대해 선생님과 학생이 대화를 하고 있습니다. 잘 듣고 질문에 답하세요.

1. 사람들이 역사와 관련하여 흥미를 가지는 것은 무엇입니까?

2. 남자는 어떤 가정을 하고 있습니까?

3. 남자는 가정대로 되었다면 어떻게 달라졌을 거라고 말합니까?
   -
   -

4. 여자는 남자의 주장에 대해 어떤 의견을 가지고 있습니까?
   -
   -

이야기해 보세요

여러분은 어떤 역사를 가정해 보고 싶습니까? 다음과 같이 말해 보세요.

저는 한글이 만들어지지 않았다고 가정하면 어떻게 되었을까 하는 생각을 해요. 그랬다면 아마 오늘날 한국 사람들은 말은 한국어를 사용하겠지만 글자는 일본 가나나 중국의 한자, 또는 영어를 사용할 거예요. 그렇지만 한글로 된 문화유산이 존재하지 않을 테니 고유한 민족 문화의 발달을 기대하기가 어려웠을 거예요. 또 다른 나라의 말이 공용어로 사용되어서 민족의 독자성을 유지하기가 어려웠을지도 몰라요. 이와 같이 문자는 그 민족의 언어생활뿐만 아니라 민족의 독자성을 유지하는 데 아주 중요한 역할을 한다고 생각해요.

과제 다음과 같이 여러분 나라의 역사에 대해 발표를 해 보세요.

1. 다음은 '한국 역사와 한강'이라는 주제로 발표하기 위해 준비한 발제문과 슬라이드입니다. 이 자료를 바탕으로 '발표에 사용되는 표현'을 사용해서 친구와 발표 연습을 해 보세요.

〈발제문〉

한국 역사와 한강

1. 한강의 특징
   - 지리적 이점 – 하류의 곡창 지대, 풍부한 수량과 지류로 인한 수상 교통 발달, 서해를 통한 중국 교류의 관문
   - 한민족 역사의 중심 – 조선의 수도 한양(1394)

2. 삼국 형성
   - B.C. 6 ~ 2세기 한반도에 삼국(고구려, 백제, 신라) 형성
   - 안으로 체제 정비, 밖으로 영토 확장 전쟁

3. 한강 유역 지배를 위한 삼국의 전쟁
   - 백제의 한강 유역 지배 – 한강 유역의 지리적 여건, 철기 문화를 바탕으로 성장, 중국과의 교류를 통해 문화 발전
   - 고구려의 남진 정책 – 백제와의 전쟁을 통해 한강 유역 차지(475)
   - 백제, 신라의 대항 – 백제가 하류 지역, 신라가 상류 지역 차지(551)
   - 신라의 한강 유역 완전 지배(553) – 중국과 통하는 해로 획득, 삼국 통일의 기초 마련, 백제의 쇠퇴, 고구려의 주도권 상실

4. 한강 유역의 역사적 중요성
   - 삼국의 흥망과 깊은 관계
   - 한강 유역 지배가 한반도 지배를 의미

〈슬라이드〉

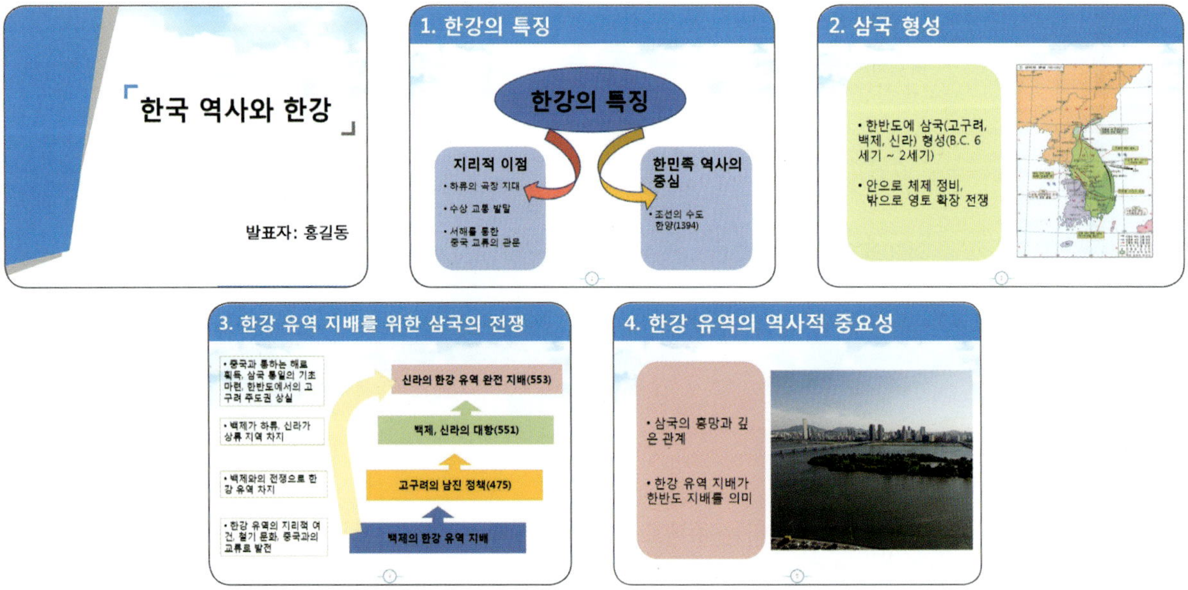

〈발표에 사용되는 표현〉

단계	표 현
인사 및 시작	여러분, 안녕하세요. 저는 ○○○입니다. 지금부터 발표를 시작하겠습니다.
주제 소개	저는 오늘 ~에 대해서 발표하고자[발표하려고] 합니다.
내용 전개	먼저 ~에 대해서 살펴보겠습니다. ▪ 자료 제시하기 – 여러분께 보여 드릴 자료를 준비했습니다. – 자료를 봐 주십시오. ▪ 다음 항목으로 가기 – 다음은 ~에 대해 알아보겠습니다.
결론	~라고 결론지을 수 있습니다.
정리 및 인사	이상으로 발표를 마치겠습니다. 지금까지 제 발표를 들어 주셔서 감사합니다.
질의응답	▪ 청중의 질문 – 발표 잘 들었습니다. 한 가지 여쭤 보고 싶은데요. – ~에 대해서 말씀해 주시겠습니까?

여러분, 안녕하세요. 저는 샤오밍입니다. 지금부터 발표를 시작하겠습니다. 저는 오늘 '한국 역사와 한강'에 대해서 발표하고자 합니다. 먼저 '한강의 특징'에 대해서 살펴보겠습니다. 여러분께 보여 드릴 자료를 준비했으니 자료를 봐 주십시오.

2. 여러분 나라의 역사에 대해 다음과 같이 준비해서 발표해 보세요.

1) 발표 주제를 정합니다.

- 우리 나라 역사와 강의 관계
- 우리 나라 .... 시대의 특징
- 우리 나라의 역사 개관
-

2) 자료를 조사하고 정리해서 발제문, 슬라이드 등을 만듭니다.

3) '발표에 사용되는 표현'을 사용해서 발표를 합니다.

2 이야기 속 인물

주제
역사 인물과 일화

읽고 말하기
· 역사 인물의 일화 읽기
· 일화에 나타난 인물의 특성 말하기

듣고 말하기
· 역사 인물의 일화에 대한 대담 듣기
· 들은 내용 확인하기, 다시 설명하기

과제
역사 인물의 일화 소개하기

들어가기

이야기해 보세요

다음 지폐에 나오는 인물에 대해 여러분이 아는 것을 말해 보세요. 또한 여러분 나라의 지폐에는 어떤 인물이 나오는지 간단히 소개해 보세요.

❶ 
❹ 
❼ 

❷ 
❺ 
❽ 

❸ 
❻ 
❾ 

❶ 몽골 ❹ 일본 ❼ 태국
❷ 미국 ❺ 중국 ❽ 한국
❸ 베트남 ❻ 쿠바 ❾ 호주

들어 보세요 track 39

다음은 한국 지폐에 등장한 역사 인물에 대한 뉴스입니다. 잘 듣고 질문에 답하세요.

1. 다음 중 한국 지폐에 등장하지 않은 인물을 고르세요.

☐ 이승만 전 대통령

☐ 세종대왕

☐ 박정희 전 대통령

☐ 이순신 장군

☐ 신사임당

☐ 이율곡

2. 신사임당이 지폐에 등장한 것은 어떤 의미가 있습니까?

3. 여러분 나라의 지폐에 들어갈 역사 인물을 추천한다면 어떤 사람을 추천하고 싶습니까?

읽고 말하기

주제 어휘

1. 다음은 인물의 태도와 관련된 말입니다. 알맞은 말을 골라 ________에 쓰세요.

중시하다	열중하다	힘쓰다	무시하다	소중하게 여기다	모범을 보이다

1) 아이들에게 책을 읽으라고 잔소리하는 것보다 부모가 일상생활에서 먼저 ________ 것이 더 효과적이다.
2) 그 사람은 한번 어떤 일에 ________ 밥 먹는 것도 잊어버리고 할 정도로 열심히 한다.
3) 그분은 장애인이나 노인과 같은 사회적 약자를 위한 복지제도 마련에 ________ 있다.
4) 이 진주 목걸이는 결혼할 때 받은 것인데 내가 가장 ________ 물건이다.
5) 우리 회사 사장님이 사원 채용에서 ________ 조건은 일에 대한 책임감이다.
6) 지도자는 소수의 의견이라고 해도 ________ 말고 잘 들으려는 태도를 가져야 한다.

2. 다음은 인물을 평가할 때 쓰는 말입니다. 알맞은 말을 골라 ________에 쓰세요.

엄격하다	강직하다	고지식하다	검소하다	융통성(이) 있다
지혜롭다	유능하다	자상하다	관대하다	

1) 그 사람은 마음이 넓고 남의 실수를 너그럽게 용서하는 편이에요. 관대하다
2) 노인들은 인생의 경험을 통해서 세상을 보는 눈을 가지게 돼요. ________
3) 사장님은 늘 규칙을 강조하고 직원들의 작은 잘못도 용서하지 않아요. ________
4) 그 사람은 높은 지위에 있었지만 부정한 일을 해 본 적이 없어요. ________
5) 그 사람은 모든 일을 정해진 규칙대로만 하기 때문에 좀 답답해요. ________
6) 이 회사에는 똑똑하고 실력 있는 젊은이들이 많아요. ________
7) 우리 선생님은 학생들의 작은 일도 세심하게 챙기고 배려를 하세요. ________
8) 우리 할머니는 절약하는 것이 습관이 된 분이에요. ________
9) 그분은 상황이 달라지면 계획을 바꿔서 일이 잘되도록 하는 분이에요. ________

읽어 보세요 track 40

다음은 한국의 유명한 역사 인물과 관련된 일화입니다. 잘 읽고 질문에 답하세요.

세종대왕

책을 좋아하던 세종대왕은 즉위한 후 집현전을 설치하여 학자들이 학문 연구에 힘쓰도록 했다. 어느 겨울날, 세종은 밤늦도록 책을 읽다가 집현전에 불이 켜져 있는 것을 보고 추운 날씨에 누가 늦게까지 있는지 궁금해서 집현전으로 들어갔다. 거기에는 신숙주가 왕이 온 것도 모르고 독서에 열중하고 있었다. 세종은 새벽이 될 때까지 조용히 신숙주가 글 읽는 소리를 들었다. 그러다가 신숙주가 고단하여 꾸벅꾸벅 조는 모습을 보고 자신의 옷을 벗어 덮어 주고 돌아갔다. 이튿날 아침에 잠이 깬 신숙주는 자기 등에 덮여 있는 어의를 보고 그 은혜에 감동하여 눈물을 흘렸으며 그 후 더욱 학문 연구에 열중하였다.

황희 정승

어느 날 황 정승 집의 두 하녀가 한참을 다투더니 그중 하나가 달려와 황 정승에게 상대방의 잘못을 일러바쳤다. 이야기를 들은 황 정승은 고개를 끄덕이며 말했다. "오냐, 오냐, 네 말이 옳구나!" 그러자 다른 하녀도 화를 참지 못해 황 정승에게 상대방의 잘못을 이야기했다. 그 말을 들은 황 정승은 이렇게 말했다. "오냐, 오냐, 네 말도 맞다." 마침 그 모습을 곁에서 지켜보던 조카가 하도 어이가 없어서 한마디 했다. "아니, 숙부님. 한쪽이 옳으면 한쪽이 그르고 한쪽이 그르면 다른 쪽이 옳은 법이지, 이쪽도 옳고 저쪽도 옳다고 하시면 도대체 어느 쪽이 옳다는 말씀이십니까?" 그러자 황 정승은 마치 남의 이야기를 하듯이 "그렇구나. 네 말도 옳구나!" 하면서 읽던 책을 계속 읽었다.

1. 세종대왕 일화에서,
   1) 세종대왕은 왜 집현전에 들어갔습니까?
   2) 세종대왕은 집현전에서 무엇을 했습니까?

2. 황희 정승 일화에서,
   1) 황희 정승은 하녀들에게 어떻게 말합니까?
   2) 조카의 말에 대해서는 어떻게 대답합니까?

3. 이순신 장군 일화에서,
   1) 이순신 장군은 왜 근무 시간이 끝날 때까지 가족을 만나지 않았습니까?
   2) 이순신 장군의 상관은 왜 거문고를 만들지 못했습니까?

4. 인물에 관한 일화를 통해서 그 인물의 성격이나 인품을 알 수 있습니다. 위의 일화를 보면 인물의 어떤 면을 알 수 있습니까?
   - 세종대왕 일화에서는 세종대왕이 신하를 아끼는 자상한 사람임을 알 수 있다.
   -
   -

이순신 장군

이순신 장군이 발포 만호로 있을 때의 일이다. 어느 날 눈이 내리는 추운 겨울에 장군의 부인이 어린 자식을 데리고 면회를 왔다. 당시에 군인들은 근무 중에는 면회가 금지되어 있는데 장군이나 지휘관은 이 규칙을 지키지 않는 경우가 많았다. 그러나 장군은 근무 시간이 끝나도록 아내와 아이를 기다리게 하고 만나지 않았다. 근무가 다 끝난 후에야 비로소 아내를 만난 장군은 "당신이 규칙을 어기면 다른 병사들의 가족 또한 규칙을 무시할 것 아니오? 그렇다면 규칙이 있은들 무슨 소용이 있겠소? 윗사람이 먼저 모범을 보여야 군의 기강이 세워지는 법이오. 앞으로는 근무 시간에는 절대 면회를 오지 마시오." 하고 말했다. 한번은 이런 일도 있었다. 직속상관인 전라좌수사가 거문고를 만들기 위해 발포 진영 뜰에 있는 오동나무를 베어 오라고 심부름꾼을 보냈다. "뜰의 오동나무도 나라 것이니 함부로 벨 수 없다고 좌수사께 말씀드려라. 더구나 전함을 만드는 것도 아니고 거문고를 만드는 것이니……." 결국 좌수사는 자신의 뜻대로 오동나무를 베어 거문고를 만들지 못했다. 나라의 물건을 사사로이 쓸 수 없다는 장군의 말이 하나도 틀린 것이 없기 때문이었다.

이야기해 보세요

세종대왕, 황희 정승, 이순신 장군의 일화를 통해서 각 인물의 특성을 알 수 있습니다. 이 인물들의 특성에 대해 다음과 같이 말해 보세요.

이순신 장군이 오동나무를 베어 오라는 상관의 명령을 거절했다는 일화를 보면 강직한 사람이었다는 생각이 들어요. 그러나 뭐든지 너무 강하면 부러지는 법이에요. 기록을 보면 그런 특성이 이순신 장군이 사회생활을 하는 데 큰 장애가 되었다고 해요.

저는 이순신 장군이 그런 강직하고 고지식한 면이 있었기 때문에 역사에 길이 남는 인물이 된 거라고 생각해요. 융통성이 있는 사람이었다면 모두가 존경하는 인물로 역사 속에 남아 있지는 못했을 거예요.

문법과 표현

1. V-(으)ㄴ 후에야 (비로소)
- 퇴근 시간이 지났는데도 계속 일을 하다가 일을 마친 후에야 집으로 돌아갔다.
- 약을 먹은 후에야 비로소 고통이 가라앉아 잠을 잘 수 있었다.

2. A/V-(으)ㄴ들
- 사람들이 책을 읽지 않는데 도서관에 좋은 책이 많은들 무슨 소용이 있겠어요?
- 마감 시간이 다 되어서 지금 서두른다고 한들 끝낼 수 없을 거예요.

3. A-(으)ㄴ/V-는 법이다
- 정직한 사람은 법이 두렵지 않은 법이다.
- 너무 강하면 부러지는 법이다. 사람이 강직한 것도 좋지만 융통성이 필요할 때도 있다.

듣고 말하기

들어 보세요 1 track 41

다음은 두 사람의 대화입니다. 잘 듣고 질문에 답하세요.

1. 무엇에 대해 이야기하고 있습니까?

2. 남자는 들은 내용을 확인하기 위해 어떤 표현을 쓰고 있습니까?

3. 여자는 자신의 말을 다시 설명하기 위해 어떤 표현을 쓰고 있습니까?

4. 이와 같이 들은 내용을 확인하거나 자신의 말을 다시 설명할 때 쓰는 표현을 정리해 보세요.

들은 내용 확인하기

- ~다는 말씀[의견]이시지요?
- ~다는 말씀인 것 같은데 맞습니까?
- 그러니까 ~다는 말씀이시지요?
- 다시 말하면 ~다는 말씀이십니까?
- ~다 이런 말씀이신 것 같은데
- 저는 ~다고 이해했는데 맞습니까?
- 지금 말씀하신 것은 ~다는 것으로 이해해도 되겠습니까?

다시 설명하기

- 제 말씀은 그게 아니고[아니라] ~다는 말[뜻]입니다
- 제 말은 무슨 말이냐 하면
- 제가 아까 말씀 드렸던 것처럼
- 제 말은 그게 아니었습니다

이야기해 보세요

위의 표현을 사용해서 아래와 같이 말해 보세요.

1. 한석봉의 어머니는 공부를 마치고 온 아들을 하룻밤도 재우지 않고 절로 다시 돌려보냈다. 이런 일화를 보면…….

2. 이순신 장군은 면회 온 가족들을 정해진 규칙에 따라 일이 모두 끝난 다음에 비로소 만났다. 이런 태도를 보면…….

3. 점을 침으로써 불안한 마음에 위안과 평화를 얻고자 하는 사람들이 많다. 이런 행동을 보면…….

4. 서울시는 경복궁을 복원하고 전통 한옥을 보존하는 등 개발 과정에서 밀려난 한국의 역사와 전통을 살리기 위해 노력하고 있다. 이런 시도를 보면…….

한석봉의 어머니가 공부를 마치고 온 아들을 하룻밤도 재우지 않고 절로 다시 돌려보냈다는 일화를 보면 한석봉이 명필이 된 것은 어머니 덕분이었다는 생각이 들어요.

그러니까 어머니의 교육열이 없었으면 한석봉이 성공할 수 없었다는 말씀이시지요?

제 말씀은 그게 아니라 아들을 하룻밤도 안 재우고 보낼 정도로 그 어머니가 교육을 중시했다는 뜻입니다.

들어 보세요 2 track 42

다음은 역사 인물의 일화에 대한 대담 프로그램입니다. 잘 듣고 실문에 답하세요.

1. 여자는 역사 인물과 관련된 일화가 어떤 특징이 있다고 봅니까?

2. 두 사람이 말한 인물의 일화를 간단히 요약해 보세요.

에디슨

칸트

소크라테스

3. 소크라테스의 일화에 대해 여자와 남자는 각각 어떤 의견을 가지고 있습니까?

이야기해 보세요

여러분이 알고 있는 유명한 인물에 관한 일화를 간단히 소개해 보세요.

과제 여러분 나라의 유명한 인물이나 여러분이 알고 있는 역사 인물에 대한 일화를 소개하고 그에 대해 이야기를 나눠 보세요.

이순신 (한국 1545~1598)

엘리자베스 2세 (영국 1926~)

호치민 (베트남 1890~1969)

덩샤오핑 (중국 1904~1997)

에이브러햄 링컨 (미국 1809~1865)

체 게바라 (쿠바 1928~1967)

나폴레옹 (프랑스 1769~1821)

넬슨 만델라 (남아프리카공화국 1918~2013)

1. 여러분이 소개하고 싶은 인물에 대해 다음과 같이 정리하고 친구들에게 소개해 보세요.

인물	▪ **이순신 장군** 임진왜란에서 큰 공을 세운 조선 시대의 위대한 장군	
일화	▪ 거문고를 만들기 위해 오동나무를 베어 오라는 상관의 명령을 거부한 일화	
인물의 특성 및 의미	▪ **강직한 성격** 역사에 길이 남는 위대한 인물이 될 수 있었음.	

2. 다음과 같이 친구가 소개한 인물에 대해 이야기를 해 보세요.

이순신 장군이 거문고를 만들기 위해 오동나무를 베어 오라는 상관의 명령을 거부한 것을 보면 그만큼 강직한 사람이었다 이런 말씀이신 것 같은데, 제 생각에는 너무 고지식한 사람이 아니었나 싶어요. 실제로도 기록을 보면 그런 특성이 이순신 장군이 사회생활을 하는 데 큰 장애가 되었다고 하거든요.

제가 아까 말씀드렸던 것처럼 저는 이순신 장군이 그런 강직하고 고지식한 면이 있었기 때문에 역사에 길이 남는 인물이 된 거라고 생각해요. 융통성이 있는 사람이었다면 당시 사회생활을 할 때는 별 문제가 없었을지 몰라도 모두가 존경하는 인물로 역사 속에 남아 있지는 못했을 거예요.

3 여행으로 만나는 세상

주제
역사 유적지 기행

읽고 말하기
· 경주 기행문 읽기
· 인상적인 여행지 소개하기

듣고 말하기
· 기행문 쓰기에 대한 대화 듣기
· 쓰고 싶은 기행문 말하기

과제
여행지에 대한 기행문 쓰기

들어가기

이야기해 보세요

다음은 세계 여러 나라의 역사 유적지입니다. 여러분이 가 보거나 아는 곳에 대해 이야기해 보세요. 또한 여러분이 가 보고 싶은 유적지에 대해 더 이야기해 보세요.

들어 보세요 track 43

다음은 여행에 대한 대화입니다. 잘 듣고 질문에 답하세요.

1. 남자는 어떤 곳으로 여행 가고 싶어 합니까?
2. 여자가 말하는 곳은 어떤 특징이 있습니까?
3. 남자는 어떤 숙박 시설을 이용할까요?
   ☐ 민박을 한다. ☐ 콘도에서 묵는다. ☐ 야영을 한다.
4. 여러분은 어디로 여행 가고 싶습니까? 여행 가면 어디에서 숙박을 하고 싶습니까?

읽고 말하기

주제 어휘

1. 다음은 풍경을 표현할 때 쓰는 말입니다. 다음과 같이 풍경을 보고 알맞게 표현해 보세요.

절경이다	장관이다	환상적이다	뛰어나다
웅장하다	숨 막힐 듯하다	빼어나다	말로 표현할 수 없을 정도이다

1) 

2) 

3) 

4) 

5) 

6) 

2. 다음은 풍경이나 유적에 대한 인상을 표현할 때 쓰는 말입니다. 다음과 같이 여행을 할 때 가지는 생각을 말해 보세요.

인상적이다	감동적이다	감탄하다	흥미롭다	잊을 수 없다
가슴에 남다	감회가 새롭다	정취를 느끼다	기억에 남다	마음을 사로잡다

배낭여행 할 때 프랑스 파리의 오르세 미술관에 간 적이 있는데, 미술책에서 보던 그림들을 직접 보게 되니 정말 감회가 새로웠어요. 저한테는 잊을 수 없는 경험이었어요.

읽어 보세요 track 44

다음은 경주 여행을 하고 쓴 기행문입니다. 잘 읽고 질문에 답하세요.

신라 천 년의 역사 속으로

나는 한국에 온 지 1년이 넘도록 제대로 여행을 해 본 적이 없었다. 한국을 알려면 여행을 많이 하되 경주를 먼저 가 보라는 친구의 권유로 나는 이번 연휴에 경주에 다녀왔다. 평소에 한국 역사에 관심이 많던 나로서는 경주는 꼭 한번 가 보고 싶던 곳이기도 했다.

경주는 한국의 남동쪽에 있는 도시로 992년 동안 신라의 수도였다. 그래서 경주를 가 보지 않고 한국 역사를 안다고 할 수 없을 정도로 한국 역사 유적의 중심지로 널리 알려진 곳이다. 대릉원, 첨성대, 세계 문화유산으로 등록된 불국사와 석굴암 등 경주는 도시 곳곳이 박물관이고 문화재라고 해도 과언이 아니다.

경주역에서 가장 가까운 유적지는 대릉원이다. 대릉원은 신라 시대 왕과 귀족들의 무덤이 모여 있는 곳이다. 넓은 잔디밭 위에 웅장하게 솟아 있는 고분들을 보노라면 1,000년 역사를 가진 신라의 저력이 느껴지는 인상적인 곳이다. 경주 시내를 산에서 내려다보면 낮은 건물 사이로 작은 산과 같이 솟아 있는 고분들이 눈에 띈다. 그래서 경주를 산 자와 죽은 자가 공존하는 도시라고 하는 사람도 있지만, 나는 신라의 조상들이 수호신이 되어 경주를 지켜 주고 있다는 생각이 들었다.

대릉원을 뒤로 하고 길 건너편을 따라 걸으면 첨성대가 나온다. 농사를 지었기 때문에 하늘에 관심이 많았던 신라 사람들이 별자리를 관찰하기 위해 만든 곳이다. 첨성대에 쓰인 돌은 모두 362개인데 신기하게도 이것은 음력 1년의 길이와 일치한다. 또한 꼭대기 층은 긴 돌을 우물 정(井)자 모양으로 얹었는데 정확히 동서남북을 가리키고 있다. 소박한 모양의 첨성대에 놓인 돌 하나하나에 과학이 숨어 있다는 것이 퍽 흥미로웠다.

토함산에 있는 불국사는 이름 그대로 삼국을 통일한 신라가 사람들이 사는 땅 위에 부처님의 나라를 만들겠다는 의지가 있었음을 보여 주는 곳이다. 불국사에는 여러 문화 유적이 많지만 나는 절 앞마당에 있는 다보탑과 석가탑이 기억에 남는다. 다보탑은 화려하고 복잡한 장식으로 빼어난 아름다움을 자랑한다. 반면 옆에 있는 석가탑은 아무런 장식도 하지 않아 단순하고 소박하지만 초라하지 않고 어떤 위엄이 느껴지는 탑이다. 지금도 파란 가을 하늘을 배경으로 솟아 있던 석가탑이 내 가슴에 남아 있다.

1. 다녀온 곳에 대해 차례대로 간단히 요약해 보세요.

대릉원	→	첨성대	→	불국사	→	석굴암
신라 시대 왕과 귀족들의 무덤이 모여 있는 곳						

석굴암은 토함산 중턱에 석굴을 만들어, 석가여래불상을 중심에 모시고 주위 벽면에 보살상, 제자상, 역사상, 천왕상 등을 조각해 놓은 곳이다. 이곳은 신라 불교 예술의 최고 걸작으로 알려져 있다. 마치 살아 있는 듯 아름답게 조각된 불상의 모습과 포근하고 부드러운 미소를 보노라면 당장 말이라도 걸어올 것 같아 그 뛰어난 솜씨에 감탄하게 된다.

경주 여행을 마치고 나니 한국 역사 속으로 시간을 거슬러 갔다 온 듯한 느낌이 들었다. 그만큼 경주에서 본 많은 문화 유적이 인상적이었다. 요즘 나는 친구들에게 한국 문화와 역사를 알고 싶다면 경주를 먼저 가 보라고 권하곤 한다.

2. 경주를 여행하면서 어떤 느낌이나 생각을 가졌는지 정리해 보세요.

- 대릉원에서 : 신라의 저력이 느껴지는 인상적인 곳, 신라의 조상들이 경주를 지켜 주고 있다는 느낌이 들었음.
- 첨성대에서 :
- 불국사에서 :
- 석굴암에서 :

이야기해 보세요

1. 다음은 여행지의 특징을 나타내는 것입니다. 여러분이 어떤 곳에 갈 때 중요하게 생각하는 것에 표시하고 더 필요한 것에 대해 이야기해 보세요.

- ☐ 기억에 남는 문화와 역사 유적지
- ☐ 뛰어난 건축물
- ☐ 환상적인 산 또는 해변 휴양지
- ☐ 빼어난 경치
- ☐ 편리한 쇼핑
- ☐ 마음을 사로잡는 요리
- ☐ 인상적인 민속이나 행사
- ☐ 흥미로운 볼거리와 즐길 거리
- ☐ 기타 : ....

2. 여러분이 여행 갔던 곳 중 인상적인 곳에 대해 다음과 같이 말해 보세요.

> 경주는 한국 역사의 중심지라고 할 정도로 역사 유적지가 많아요. 또한 경주에 있는 불국사나 석굴암은 신라 시대의 뛰어난 불교문화를 보여 주는 건축물이에요. 저는 역사 유적에 관심이 많아서 무척 인상적인 곳이었어요.

> 태국의 푸껫은 경치가 빼어날 뿐만 아니라 리조트 시설이 잘돼 있어서 가족 휴양지나 신혼 여행지로 적당한 곳이에요. 낮에는 바닷가에서 쉬고 밤에는 태국 전통 민속 공연을 보면서 즐거운 시간을 보내서 기억에 남아요.

문법과 표현

1. A/V-되
- 이 책을 다음 수업 때까지 다 읽어 오되 감상문도 함께 써 오세요.
- 외국어를 잘하려면 문장을 많이 외우되 소리 내서 외우는 게 효과적입니다.

2. V-노라면
- 인생에는 어려운 일도 많지만 사노라면 언젠가는 좋은 날도 올 것이다.
- 길가에 앉아 지나가는 사람들을 구경하노라면 심심할 시간이 없다.

3. N은/는 A/V-(으)ㅁ을 말해 주다[보여 주다, 알려 주다, 나타내다]
- 그 사람의 당황한 표정은 그가 바로 범인임을 말해 주는 것이다.
- 서로를 바라보는 따뜻한 눈길은 두 사람이 사랑하는 사이임을 보여 주고 있었다.
- 이 종소리는 저녁 식사 시간이 되었음을 알려 주는 것이다.
- 머리에 꽂은 하얀색 리본은 부모님이 돌아가셨음을 나타내고 있다.

듣고 말하기

들어 보세요 track 45

기행문 쓰기에 대해 이야기를 하고 있습니다. 잘 듣고 질문에 답하세요.

1. 기행문을 쓰면 좋은 점은 무엇입니까?
   - 한 번 더 여행하는 것 같은 기분이 들어 행복함.
   -
   -

2. 기행문을 쓰기 위해 어떤 준비가 필요합니까?
   - 떠나기 전에 : 여행 가려는 곳에 대해 미리 조사를 함.
   - 여행지에서 :
   - 돌아온 후에 :

3. 기행문에 어떤 내용을 쓰는 게 좋습니까?
   - 처음 : 여행지 소개, 느낌과 여행에서 얻고자 하는 것.
   - 중간 :
   - 끝 :

이야기해 보세요

여러분이 기행문을 쓴다면 어떤 준비를 하고 어떤 내용과 형식으로 글을 올리고 싶은지 이야기해 보세요.

과제

블로그에 여러분의 여행에 대한 글을 올리려고 합니다. 다음과 같이 기행문을 써 보세요.

1. 다음과 같이 여러분이 한 여행에 대해 간단히 적고 친구들에게 소개해 보세요.

여행지 소개	▪ 경주, 한국 역사 유적의 중심지, 신라의 수도	
여정	▪ 대릉원 → 첨성대 → 불국사 → 석굴암	
견문과 감상	▪ 신라의 저력을 느낄 수 있는 인상적인 곳 ▪ 과학적인 건축에 대한 놀라움 ▪ 신라 불교 예술의 뛰어난 걸작	

2. 다음과 같이 여행지 중 한 장소에 대한 견문과 감상을 한 단락으로 써 보세요.

석굴암은 토함산 중턱에 석굴을 만들어, 석가여래불상을 중심에 모시고 주위 벽면에 보살상, 제자상, 역사상, 천왕상 등을 조각해 놓은 곳이다. 이곳은 신라 불교 예술의 최고 걸작으로 알려져 있다. 마치 살아있는 듯 아름답게 조각된 불상의 모습과 포근하고 부드러운 미소를 보노라면 당장 말이라도 걸어올 것 같아 그 뛰어난 솜씨에 감탄하게 된다.

3. 다음과 같은 내용을 포함해서 기행문을 써 보세요.

〈 처음 〉	〈 중간 〉	〈 끝 〉
– 여행지 소개 – 여행 전의 느낌 – 여행에서 얻고자 하는 것	– 여행지의 여정 – 견문과 감상	– 여행의 전체적인 감상 – 여행에서 얻은 교훈

제목	
처음	
중간	
끝	

자기 평가

1. 다음 중 아는 단어에 ∨ 하세요.

□ 교류하다	□ 확장하다	□ 지배하다	□ 추진하다
□ 주도권을 잃다	□ 열중하다	□ 엄격하다	□ 모범을 보이다
□ 고지식하다	□ 융통성이 있다	□ 자상하다	□ 절경이다
□ 장관이다	□ 웅장하다	□ 인상적이다	□ 감회가 새롭다

2. 다음 표현을 이용해서 문장을 만들어 보세요.

1) N을/를 바탕으로

→

2) A/V-(으)ㄴ들

→

3) A/V-되

→

3. 다음과 같은 상황에서 어떻게 말할 수 있습니까?

1) 들은 내용을 확인할 때

....

2) 자신의 말을 다시 설명할 때

....

보충 어휘

평가의 표현 다음은 어떤 사실이나 주장에 대해 판단을 내릴 때 쓰는 표현입니다. 이런 표현을 익혀 판단 대상에 대한 평가를 보다 자세하고 정확하게 표현하도록 합시다.

명확하다 의심할 것 없이 뚜렷하고 확실하다.	**미흡하다** 아직 모자라는 것이 있고 만족스럽지 않다.
바람직하다 바랄 만한 가치가 있다.	**애매모호하다** 분명하지 않고 확실하지 않다.
완벽하다 필요한 것이 모두 갖추어져 있고 결점이 없이 완전하다.	**적절하다** 일정한 기준, 조건, 정도 따위에 넘치거나 모자라지 않다.
정당하다 이치에 맞아 올바르고 알맞다.	**정밀하다** 아주 정확하고 빈틈이 없고 자세하다.
객관적이다 자기와의 관계에서 벗어나 제삼자의 입장에서 사물을 보거나 생각하다.	**주관적이다** 자신의 의견이나 관점을 기초로 사물을 보거나 생각하다.

연습 1 다음 ______ 부분이 어떤 뜻인지 고르세요.

1) 

① 장점 없는
② 단점 없는

2) 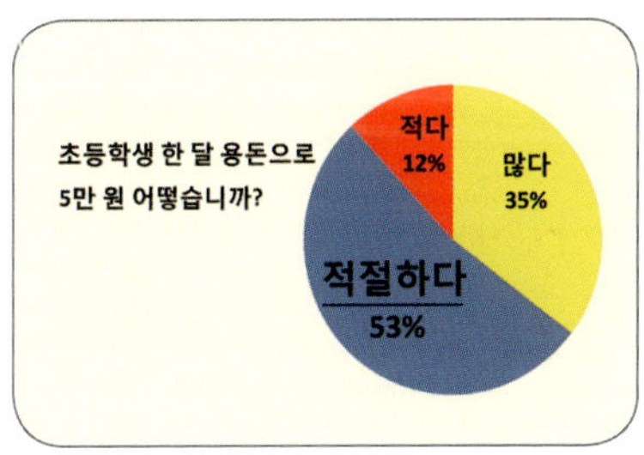

① 많지도 부족하지도 않다
② 약간 부족하다

3) 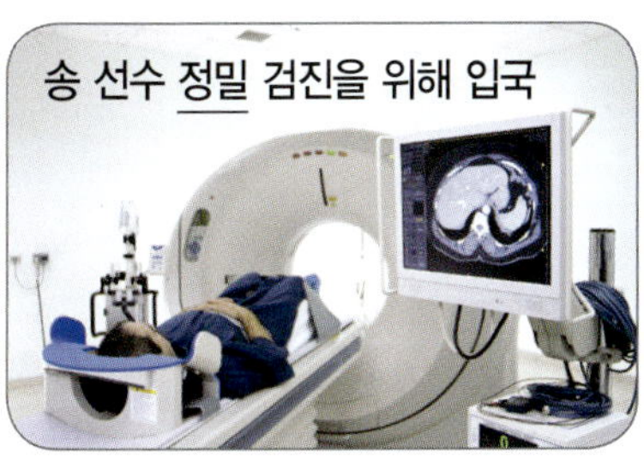

① 자세하고 정확한
② 친근하고 가까운

4) 

① 밝고 따뜻한
② 분명하고 구체적인

보충 어휘

연습 2 ________ 부분을 적절한 표현으로 바꿔 보세요.

1) 서로 돕고 서로 믿을 수 있는 사회야말로 우리가 바라는 좋은 사회라고 할 수 있다.

→ 바람직하다

2) 처음 써 본 보고서라 부족한 부분이 많습니다. 많은 조언 부탁드립니다.

→

3) 이번 사건과 관계없는 사람의 입장에서 이 문제를 새롭게 다시 생각해 봐야 합니다.

→

4) 학생들의 요구라 하더라도 그 요구를 하는 이유가 이치에 맞고 올바르면 어른들이 다시 생각해 봐야 합니다.

→

5) 행복감이나 사랑 같은 자기 자신만의 생각에 바탕을 둔 감정이나 느낌은 연구하기가 힘들어요.

→

6) 그 정치인이 한 말은 분명하지가 않아서 그 사람이 돈을 받았다는 것인지 안 받았다는 것인지 사람들이 이해할 수가 없었다.

→

연습 3 적절한 표현을 넣어서 대화 연습을 해 보세요.

1) 가 : 지난번 병원에서 위 검사한 결과 나왔어?
   나 : 응, 다시 오래. 더 .... 기계로 검사를 다시 해 봐야 한대.

2) 가 : 찬성인지 반대인지 입장을 좀 .... 밝혀 주십시오.
   나 : 글쎄요, 저도 좀 더 조사하고 생각해 봐야 하기 때문에 지금 입장을 밝히기 곤란합니다.

3) 가 : 이건 학생들이 쓰기에는 너무 비싼 가방이네요.
   나 : 가방 하나 값이 다른 가방 10개는 살 수 있을 정도군요. 학생들이 쓰기에 .... 못하네요.

4) 가 : 엄마, 엄마 딸이라고 생각하지 말고 한번 .... 생각해 보고 의견을 말해 주세요.
   나 : 그래, 아무리 생각해 봐도 네가 한 행동이 옳았어. 다른 방법이 없었잖아.

5) 가 : 사형 제도에 대한 김 교수님의 입장은 뭘까요?
   나 : 글쎄, 잘 모르겠어요. 하도 .... 말씀하셔서 찬성하시는지 반대하시는지 알 수가 없어요.

6) 가 : 수미 씨가 제가 그린 그림이 마음에 들지 않는대요.

나 : 그건 그 사람의 .... 생각일 뿐이에요. 전문가들은 민수 씨의 그림이 아주 좋대요.

7) 가 : 이번 제품에 대해서 어떻게 생각하십니까? 어떤 점을 개선해야 할까요?

나 : 네, 실용성이나 안정성은 뛰어난데 디자인 면에서 좀 .... 점이 있다고 생각합니다.

8) 가 : 민수 씨는 전공 책도 열심히 읽지만 시사 잡지나 신문도 열심히 읽네요.

나 : 네, 저는 사람들이 사회적 문제에도 관심을 가지는 것이 .... 생각해요. 우리가 함께 사는 사회잖아요.

9) 가 : 직원들이 왜 저렇게 화가 났어요?

나 : 직원들이 아무 잘못도 하지 않았는데 회사에서 .... 이유 없이 저 사람들한테 회사를 그만두라고 했대요.

10) 가 : 처음부터 부족한 것 하나 없이 모든 것을 .... 갖추고 결혼 생활을 시작하는 사람이 어디 있습니까?

나 : 네, 그렇습니다. 살면서 살림살이를 하나하나 갖춰 나가는 재미도 크지요.

어휘와 표현

1. 한강에 얽힌 역사

가정(假定)하다
동 사실이 아니거나 분명하지 않은 것을 임시로 인정하다. to suppose; to assume
세상에 언어가 없다고 가정하면 어떻게 될까?

강대국(强大國)
명 정치, 경제, 군사적으로 힘이 강한 나라. powerful nation
아프리카는 세계 강대국들의 경제 원조를 받고 있다.

건국(建國)
명 나라를 세움. establishment of a country; founding of a country
한국의 단군신화처럼 나라마다 다양한 건국 신화가 전해 내려온다.

고구려(高句麗)
명 고대 한국의 삼국 중 한 나라. one of Three Kingdoms

고려(高麗)
명 신라 이후 한반도를 지배한 나라로 1392년에 조선에 의해 멸망함. Korean Dynasty after Silla unified the Three Kingdoms

고조선(古朝鮮)
명 한국 최초의 국가로 B.C. 2333년에 나라를 세움. the very first Korean Dynasty founded in 2333 B.C.

곡창 지대(穀倉地帶)
쌀과 같은 곡식이 많이 나는 지역. granary; breadbasket
전라도 지역은 한국에서 가장 넓은 곡창 지대이다.

공용어(公用語)
명 한 나라나 국제회의 등에서 공식적으로 쓰는 언어. official language
영어는 세계의 공용어이기 때문에 꼭 배워야 한다.

공통점(共通點) [공통쩜]
명 둘 또는 그 이상에서 두루 통하는 점. common point
두 사람은 형제인데도 공통점이 전혀 없다.

과거 제도(科擧制度)
고려, 조선 시대에 시험을 통해 관리를 선발하던 제도. testing system during Goryeo and Joseon Dynasties to select government officials
과거 제도는 지식과 능력에 따라 사람을 뽑아서 쓰는 제도이다.

관문(關門)
명 어떤 일을 하기 위해 반드시 거쳐야 하는 일. gateway; barrier; hurdle
대학에 들어가기 위해서는 입시라는 관문을 통과해야 한다.

교류(交流)하다
동 문화나 사상 등이 서로 통하다. to exchange; to interchange
실크로드를 통해 동양과 서양의 문명이 교류하게 되었다.

국력(國力) [궁녁]
명 나라의 힘. national power (or strength)
그 나라는 전쟁에 모든 국력을 쓰는 바람에 경제 사정이 나빠졌다.

급속히(急速-) [급쏘키]
부 아주 빠른 속도로. rapidly; swiftly
그는 암에 걸렸다는 사실을 알고 나서 병세가 급속히 나빠졌다.

기름지다
형 땅의 상태가 좋아서 농사짓기에 좋다. to be fertile; to be rich
기름진 땅에서 각종 과일과 곡식이 풍부하게 난다.

남진(南進)
명 남쪽으로 나아감. southward advance (or movement)
신라와 백제는 고구려의 남진을 막기 위해 힘을 합했다.

다툼을 벌이다 [다투믈버리다]
의견 대립으로 서로 따지며 싸우다. to quarrel; to dispute; to argue
두 팀은 서로 우승하기 위해 다툼을 벌이고 있다.

대동강(大同江)
명 북한의 평양에 있는 강 이름. a river located near Pyeongyang in North Korea

대항(對抗)하다
동 굽히거나 지지 않으려고 맞서서 버티다. to resist; to oppose; to stand up to
군인들은 적에게 대항하여 용감하게 싸웠다.

독자성(獨自性) [독짜썽]
명 다른 것과 구별되는 혼자만의 특성. individuality; identity
한국 문화만의 고유한 독자성이 뭘까요?

만주(滿洲)
명 중국의 북동부 지역. Northeast region of China

멸망(滅亡)
명 망하여 없어짐. collapse; downfall; ruin
심한 환경 오염이 인류를 멸망으로 이끌지도 모른다.

문명(文明)
명 인류가 이루어 놓은 물질적, 기술적, 사회적 발전. civilization
문명의 발달로 사람들이 좀 더 편리한 생활을 할 수 있게 되었다.

발달(發達)하다 [발딸하다]
동 학문, 기술, 문명, 사회 등이 높은 수준에 이르다. to progress; to advance; to develop
이 나라는 오래 전부터 자동차 산업이 발달했다.

백제(百濟) [백쩨]
명 고대 한국의 삼국 중 한 나라. one of Three Kingdoms

불과(不過)
부 그 정도에 지나지 않음을 이르는 말. just; merely
학교에 입학한 게 불과 엊그제 같은데 벌써 졸업할 때가 되었다.

삼국(三國)
명 고대 한국에 있었던 세 나라. 신라, 고구려, 백제를 가리킨다. Three Kingdoms
삼국 중 가장 국토가 넓었던 나라는 고구려이다.

상류(上流) [상뉴]
명 강의 위쪽 부분. upstream
우리는 배를 타고 강의 상류로 거슬러 올라갔다.

성립(成立)되다 [성닙되다/성닙뒈다]
동 일이나 관계가 제대로 이루어지다. to be concluded
아파트 매매 계약이 성립되어서 계약서를 썼다.

쇠퇴(衰退)하다
동 기운이나 상태가 약해져 전보다 못하다. to decline; to decay
국력이 쇠퇴하면서 역사 속으로 사라진 나라들이 많다.

수량(水量)
명 물의 양. amount of water
이 지역은 수량이 풍부해서 가뭄에도 물 걱정이 없다.

수상 교통(水上交通)
바다나 강의 교통. waterborne traffic
한강의 수상 교통을 발달시키면 교통 문제를 해결할 수 있을 것이다.

신라(新羅) [실라]
명 고대 한국의 삼국 중 한 나라. one of Three Kingdoms

실화(實話)
명 실제 있었던 이야기. a true story
이 영화는 실화를 바탕으로 해서 만들어졌다.

약소국(弱小國) [약쏘국]
명 정치, 경제, 군사적으로 힘이 약한 나라. weak nation; country with minor power
그 나라는 약소국이지만 오래된 역사와 뛰어난 문화 유적을 자랑하는 나라이다.

억누르다 [엉누르다]
동 자유롭게 행동하지 못하도록 압력을 가하다. to suppress
아이들의 자유를 억누르고 공부만 강요하는 것은 바람직하지 않다.

얽히다 [얼키다]
동 이리저리 관련이 되다. to be involved in; to get entangled (in)
이 사건에는 여러 사람들이 얽혀 있다.

연표(年表)
명 역사상 발생한 사건을 연대순으로 정리하여 적은 표. chronological table; chronology
역사 공부를 할 때는 언제 어떤 일이 있었는지 확인하기 위해 연표가 필요하다.

영토(領土)
명 국가의 통치권이 미치는 지역. territory; domain
중국, 러시아, 캐나다 등은 영토가 넓은 나라이다.

온화(溫和)하다
형 날씨가 맑고 따뜻하며 바람이 부드럽다. to be mild; to be gentle
이곳은 기후가 온화해서 살기가 좋다.

위협(威脅)
명 힘으로 겁을 주고 협박함. threat; intimidation
도둑은 말을 안 들으면 죽이겠다는 위협을 했다.

유역(流域)
명 강물이 흐르는 주변 지역. river valley (or basin)
강 유역에서는 농사를 짓는 경우가 많다.

융합(融合)하다
동 다른 종류의 것이 녹아서 구별이 없게 하나로 합하다. to fuse; to merge
남북통일 후에는 남과 북을 하나로 융합해야 한다.

어휘와 표현

이점(利點) [이쩜]
명 이로운 점. advantage
외국어를 잘하면 취업에서 여러 가지 이점이 있다.

자본(資本)
명 장사나 사업이 기본이 되는 돈. capital
아버지는 퇴직금을 자본으로 해서 작은 식당을 시작하셨다.

전래(傳來)되다 [절래되다/절래뒈다]
동 외국에서 전하여 들어오다. to be introduced (or imported) from foreign countries
한국에 한자가 전래된 것은 오래 전 일이다.

전파(傳播)
명 전하여 널리 퍼뜨림. spread; dissemination
교통의 발달로 문명의 전파 속도도 빨라졌다.

조선(朝鮮)
명 고려 이후 한반도를 지배한 나라. the last Korean Dynasty after Goryeo

주도권(主導權)을 잃다 [주도꿔늘일타]
중심적 위치에서 이끌고 나갈 수 있는 힘을 잃다. to lose leadership or initiative to the enemy
여당은 선거에서 패배한 이후 정치적 주도권을 잃었다.

지능(知能)
명 계산이나 문장 작성 등의 작업에서 성취 정도에 따라 정해지는 적응 능력. intelligence
어린 시절에 충분히 노는 것이 지능 발달에 좋다고 한다.

지류(支流)
명 강의 원줄기에서 갈려 나온 물줄기. branch stream
오염된 물이 강의 지류로부터 흘러들어 오고 있다.

지리적(地理的)
관 명 어떤 곳의 지형이나 길의 형편에 관한 (것). regional
전쟁에서는 지리적으로 유리한 위치를 차지하는 것이 중요하다.

지배(支配)하다
동 사람이나 집단을 자기 의사대로 복종하게 하여 다스리다. to rule; to govern
역사 속에서는 강한 나라가 약한 나라를 지배하는 경우가 많다.

지적(指摘)하다 [지저카다]
동 잘못 같은 것을 드러내 알게 하다. to point out; to indicate
문제점이 있으면 언제든지 지적해 주십시오.

천도(遷都)
명 수도를 다른 곳으로 옮김. transferring the capital; moving the government
한양 천도는 조선 건국 이후에 이루어졌다.

철기(鐵器)
명 쇠로 만든 그릇이나 기구. ironware
철기 문화가 들어오면서 농사가 발달되었다.

체제(體制)
명 사회의 조직이나 양식 또는 그 상태. structure; system; organization
선거 결과에 따라 새로운 정치 체제가 들어섰다.

추진(推進)하다
동 목표를 향해 밀고 나아가다. to push forward (towards a goal)
반대가 많지만 계획대로 일을 추진할 예정이다.

충돌(衝突)
명 서로 맞부딪침. collision; clash
두 사람의 의견 충돌로 회의가 더 진행되지 못했다.

침입(侵入) [치밉]
명 침범하여 들어가거나 들어옴. invasion
그 나라는 이웃 나라의 침입으로 멸망하였다.

통일(統一)
명 나누어진 것이 하나로 합쳐짐. reunification
남북통일은 모든 한국인의 소원이다.

하류(下流)
명 강의 아래쪽 부분. downstream
강 하류로 내려가면 바다 쪽으로 갈 수 있다.

한민족(韓民族)
명 한반도에서 살아온 한국의 중심이 되는 민족. the Korean race; the Korean people
한국에서는 한민족의 고유한 문화를 경험해 볼 수 있다.

한반도(韓半島)
명 한국의 국토를 포함하는 반도. the Korean peninsula
한국 사람들은 한반도에서 살고 있다.

한복판
명 한가운데. center; the (very) middle
시내 한복판에 있는 건물은 가격이 아주 비싸다.

한양(漢陽) [하냥]

명 서울의 옛 이름. former name for Seoul

해로(海路)

명 바다 위의 배가 다니는 길. sea route; sea way

한국은 예전에 해로를 통해 중국과 일본과 교류를 했다.

흥망(興亡)

명 잘되어 일어남과 못되어 없어짐. rise and fall

역사 속에서 수많은 나라의 흥망이 되풀이되어 왔다.

2. 이야기 속 인물

감옥(監獄)에 갇히다 [가모게가치다]

죄를 지은 사람들이 가는 곳에서 밖으로 나오지 못하게 되다. to be imprisoned

그는 강도죄로 감옥에 갇히게 되었다.

강직(剛直)하다 [강지카다]

형 마음이 꼿꼿하고 곧다. to be rigid; to be stiff

그는 부정과 타협하지 않는 강직한 공무원이다.

거문고

명 한국 전통 악기의 한 종류. a Korean harp with six strings

거문고는 소리가 아름다운 악기이다.

검소(儉素)하다

형 꾸밈없이 수수하다. to be thrifty; to be frugal

그는 부자이지만 작은 집에서 검소하게 살고 있다.

고단하다

형 힘들고 피곤하다. to be tired; to be exhausted; to be weary

너무 고단해서 집에 오자마자 잠자리에 들었다.

고지식하다 [고지시카다]

형 성질이 한쪽으로 곧고 융통성이 없다. to be simple and honest; to be naive and gullible

어떤 경우에도 규칙에 따라서만 하는 고지식한 사람은 답답하다.

공정(公正)하다

형 공평하고 올바르다. to be fair; to be just

언론은 언제나 공정한 보도를 하기 위해 노력해야 한다.

그르다

형 어떤 일이 이치에 맞지 않는 면이 있다. to be wrong

무엇이 옳고 무엇이 그른지를 판단하기 어려운 일도 많다.

금지(禁止)되다

동 법이나 규칙 등으로 어떤 일을 못 하게 되다. to prohibit; to ban

이 길은 도로 공사 때문에 내일부터 통행이 금지된다.

기강(紀綱)

명 규율과 법도. law and discipline; order

공무원의 기강을 바로잡기 위해 근무 태도를 평가할 예정이다.

꾸벅꾸벅 졸다

머리나 몸을 자꾸 앞으로 숙였다가 들면서 잠을 자다. to doze off

수업 시간에 꾸벅꾸벅 졸다가 큰 소리가 나서 갑자기 눈을 떴다.

다투다

동 서로 따지며 싸우다. to argue; to quarrel; to fight

장난감을 서로 먼저 가지고 놀겠다고 형과 동생이 다툰다.

독배(毒杯) [독빼]

명 사람을 죽이는 독약이나 독주가 담긴 그릇. poison chalice

왕은 독배를 마시자마자 그 자리에 쓰러져 숨졌다.

만호(萬戶)

명 조선 시대 무관의 관직 이름. a military official during Joseon Dynasty

면회(面會)

명 군대나 교도소 같이 자유롭게 들어갈 수 없는 곳에서 사람을 만남. visiting; meeting (at an army or prison)

군대에 간 친구가 면회 오라는 편지를 보냈다.

모범(模範)을 보이다

본받아 배울 만한 행동을 하다. to set an example; to be a role model

어른들이 먼저 모범을 보여야 아이들이 따라 하게 된다.

모자(母子)

명 어머니와 아들. mother and son

이산가족이 되었다가 50년이 지나서 만난 모자는 아무 말 없이 눈물만 흘렸다.

무시(無視)하다

동 남을 낮게 보거나 못 본 것처럼 행동하다. to disregard; to ignore

그 사람은 가난한 사람을 무시하는 버릇이 있다.

어휘와 표현

박정희(朴正熙)
명 1963년부터 1979년까지 한국의 대통령이었던 사람. a Korean President from 1963 to 1979

발포(鉢浦)
명 전라남도 고흥군 도화면 내발리의 옛 이름. an old name for Dohwa-myeon located in Dohwa village, Goheung, Jeollanam-do

붕괴(崩壞)되다
동 무너지고 깨어지다. to collapse; to break down; to fall
태풍 때문에 강둑이 붕괴되어 마을이 물에 잠겼다.

사사(私私)로이
부 공적이 아닌 개인적인 관계나 성질로. of personal or private matter
훈련 기간에는 사사로이 행동하면 안 된다.

세종대왕(世宗大王)
명 한글을 만든 것으로 유명한 조선 시대의 왕. a famous king during Joseon Dynasty and inventor of Hangeul

소중(所重)하게 여기다
매우 귀하게 생각하다. to treasure; to value
나는 무엇보다도 우리 가족을 소중하게 여긴다.

신사임당(申師任堂)
명 이율곡의 어머니로서 그림, 시, 서예 등에 뛰어났던 조선 시대 사람. mother of Yi Yul-gok from the Joseon Dynasty famous for her paintings, poems and caligraphy

악법(惡法) [악뻡]
명 사회에 해를 끼치는 나쁜 법이나 제도. bad (or evil) law
국민들은 국회에서 통과된 법을 악법이라고 하며 폐지 운동을 하고 있다.

어의(御衣) [어의/어이]
명 왕이 입는 옷. the royal robe (worn by a king)
어의는 비단으로 지었으며 가슴과 등에 용무늬를 수놓았다.

어이가 없다
일반적인 상식으로 이해하기가 어렵다. to be dumfounded; to be dumb struck
늦잠을 자서 시험을 못 봤다니 정말 어이가 없다.

엄격하다
형 말, 태도, 규칙 등이 매우 엄하고 철저하다. to be strict
우리 학교는 규칙이 엄격하기로 유명하다.

엇갈리다 [얻깔리다]
동 생각이나 주장이 일치하지 않다. to cross path; to disagree
이 사건의 처리에 대해 양쪽의 주장이 엇갈리고 있다.

열중(熱中)하다 [열쭝하다]
동 어떤 일에 열심히 집중하다. to immerse; to concentrate; to devote oneself
책 읽는 데 열중해서 전화 소리를 듣지 못했다.

오동나무(梧桐--)

명 나무의 한 종류. paulownia tree
예전에는 딸을 낳으면 오동나무를 심었다가 시집 갈 때 그 나무로 옷장을 만들어 주었다고 한다.

유능(有能)하다
형 능력, 재능이 뛰어나다. to be competent and capable
모든 기업은 유능한 신입 사원을 채용하기 위해 노력한다.

유일(唯一)하다
형 오직 하나밖에 없다. to be sole; to be one and only
이 반지는 어머니에게서 물려받은 유일한 물건이다.

융통성(融通性)(이) 있다
사정과 형편에 따라 일을 적절하게 처리하는 재주가 있다. to be flexible
그분은 융통성이 있는 분이니까 사정을 말하면 보고서 제출 기한을 연기해 주실 거예요.

은혜(恩惠)
명 고맙게 베풀어 주는 혜택. favors; kindnesses
부모님의 은혜는 하늘보다 높고 바다보다 깊다.

이순신(李舜臣)
명 임진왜란 때 일본군을 물리치는 데 큰 공을 세운 조선 시대의 장군. a Korean General from the Joseon Dynasty, famous for defeating the Japanese during the first Japanese Invasions of Korea (1592-1598) led by Toyotomi Hideyoshi

이율곡(李栗谷)
명 신사임당의 아들로서 조선 시대의 유명한 학자. son of Sinsaimdang, a famous scholar from the Joseon Dynasty

일러바치다
동 남의 잘못을 윗사람에게 알리다. to tell on; to rat on; to tattle on
누나가 어머니께 내가 거짓말했다는 것을 일러바쳤다.

자상(仔詳)하다
형 작은 것까지 하나하나 자세하고 친절하게 하다. to be thoughtful; to be considerate
우리 아버지는 늘 우리 일에 마음을 써 주시는 자상한 분이셨다.

장애(障礙)
명 일의 진행을 가로막거나 충분히 기능하지 못하게 함. obstacle; barrier
의지가 굳은 사람에게 장애가 되는 것은 없다.

전라 좌수사(全羅左水使) [절라좌수사]
조선 시대에 군대의 우두머리 위치에 있는 벼슬. position for the head commanding military official during the Joseon Dynasty

전함(戰艦)
명 전쟁할 때 쓰는 배. warship; a battleship
예전에는 전함의 수가 국력의 상징이었다.

정기적(定期的)
관 명 시간이나 기간이 일정하게 정해져 있는 (것). on a regular basis; periodical
나이가 들면 병원에서 정기적으로 검사를 해 봐야 한다.

정승(政丞)
명 조선 시대의 정일품 벼슬. position for prime minister during the Joseon Dynasty
이 책은 나라를 세우고 발전시킨 조선 시대의 정승들에 대한 것이다.

중시(重視)하다
동 중요하게 생각하다. to value much of something; to take serious view (of)
사람마다 인생에서 중시하는 것이 다르다.

즉위(卽位)하다 [즈귀하다]
동 왕의 자리에 오르다. to accede to the throne; to ascend the throne
선왕이 병으로 사망하자 왕의 아들이 새로운 왕으로 즉위했다.

지폐(紙幣) [지폐/지페]
명 종이 돈. bill; banknote
어느 나라나 돈은 지폐와 동전으로 되어 있다.

지혜롭다(智慧--) [지혜롭따/지헤롭따]
형 사물의 이치를 빨리 깨닫고 잘 처리하는 능력. to be wise
대부분의 노인들은 많은 경험을 가지고 있어서 젊은이들보다 지혜롭다.

지휘관(指揮官)
명 지휘권을 가지고 군대를 통솔하는 사람. commander (military)
전쟁에서는 지휘관의 명령에 절대 복종해야 한다.

직속상관(直屬上官) [직쏙쌍관]
명 자기가 직접 속해 있는 부서의 상관. direct supervisor
부장님은 내 직속상관이지만 항상 아버지처럼 따뜻하게 대해 주셨다.

진기록(珍記錄)
명 쉽게 나타나기 어려운 기록. rare record
이 영화는 한국 영화사상 가장 짧은 기간에 1,000만 관객을 돌파하는 진기록을 세웠다.

진영(陣營)
명 군대가 진을 치고 있는 곳. military camp
한국군 진영 100m 앞에서 전투가 벌어졌다.

집현전(集賢殿) [지편전]
명 조선 세종 때 학문을 연구하던 기관. the academic research hall during King Sejong the great's regime

품다
동 마음속에 어떤 생각을 가지다. to bear or keep in mind (or thoughts)
사람들은 살다 보면 언젠가는 좋은 날이 오겠지 하는 희망을 품고 있다.

하녀(下女)
명 옛날에 부엌일이나 집안의 허드렛일을 하던 여자 하인. house maid; domestic (female) servant
예전에 양반집 여자들은 하녀를 데리고 시집을 갔다.

함부로
부 조심하거나 깊이 생각지 않고 마음 내키는 대로. thoughtlessly; carelessly (or recklessly)
자기보다 약한 사람이라고 해서 함부로 대하면 안 된다.

황희(黃喜) [황히]
명 고려 말 조선 초의 문신. 세종대왕 시절에 왕에게 신임받고 백성들에게 존경받는 재상으로 이름이 높았다. a highly respected government official during end of Goryeo and beginning of the Joseon Dynasty

힘쓰다
동 힘을 들여 애를 쓰다. to strive
대표팀은 경기가 가까워 오면서 실력 향상에 더욱 힘쓰고 있다.

어휘와 표현

3. 여행으로 만나는 세상

감상문(感想文)
명 글을 읽고 느낀 점을 쓴 글. report or review (on a piece of art or written word)
책을 읽는 것은 좋아하는데 감상문을 쓰는 것은 싫어해요.

감탄(感歎)하다
동 마음속 깊이 느껴 탄복하다. to admire; to marvel (at); to wonder (at)
한 번 본 것은 모두 다 암기하는 그 사람의 능력에 감탄했다.

감회(感懷)가 새롭다
지난 일을 돌이켜 볼 때 떠오르는 느낌을 새로 가지게 되다. to renew old sentimental or nostalgic feelings
초등학교 친구들을 어른이 되어 처음 만나게 되니 감회가 새로웠다.

거스르다
동 상황이나 흐름과 반대되거나 어긋나는 태도를 취하다. to go against
이것은 변화하는 시대를 거스르는 제도이니 바꿔야 한다.

걸작(傑作) [걸짝]
명 아주 뛰어나게 훌륭한 작품. masterpiece
이 소설은 작가가 평생을 걸려서 쓴 걸작이다.

견문(見聞)
명 보고 들은 것. knowledge; information; observation
견문을 넓히기 위해서 여행을 많이 해야 한다.

고분(古墳)
명 옛날에 만들어진 무덤. ancient (or old) tomb
이번에 발견된 유적지에서 고분도 함께 발견되었다.

교훈(教訓)
명 앞으로의 행동이나 삶에 지침이 될 만한 것. lesson; moral
이번 일을 통해서 쉽게 사람을 믿으면 안 된다는 교훈을 얻었다.

권유(勸誘) [궈뉴]
명 어떤 일을 하도록 권함. suggestion
의사인 아버지의 권유로 의학을 전공하게 되었다.

귀족(貴族)
명 신분이 높아 사회적, 정치적 특권을 가진 계층이나 사람. aristocrat; nobleman (or noble woman)
그 사람은 어렸을 때는 가난했지만 지금은 큰돈을 벌어 귀족처럼 살고 있다.

기행문(紀行文)
명 여행에 대해 쓴 글. travel essay; traveler's journal
블로그에 자기가 여행한 곳에 대한 기행문을 올리는 사람들이 많다.

다보탑(多寶塔)
명 불국사 뜰에 있는 탑. a pagoda in Bulguksa

대릉원(大陵苑)
명 경상북도 경주에 있는 신라 시대의 고분군. an imperial grave from Silla, located in Gyeongju

마무리하다
동 일을 끝맺다. to finish; to wrap up (work)
시간이 다 됐으니 마무리해서 가져오세요.

마음을 사로잡다
생각이나 마음을 모두 한곳으로 쏠리게 하다. to win the heart and mind of; to be enthralled
그녀의 아름다운 눈이 내 마음을 사로잡았다.

무작정(無酌定) [무작쩡]
부 아무 계획이나 예정이 없이. without a plan; recklessly
방학이 되자 무작정 배낭여행을 떠났다.

물들다
동 빛깔이 스며들거나 옮아서 묻다. to stain
흰 옷과 붉은 옷을 같이 빨았더니 흰 옷이 물들어서 분홍색이 되었다.

민박(民泊)
명 여행 가서 일반 민가에서 묵음. lodging at a private residence
호텔보다 민박이 훨씬 더 싸다.

민속(民俗)
명 사람들의 생활과 관련된 풍속, 문화, 신앙 등을 가리키는 말. customs; folk
지방에서 열리는 축제에서는 여러 가지 민속 행사가 열린다.

보살상(菩薩像) [보살쌍]
명 보살의 불상. statue of Bodhisattva

볼거리 [볼꺼리]
명 사람들이 즐겁게 볼만한 물건이나 구경거리. attraction things or places to see
오랜만에 시내에 나오니 여기저기 볼거리가 많다.

부담스럽다(負擔---)
형 어떤 부담이나 의무를 져야 할 책임이 있다. to be burdensome
잘 모르는 사람이 너무 친절하게 대해 주니까 부담스럽다.

부처
명 '석가모니'의 다른 이름. *Buddha* (another name for Siddartha)
음력 4월 8일은 부처님이 태어나신 날이다.

불국사(佛國寺) [불국싸]
명 경상북도 경주의 토함산 기슭에 있는 절. a Buddhist temple in Gyeongju

블로그
명 자신의 관심사에 따라 자유롭게 글을 올리는 웹 사이트. blog
나는 음식에 관심이 많아서 블로그에 음식에 대한 글과 사진을 많이 올린다.

빼어나다
형 여럿 가운데 두드러지게 뛰어나다. to be outstanding
우리 어머니는 빼어나게 아름다운 분이셨다.

석가여래불상(釋迦如來佛像) [석까여래불쌍]
부처님 불상. statue of Buddha

석가탑(釋迦塔)
명 불국사 뜰에 있는 탑. a pagoda in Bulguksa

석굴(石窟) [석꿀]
명 돌로 된 굴. stone cave
이곳은 석굴에 그려진 불교 유적을 보러 오는 사람들로 항상 붐빈다.

석굴암(石窟庵)
명 경상북도 경주의 토함산에 있는 석굴로 된 절. a stone cave temple in Gyeongju

세계 문화유산(世界文化遺産)
유네스코(UNESCO)에서 세계의 소중한 문화 및 자연 유산을 보호하기 위해 지정한 것. World Heritage; natural and cultural historic sites designated and protected by UNESCO
경주의 석굴암, 불국사, 서울의 종묘, 창덕궁 등이 세계 문화유산으로 지정되었다.

솟다
동 아래에서 위로, 속에서 겉으로 나타나다. to rise; to gush out
숲 속에는 맑은 물이 솟는 샘이 있다.

수호신(守護神)
명 국가, 민족, 개인을 지켜 주고 보호해 주는 신. guardian angel (deity)
어려운 일이 있을 때마다 나를 도와주는 그 사람은 나의 수호신과 같다.

숙박(宿泊) [숙빡]
명 여관이나 호텔 등에서 잠을 자고 머무름. lodging; staying
이곳에서 하루 숙박을 하고 내일 아침에 떠납시다.

안동(安東)
명 경상북도에 있는 도시로 전통 문화가 많이 남아 있는 곳으로 유명하다. a town in Gyeongsangbuk-do famous for its traditional ways of living

야영(野營)
명 야외에 천막을 쳐 놓고 숙식을 함. camping
여름휴가 때 설악산에서 야영을 했는데 아주 즐거운 경험이었다.

여정(旅程)
명 여행하는 과정이나 일정. travel itinerary
1박 2일의 짧은 여정을 마치고 집으로 돌아왔다.

역사상(力士像) [역싸상]
명 부처님이나 절의 입구 양쪽을 지키는 신의 조각상. statue of the Mighty One

우물
명 물을 뜰 수 있는 시설. a well
수도가 설치되기 전에는 우물에서 물을 길어 왔다.

웅장(雄壯)하다
형 규모가 아주 크고 대단하다. to be grand; to be magnificant
이집트의 피라미드를 보면 누구나 그 웅장한 규모에 놀란다.

위엄(威嚴)
명 존경할 만큼 점잖고 엄숙한 모양. dignity
대통령은 나라의 지도자로서 위엄이 있어야 한다.

유교(儒敎)
명 유학을 종교적인 관점에서 이르는 말. Confucianism
한국에서 나이를 중요하게 생각하는 것은 유교 문화의 영향이다.

유적지(遺蹟地) [유적찌]
명 역사적인 가치가 있는 건축물, 무덤 등이 남아 있는 곳. historic site
이 유적지를 보면 민족의 문화 수준이 얼마나 높았는지 알 수 있다.

어휘와 표현

일치(一致)하다
동 대상이 서로 어긋나지 않고 같다. to coincide (with); to agree
그 사건에 대한 두 사람의 말이 일치한다.

장관(壯觀)이다
훌륭하고 크게 구경거리가 될 만한 광경이다. to be a grand sight
해마다 가을밤에 한강변에서 하는 불꽃 축제가 장관이다.

장식(裝飾)
명 아름답게 꾸미거나 치장함. decoration
백화점의 화려한 크리스마스 장식이 사람들의 눈길을 끈다.

저력(底力)
명 속에 간직하고 있는 든든한 힘. potential power
그 선수는 첫 경기에서의 성적은 안 좋았지만 시간이 갈수록 저력을 발휘해서 결국 우승을 했다.

절경(絕景)이다
뛰어나게 아름다운 경치이다. (of scenery) to be breath talking
산꼭대기에서 내려다보는 풍경이 정말 절경이다.

정취(情趣)를 느끼다
깊은 정서나 느낌을 가지다. to feel cultural flavor or atmosphere
이 마을에는 오래된 한옥들이 많아서 골목을 걷다 보면 깊은 정취를 느낄 수 있다.

제자상(弟子像)
부처님 제자들의 불상. statue of Apprentice

조각(彫刻)하다 [조가카다]
동 돌이나 흙을 새기거나 깎아서 모양을 만들다. to sculpt; to engrave
돌을 조각해서 만든 사람의 모습이 살아 있는 것 같다.

중턱
명 산이나 고개, 바위 따위의 허리쯤 되는 곳. mid-slope of a mountain
산 중턱밖에 올라오지 않았는데 벌써 숨이 차고 힘들다.

천왕상(天王像)
불교에서 하늘을 다스린다고 말하는 사천왕들의 조각상. statue of the Heavenly King

첨성대(瞻星臺)
명 경상북도 경주에 있는 신라 시대의 천문대. an astronomical observator from Silla era, located in Gyeongju, Gyeongsangbuk-do

추억(追憶)
명 지나간 일을 돌이켜 생각함. memory; recollection
사람마다 잊혀지지 않는 추억을 하나씩 가지고 있다.

토함산(吐含山)
명 경상북도 경주시에 있는 산으로 불국사, 석굴암이 이 산에 있다. a mountain located in Gyeongju

하회(河回)마을
명 안동에 있는 민속 마을. a folk village in the city of Andong

환상적(幻想的)이다
생각 따위가 현실적이지 않고 헛되며 꿈을 꾸는 듯하다. to be fantastic
안개가 낀 거리의 모습이 환상적으로 보인다.

휴양지(休養地)
명 몸과 마음이 편안히 쉬기에 알맞은 곳. vacation spot
이곳은 산과 바다가 모두 가까이 있고 날씨가 좋아서 최고의 휴양지로 꼽힌다.

흥미롭다(興味--)
형 대상에 대해 관심과 재미를 가지고 있다. to be interesting
역사를 가정해서 생각해 보는 것은 흥미로운 일이다.

XII 과학과 미래

1 과학 기술과 윤리

주제 과학 기술과 생명 윤리

읽고 말하기
- 과학 기술과 생명 윤리에 대한 대담 기사 읽기
- 인간으로 인정하는 기준에 대해 말하기

듣고 말하기
- 맞춤 아기에 대한 토론 듣기
- 근거 대기, 부분적 동의하기

과제 인간 복제 연구의 금지 여부에 대해 찬반 토론하기

문법
- N에 대한 논란이 있다
- A/V-다는 지적이 있다
- A/V-다는 점을 인정하다

어휘 생명 윤리와 과학 기술의 결과

2 생활 속의 발명품

주제 발명품

읽고 말하기
- 발명품에 대한 설명문 읽기
- 새로운 발명품에 대해 소개하기

듣고 말하기
- 발명품 전시회 뉴스 듣기
- 발명품에 대해 평가하기

과제 상품 게시판에 제품을 평가하는 의견 쓰기

문법
- N은/는 물론이려니와
- V-기 나름이다
- V-는 추세이다

어휘 제품

보충 어휘 감각의 표현

1 과학 기술과 윤리

주제
과학 기술과 생명 윤리

읽고 말하기
· 과학 기술과 생명 윤리에 대한 대담 기사 읽기
· 인간으로 인정하는 기준에 대해 말하기

듣고 말하기
· 맞춤 아기에 대한 토론 듣기
· 근거 대기, 부분적 동의하기

과제
인간 복제 연구의 금지 여부에 대해 찬반 토론하기

들어가기

이야기해 보세요

과학 기술의 발달 때문에 전에는 생각하지 못했던 다음의 일들이 가능하게 되었습니다. 여러분이 알고 있는 다른 예들을 이야기해 보세요.

세계 최초의 시험관 아기
불임 부부들 희망에 들떠

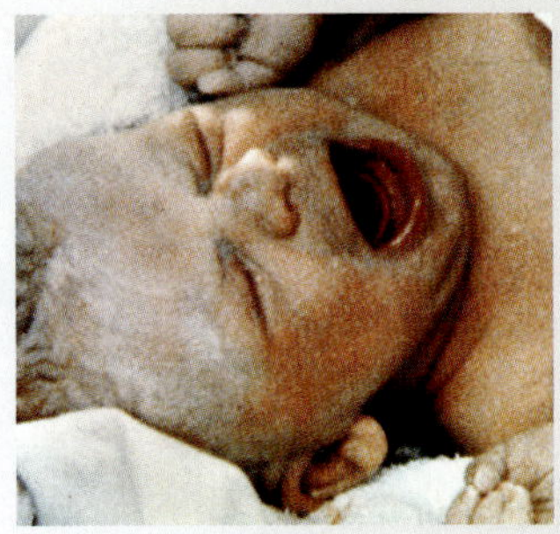

1978년 7월 25일, 영국의 한 병원에서 세계 최초의 시험관 아기인 루이스 조이 브라운이 태어났다. 이날 브라운 부인은 2.6kg의 예쁜 딸을 낳았는데 이 아이가 최초의 시험관 아이인 루이스 조이 브라운이다.

영화 같은 일이 현실로?
다른 사람 얼굴이 내 얼굴이 되다

프랑스의 한 병원에서 사람의 얼굴을 통째로 바꾸는 영화 같은 일이 벌어졌다. 개에게 물려 코와 입, 턱이 손상된 이사벨이라는 여성에게 다른 사람의 얼굴이 이식되었다.

들어 보세요 track 46

다음은 영화를 소개하는 문화 프로그램의 일부입니다. 잘 듣고 질문에 답하세요.

1. 이 영화의 소재는 무엇입니까?
2. 이 영화에서 이것 때문에 어떤 일들이 일어납니까?
3. 과학의 발달을 소재로 한 영화를 소개해 보세요.

읽고 말하기

주제 어휘

1. 다음은 생명 윤리와 관련된 말입니다. 관계있는 것끼리 연결하세요.

1) 생명 윤리 •	• 요즘 어떤 게임은 너무 폭력적이다. 게임 속의 사람을 많이 죽이면 죽일수록 높은 점수를 얻는다.
2) 인권 존중 •	• 아무리 하찮은 생명이라도 모두 중요한 존재이다. 그래서 벌레 한 마리라도 함부로 죽이면 안 된다.
3) 생명의 존엄성 •	• 경찰이 범인으로 의심되는 사람을 조사할 때, 잠을 안 재우며 '밤샘 조사'를 하는 경우가 있다. 비인도적인 수사 방법이다.
4) 생명 경시 •	• 최근 좋은 유전자만을 가진 아기를 만드는 연구가 진행되고 있다. 인간 대상의 이런 연구가 문제가 없는지 모두가 고민해 보아야 한다.
5) 인권 침해 •	• 범인이 법원으로 갈 때는 모자나 마스크로 얼굴을 가리도록 해 준다. 이는 큰 죄를 지었어도 사람답게 살 권리를 갖기 때문이다.

2. 다음은 과학 기술의 결과와 관련된 말입니다. 알맞은 말을 골라 ....에 쓰세요.

혜택	부작용	위험성	우려	가능성	해결책

1) 한 단체에서는 음주 운전의 ....을/를 알리기 위해 음주 운전 때문에 일어난 교통사고 사진전을 열었다.
2) 불경기가 계속되자, 사람들 사이에 자신도 실업자가 될지도 모른다는 ....이/가 나오고 있다.
3) 이 신용 카드를 쓰면 놀이공원 입장료 할인이나 무이자 할부와 같은 ....을/를 받을 수 있다.
4) 이 약을 오랫동안 사용하면 사람에 따라 머리카락이 빠지는 등의 ....이/가 있다.
5) 지구 온난화 문제가 심각하다는 점에 모두 동의하면서도 만족할 만한 ....을/를 마련하지 못하고 있다.
6) 화성에서 물의 흔적을 발견한 일부 과학자들이 화성에 생명체가 존재할 ....이/가 높다고 주장했다.

읽어 보세요 track 47

다음은 과학 기술의 생명 윤리에 대한 전문가 대담 기사문입니다. 잘 읽고 질문에 답하세요.

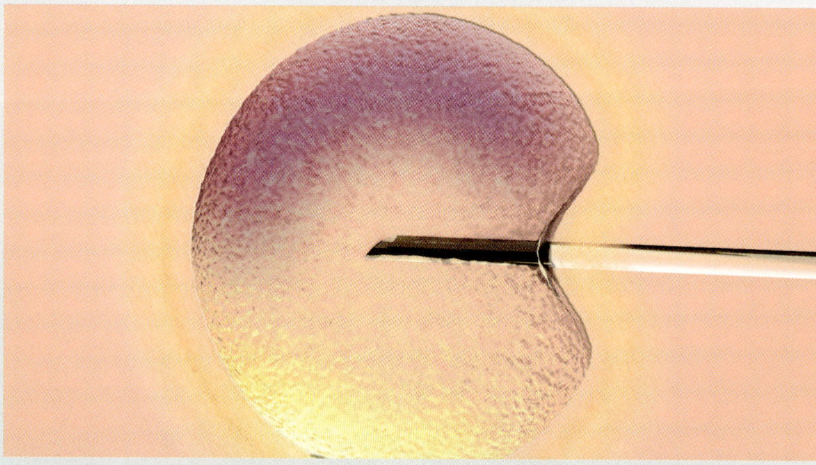

- **사회** 최서울 본지 과학 전문기자
- **대담** 이철수 서울대학교 의과대학 교수
  박지성 한국과학윤리위원회 위원장
- **정리** 김영규 기자

과학 기술과 생명 윤리, 인류의 미래를 걱정하다

사회자 : 지금 우리 인간은 그 어느 때보다 과학 기술이 발달한 시대에 살고 있다. 이러한 과학 기술의 발달이 삶의 질을 높이도록 해 주지만, 예전에는 상상할 수 없었던 많은 윤리적인 문제들이 생기고 있다. 어떤 문제들이 특히 논란이 되고 있는가?

이철수 : 불임 치료나 난치병 치료에 획기적인 해결책을 제시했다고 평가되는 생명 과학 부분에서 많은 윤리적인 문제를 일으키고 있다. 예를 들어 인공 수정과 시험관 아기, 이들 기술의 발달로 가능해진 맞춤 아기의 탄생과 대리모의 출산, 그밖에 인간 복제와 같은 문제에 대해 우려하는 목소리가 크다.

사회자 : 그런 기술은 정상적으로 아기를 가질 수 없는 불임 부부에게 큰 축복인데 논란이 되는 이유는 무엇인가?

이철수 : 다른 사람의 정자로 하는 인공 수정이나 대리모를 통한 출산이 특히 자연스러운 인간관계에 문제를 일으키기 때문이다. 예를 들어 어떤 여자가 남편의 동의를 얻어 다른 사람의 정자로 인공 수정을

1. 과학 기술의 발달은 인간에게 어떤 영향을 줍니까?

2. 이 글에서 알 수 있는 것을 고르세요.
   - ☐ 과학 기술의 발달로 예상하지 못한 일들이 생겼다.
   - ☐ 과학자들은 수정란과 배아를 모두 인간으로 인정하고 있다.
   - ☐ 인간의 세포를 다루는 실험 과정에서 필요에 따라 세포를 버린다.
   - ☐ 맞춤 아기는 원래 불임 치료를 위하여 계획된 아기를 말한다.
   - ☐ 과학 기술이 줄 수 있는 혜택을 고려하여 모든 과학적 연구를 장려해야 한다.

한 일이 있었다. 그런데 수정란 상태일 때 아버지가 죽자, 수정란을 인간으로 인정해서 유산 상속을 해야 하는가 하는 점이 문제가 되었다.

사회자 : 과학의 힘을 빌려 이루어진 아기의 탄생에 예상하지 못한 현실적 문제들이 많다는 것을 느꼈다. 아까 맞춤 아기에 대해 말했는데 맞춤 아기란 무엇인가?

이철수 : 맞춤 아기란 원래 불치병에 걸린 형제에게 필요한 몸의 일부를 주도록 처음부터 계획되어 태어난 아기를 말한다.

사회자 : 그런 실제 사례가 있는가?

이철수 : 그렇다. 미국에서 난치병에 걸린 누나에게 골수를 이식하기 위해 의도적으로 건강한 남동생을 낳아서 탯줄 혈액에서 필요한 세포를 뽑아 제공한 사례가 있다. 맞춤 아기를 낳도록 하기 위해서는 인공 수정 과정에서 질병 유전자가 없는 배아만 살리고 나머지 배아는 버리는 일을 하므로 생명 윤리에 대한 논란이 뜨겁다. 이는 버려지는 배아가 생명인가 아닌가 하는 점이 문제가 되기 때문이다. 더 나아가 그렇게 필요에 의해 태어난 아이의 인권은 어떻게 되느냐 하는 점도 논란을 불러일으킨다.

사회자 : 난치병이나 불치병의 치료를 위한 연구로 맞춤 아기 이외에도 복제 기술이 있다. 이 연구의 문제점은 무엇인가?

박지성 : 인간 복제 연구도 비슷한 논란이 있다. 복제 실험 과정에서 필요하면 인간 세포를 복제하고 버리는 일들이 반복되었다. 그래서 이런 연구는 결국 인간을 실험 대상으로 보고 필요에 따라 복제하거나 버릴 수 있는 존재로 취급하는 등 인간의 존엄성을 훼손할 것이라는 우려를 낳고 있다.

사회자 : 앞으로 과학 기술이 더 발전하게 되면, 우리가 예상하지 못한 심각한 부작용들이 생길 수 있다는 지적이 많다. 지금 이 시점에서 어떻게 하는 것이 바람직하다고 생각하는가?

박지성 : 첨단 과학 기술의 발달은 인간에게 상상할 수 없는 이익이나 혜택을 가져다 줄 수 있다. 그러나 그런 연구나 실험을 아무 제약 없이 허용한다면, 무서운 미래를 맞이할 수도 있다는 점을 부인할 수 없다. 그러므로 지금이 그 어느 때보다 생명 윤리에 대한 관심과 지혜가 필요한 때이다.

3. 과학의 발달로 가능해진 기술들이 인간에게 주는 혜택과 문제점을 표로 정리해 보세요.

기술	혜택	문제점
인공 수정	불임 부부에게 아기가 생길 수 있다.	자연스러운 인간관계와 관련한 문제를 일으킬 수 있다. 예) 다른 사람의 정자로 인공 수정을 한 경우
맞춤 아기		
인간 복제		

이야기해 보세요

다음은 임신이 되어 아기가 태어나기까지 과정을 보여 주는 사진입니다. 종교나 나라에 따라 인간으로 인정하는 단계가 다른데, 여러분은 어느 단계부터 인간이라고 생각합니까?

〈아기의 탄생〉

1-4주

임신이 되어 성이 결정된다.

10주

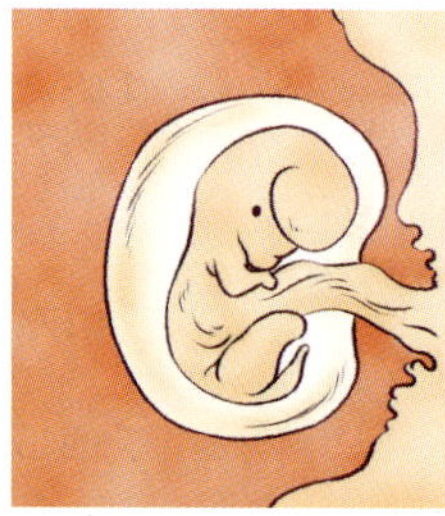

심장이 뛰기 시작한다.

15주

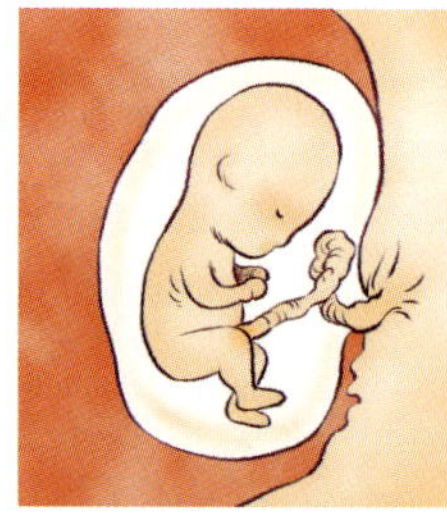

아기의 움직임을 느낄 수 있다.

22주

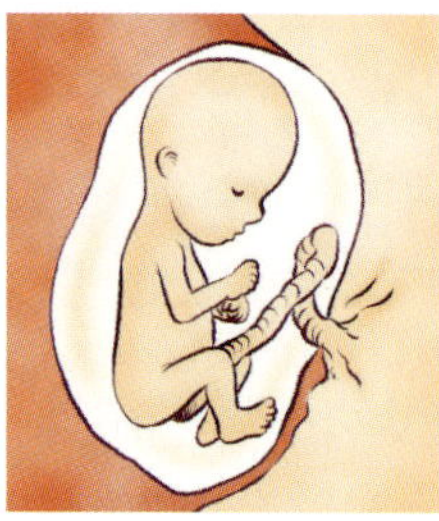

아기가 외부의 소리를 듣기 시작한다.

25주

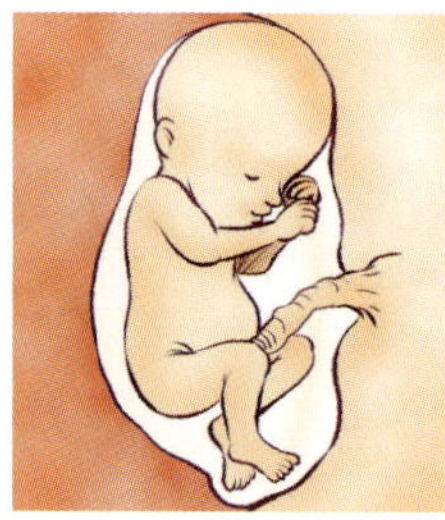

척추의 구조가 생기고 혈관이 발달한다.

30주

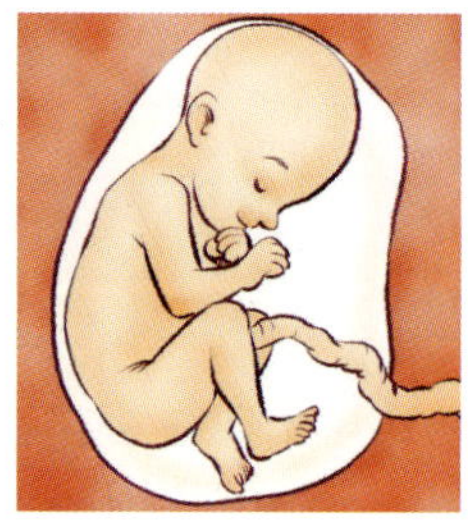

빛과 어둠에 반응하기 시작한다.

40주

아기가 태어난다.

- 가톨릭 수정체부터 사람으로 인정.
- 한국 진통이 시작되면 사람으로 인정.
- 일본 아기의 일부가 엄마 몸의 밖으로 나오면 사람으로 인정.

문법과 표현

1. N에 대한 논란이 있다[뜨겁다/일다], A-(으)ㄴ가/V-는가에 대한 논란이 있다[뜨겁다/일다]
- 미확인 비행 물체처럼 보이는 사진이 공개되었을 때 이 사진의 진위 여부에 대한 논란이 있었다.
- 중고등학교 학생들의 머리 모양을 제한하는 것이 바람직한가에 대한 논란이 뜨겁다.
- 일부 동물 보호론자 사이에 사람들을 공격하는 개를 죽여야 하는가에 대한 논란이 일고 있다.

2. A/V-다는 지적이 있다[많다], A/V-다는 점을 지적하다
- 이번 비행기 사고는 엔진 수리가 제대로 되지 않아서 생겼다는 지적이 있다.
- 선생님께서 내 쓰기 숙제를 보고 철자가 너무 많이 틀렸다는 점을 지적하셨다.

3. A/V-다는 점을 인정하다[부인할 수 없다]
- 상대 팀이 우리 팀보다 모든 면에서 축구를 잘한다는 점을 인정해야 한다.
- 최근의 통계 자료를 보면 '결혼을 꼭 해야 된다'에서 '결혼을 안 해도 된다'로 한국인들의 생각이 바뀌고 있다는 점을 부인할 수 없다.

듣고 말하기

들어 보세요 1 track 48

다음은 두 사람의 토론 대화입니다. 잘 듣고 질문에 답하세요.

1. 두 사람은 무엇에 대해 이야기하고 있습니까?

2. 남자는 주장에 대해 근거를 댈 때 어떤 표현을 쓰고 있습니까?

3. 여자는 부분적으로 동의하기 위해 어떤 표현을 쓰고 있습니까?

4. 이와 같이 주장에 대해 근거를 댈 때와 부분적으로 동의할 때 쓰는 표현을 정리해 보세요.

근거 대기	부분적 동의하기
▪ ~다는 점에서 그렇게 생각합니다	▪ 일리가 있지만
▪ 제가 그렇게 생각하는 이유는 ~때문입니다	▪ 물론 그런 점이 있지만
▪ ~을 고려할 때 ~지 않습니까?	▪ 그런 점에 동의하지만
▪ ~다고 주장하는 근거는 이렇습니다	▪ 그런 점도 있겠지만
	▪ 부분적으로[대체로, 기본적으로] 동의하지만
	▪ 그런 점을 부인하는 것은 아닙니다.

이야기해 보세요

앞의 표현을 사용해서 다음 주제에 대해 아래와 같이 말해 보세요.

1) 초등학교에서 휴대 전화를 허용해야 하는가?
2) 미인 대회가 필요한가?
3) 꼭 결혼해야 하는가?
4) 영어 조기 교육이 필요한가?

제가 초등학교에서 휴대 전화를 금지해야 된다고 보는 이유는 휴대 전화가 수업에 방해가 될 수 있기 때문입니다.

물론 그런 점도 있지만 휴대 전화가 수업에 방해가 된다고 해서 무조건 막는 것은 좋은 해결책이 되지 않는다고 생각합니다. 오히려 잘 사용하는 방법을 가르치는 것이 좋지 않을까요?

들어 보세요 2 track 49

다음은 맞춤 아기에 대한 토론입니다. 잘 듣고 질문에 답하세요.

1. 남자와 여자는 주로 어떤 점에 대해서 논란을 벌이고 있습니까?

- ☐ 맞춤 아기 기술의 혜택은 무엇인가
- ☐ 맞춤 아기 연구의 부작용은 심각한가
- ☐ 맞춤 아기 기술은 어떻게 활용되어야 하는가
- ☐ 맞춤 아기가 윤리적으로 어떤 문제가 있는가

2. 사람들이 왜 맞춤 아기를 낳으려고 합니까?

3. 남자와 여자는 맞춤 아기에 대해 어떤 입장을 갖고 있습니까?
그리고 두 사람은 각각 어떤 근거를 대고 있습니까? 모두 고르세요.

- 남자 •
- 여자 •

- • 윤리적으로 전혀 문제가 없다. •
- • 윤리적인 문제가 있지만 어쩔 수 없다. •
- • 매우 비윤리적인 일이다. •

- • 아기의 신체가 필요하니까 아기를 만들겠다고 생각하여 맞춤 아기를 만든 것이다.
- • 돈을 벌려고 맞춤 아기를 만든 것이 아니다.
- • 불치병에 걸린 사람을 치료하기 위해서 반드시 이 방법을 사용해야 한다.
- • 살릴 수 있는 치료 방법이 있는데, 그 방법을 안 쓰고 사람을 죽게 할 수는 없다.
- • 맞춤 아기가 많은 고통을 받는다.

과제

'인간 복제의 실험을 전부 금지해야 되는가'를 주제로 찬반 토론을 하려고 합니다. 다음과 같이 토론을 해 보세요.

1. 조별로 다음의 주제에 대하여 찬성하거나 반대하는 근거를 아래의 표로 정리하여 보세요.

〈주제 : 인간 복제 실험을 허용해야 한다.〉

찬성하는 근거	인간 복제 실험이 인간에게 주는 혜택
	▪ 난치병이나 불치병을 치료할 수 있게 한다. ▪ ▪
	반대 측이 우려하는 문제에 대한 대책
	▪ 엄격하게 관리하면 무분별한 실험을 막을 수 있다. ▪ ▪
	반대 측 주장의 문제점
	▪ 실험을 금지한다고 해도 현실적으로 모든 실험을 막을 수 없다. 그러면 오히려 더 큰 문제를 낳을 수 있다. ▪ ▪
반대하는 근거	인간 복제 실험의 문제점
	▪ 인간을 실험 대상으로 취급하여 인간의 존엄성을 훼손할 것이다. ▪ 유산이나 기형아 출산 등 실험의 부작용이 우려된다. ▪ ▪
	찬성 측이 제시한 혜택에 대한 반론
	▪ 윤리적인 문제를 안고 있는 인간 복제 실험 대신에 다른 해결책을 찾을 수 있을 것이다. ▪ ▪
	찬성 측 주장의 문제점
	▪ 아무리 엄격하게 관리한다고 해도 모든 실험을 잘 관리할 수 없다. ▪ ▪

2. 위의 주장에 대하여 찬성하는 입장인지 반대하는 입장인지 각자의 입장을 정하세요.
3. 조별로 찬반 토론을 해 보세요.
4. 토론 결과를 발표해 보세요.

2 생활 속의 발명품

주제
발명품

읽고 말하기
· 발명품에 대한 설명문 읽기
· 새로운 발명품에 대해 소개하기

듣고 말하기
· 발명품 전시회 뉴스 듣기
· 발명품에 대해 평가하기

과제
상품 게시판에 제품을 평가하는 의견 쓰기

들어가기

이야기해 보세요

다음은 정보통신 분야의 발명품들입니다. 각각의 발명품들은 어떤 점에서 인간 생활을 더욱 편리하게 했을까요? 그리고 또 사용하면서 사람은 이것들에 대해 어떤 불편함을 느꼈을까요?

▪ B.C. 4,000년 ~ 3,000년경
인류 최초의 문자

▪ 8세기 중엽
목판 인쇄물

▪ 1835년
전신기의 발명

▪ 1876년
전화의 발명

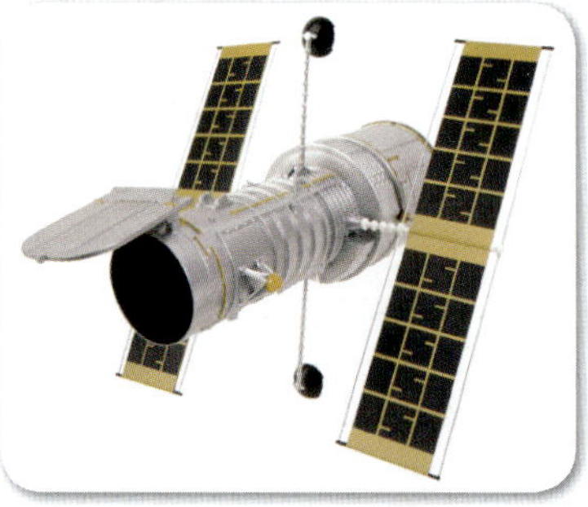

▪ 1967년
통신위성의 등장

▪ 1980년대
컴퓨터의 사용

들어 보세요 track 50

다음은 라디오 프로그램의 일부입니다. 잘 듣고 질문에 답하세요.

1. 발명품은 어떻게 해서 만들어집니까?
2. 어떤 발명품에 대해 소개하고 있습니까?
3. 여러분이 알고 있는 발명품과 그것이 발명된 계기를 소개해 보세요.

읽고 말하기

주제 어휘

다음은 제품과 관련된 말들입니다. 관계있는 말을 골라 ....에 쓰세요.

가격	기능	기술력	소재	실용성	용도	용량	제조사

1. 저는 컴퓨터가 필요해요.
   문서를 작성하고 편집해야 하니까요. ....

2. 이 카메라는 가까이 있는
   물건을 찍을 수 있어요. ....

3. 이 제품은 아주 가벼운 플라스틱으로 만들어져 있어요. ....

4. 지난번 컴퓨터는 파일을 조금밖에 저장하지 못했어요.
   이번에는 큰 파일도 많이 저장할 수 있는 것을 살 거예요. ....

5. 이 시계는 멋지지는 않지만 튼튼하고 방수가 잘돼서
   쓰기 편해요. ....

6. 저는 큰 회사 제품을 사겠어요. 믿을 수 있으니까요. ....

7. 저는 그냥 값이 싼 것을 사겠어요. 그리 오래 쓸 물건이 아니니까요. ....

8. 요즘 텔레비전은 화질도 뛰어나고
   두께도 얇아졌어요. ....

읽어 보세요 track 51

다음은 우리 주변의 발명품에 대해 설명하는 글입니다. 잘 읽고 질문에 답하세요.

과학의 발달은 사람의 생활을 획기적으로 바꾸기도 하지만, 사람의 요구가 과학이나 기술의 발전을 이끌기도 한다. 역사적으로 위대한 발명품이라고 꼽히는 것들은 모두 더 편해지려는 사람의 요구로 만들어지거나 성능이 개선된 것이다.

생활 속의 편리함을 추구하여 새로운 발명을 낳은 예로 백열전구를 들 수 있다. 흔히 인류에게 빛을 준 것으로 평가받는 백열전구는 에디슨에 의해 실용화되었다. 그때까지 쓰이던 가스등이나 양초 등은 그리 밝지 않아서 사람들의 실내 생활은 아주 불편했다. 전기를 빛으로 바꿀 수 있을 것이라고 생각한 에디슨은 수많은 시행착오 끝에 40시간 이상 부드럽고 밝은 빛을 내는 전구를 발명하였다. 이러한 발명 덕분으로 요즘 사람들은 밤낮이라는 시간에 구애를 받지 않고 살 수 있게 되었다.

휴대 전화는 기능 향상과 사용의 편리성을 추구하면서 기존 제품에서 끊임없이 진화하고 있다. 1980년대 초반 휴대용 전화기가 개발되었을 때 그 무게는 4kg이나 되었다고 한다. 그러다가 점차 가지고 다니기 쉽도록 무게가 가벼워졌고, 전화 기능 이외의 다양한 기능이 추가되어 영상을 전송하기도 하고 노래도 저장하여 들을 수 있게 되었다. 최근에는 카메라 기능을 갖춘 것은 물론이려니와 인터넷 기능까지 갖춘 휴대 전화가 등장하였다. 이제 사람들은 단순히 전화라고만 할 수 없을 정도로 다양한 용도로 휴대 전화를 사용하고 있다. 이제 휴대 전화를

1. 과학 기술의 발달과 사람들의 생활은 어떤 관계가 있습니까?

2. 백열전구가 만들어지기 전에 사람들은 어떤 점을 불편해했습니까?

3. 백열전구 덕분에 사람들의 생활이 어떻게 바뀌게 되었습니까?

4. 초기에 나온 휴대 전화와 최근에 나온 휴대 전화의 특징을 정리하세요.

5. 김치 냉장고에 대해 다음과 같이 메모하며 정리하세요.
   - 판매 시기 :
   - 발명 이유 :
   - 주요 기능 :
   - 가정 보급률 :

6. 소비자들의 요구로 제품들의 어떤 점이 개선되어 왔습니까?

어떻게 사용할지는 사용자가 쓰기 나름인 시대가 되었다.

한국 사람들의 생활을 편리하게 이끈 한국형 가전제품으로 김치 냉장고를 들 수 있다. 김치 냉장고가 나오기 전에는 기존 냉장고 속에 보관한 김치가 빨리 익기 때문에 주부들은 김치를 조금씩 자주 담가야 하는 불편을 겪었다. 이는 4도 내외로 유지되는 기존 냉장고의 냉장실에서는 김치의 신선도가 유지되기 어렵기 때문이었다. 그래서 정밀한 온도 조절과 닫음 기능으로 내부 온도를 0~1도 사이로 일정하게 하여 김치의 신선도를 유지하는 김치 냉장고가 나오게 되었다. 김치 냉장고는 1995년에 첫선을 보인 이래로 가정 보급률이 현재 80%에 이를 정도로 많은 가정에서 이용하는 추세이다. 이렇듯 김치 냉장고는 생활 속의 요구와 업체의 기술력이 합쳐져서 상품화된 제품이라고 할 수 있다.

우리 주변에는 지금도 새로운 발명품이 쏟아져 나오고 있어서 사람들의 생활이 점차 편해지고 있다. 이는 까다로운 현대인들의 요구를 반영하여 제품의 성능과 기능, 소재 등을 개선해 온 연구와 기술 개발 덕분이다. 앞으로 가정용에서 산업용에 이르기까지 우리 주변의 물건들이 어떻게 발전하고 진화하여 우리의 생활 문화를 바꾸어 놓을지 자못 궁금하다.

이야기해 보세요

소개하고 싶은 발명품에 대하여 다음과 같이 정리하고 발표해 보세요.

발명품	기존 제품의 불편한 점	새로운 제품의 특징
 젖지 않는 우산	▪ 비를 많이 맞으면, 우산을 접더라도 우산에서 물이 계속 떨어진다. ▪ 비가 그친 후에도 우산이 젖어 있다.	▪ 첨단 소재로 만든 제품이다. ▪ 우산에 물이 묻으면 그대로 흘러내려 가거나 튕겨 나간다. ▪ 우산이 젖지 않아서 우산을 말릴 필요가 없다.

문법과 표현

1. N은/는 물론이려니와
- 그 배우는 연기는 물론이려니와 춤과 노래까지도 잘한다.
- 이번 대회는 참가하는 선수는 물론이려니와 지켜보던 사람들까지 마음을 졸이게 하는 장면이 많았다.

2. V-기 나름이다
- 모든 일은 생각하기 나름이다. 어렵다고 생각하면 어려워지고 쉽다고 생각하면 쉽게 할 수 있을 것이다.
- 아이가 감정 조절을 잘하느냐 못하느냐는 부모 하기 나름이다. 부모가 감정 조절을 잘하는 모습을 보여 주면 아이도 감정을 잘 조절하게 된다.

3. V-는 추세이다, N 추세이다
- 요즘은 소형 냉장고보다 대형 냉장고를 선호하는 추세이다.
- 최근 들어 한국의 자동차 수출이 증가 추세인 것으로 보도되었다.

듣고 말하기

들어 보세요 track 52

다음은 한 전시회를 소개하는 뉴스입니다. 잘 듣고 질문에 답하세요.

1. 이 뉴스에서는 어떤 전시회를 소개하고 있습니까?

2. 다음 물건들은 어떤 특징이 있습니까?

- 버스 손잡이 : 자동적으로 살균이 된다.
- 수영복 :
- 강의실용 의자 :
- 버스 안내 시스템 :

3. 이 물건들에 대한 설명으로 알맞은 것을 모두 고르세요.

- ☐ 실용적이다.
- ☐ 아이디어 상품이다.
- ☐ 모두 상품화될 예정이다.
- ☐ 거창한 물건들이다.
- ☐ 기술력을 갖추었다.
- ☐ 일상생활과 관련된다.

이야기해 보세요

소개된 발명품 중에서 어느 제품에 대해 높은 평가를 내리겠습니까? 왜 그렇게 생각합니까?

과제

여러분은 신제품을 평가하는 고객 평가단입니다. 다음과 같이 제품에 대해 평가하고 의견을 상품 게시판에 써 보세요.

1. 여러 가지 전자 제품 가운데 평가할 전자 제품을 선택하세요.

☐ 노트북

상품 설명
펜티엄 T3000 / 250GB 하드
윈도우 7 / 부피 3290cc
두께 30~38mm / 무게 1.5kg

☐ 카메라

상품 설명
DECA 2300s3 / 고화질 / 2.5" 모니터 / 3배 줌 / 손 떨림 보정 / 동영상 1회 30분 / AA건전지 4개 / 부피 146cc / 두께 2.3cm

2. 보기의 항목을 참고로 하여 이 제품에 대해 다음과 같이 평가해 보세요.

항목	평가	항목	평가
제품명	카메라 DECA 2300s3	제품명	
용도	가정용 사진 촬영	용도	
크기·용량	메모리 용량이 적어서 동영상 촬영에 불편함.	크기·용량	
소재	고급스러움. 그러나 충격에 약함.	소재	
기능	일반 사진 촬영 기능, 손 떨림 방지 기능, 3배 줌 기능	기능	
가격	저렴한 편	가격	
디자인	슬림형으로 여성스러움.	디자인	
기타		기타	

3. 다음과 같이 여러분의 제안을 상품 게시판에 올려 보세요.

Windows Internet Explorer

파일(F) 편집(E) 보기(V) 즐겨찾기(A) 도구(T) 도움말(H)

상품 게시판

고객 평가단 > 카메라　　2011/8/30 08:09　　조회 : 480

일반 가정용 사진기로 구입한 것인데, 기본적인 기능이 다 되고 거기에다 줌 기능이 있어서 만족스럽습니다. 소재가 고급스러워 보이고 슬림형으로 여성스럽고 사각형 디자인도 예쁜 편입니다. 가격도 저렴한 편이라서 가정에서 여성들이 손쉽게 사용할 수 있는 카메라라고 생각합니다. 그렇지만 메모리 용량이 적어서 동영상을 30분 이상 찍기 어렵습니다. 앞으로 메모리 용량을 더 크게 해 주셨으면 합니다.

자기 평가

1. 다음 중 아는 단어에 V하세요.

- [ ] 생명 윤리
- [ ] 인권 존중
- [ ] 생명의 존엄성
- [ ] 혜택
- [ ] 부작용
- [ ] 우려
- [ ] 해결책
- [ ] 기술력
- [ ] 소재
- [ ] 실용성
- [ ] 용도
- [ ] 기능

2. 다음 표현을 이용해서 문장을 만들어 보세요.

1) N에 대한 논란이 있다[뜨겁다]

→

2) A/V-다는 지적이 있다[많다]

→

3) V-기 나름이다

→

4) V-는 추세이다

→

3. 다음과 같은 상황에서 어떻게 말할 수 있습니까?

1) 주장에 대해 근거를 댈 때

....

2) 부분적으로 동의할 때

....

보충 어휘

감각의 표현 다음은 다양한 감각을 나타내는 표현입니다. 이런 표현을 익혀 몸의 상태에 대한 여러 가지 느낌을 정확하게 표현하도록 합시다.

가렵다 피부를 긁고 싶은 느낌이 있다.	**따갑다** 살을 콕콕 찌르는 듯이 아프다.
메스껍다 먹은 것이 되넘어 올 것같이 속이 몹시 울렁거리는 느낌이 있다.	**어지럽다** 몸을 제대로 가눌 수 없이 정신이 흐리고 얼떨떨하다.
시리다 몸의 한 부분이 찬 기운으로 인해 추위를 느낄 정도로 차다.	**쑤시다** 신체의 일부분이 바늘로 찌르는 것처럼 아프다.
저리다 피가 잘 통하지 못하여 감각이 둔한 느낌이 있다.	**나른하다** 몸이 지치고 맥이 풀리고 기운이 없다.
더부룩하다 소화가 잘 안 되어 배 속이 거북하다.	**뻐근하다** 근육이 몹시 피로하여 몸을 움직이기가 매우 거북스럽고 살이 빠개지는 듯하다.

연습 1 다음 상황과 관련 있는 표현을 고르세요.

1) 

① 더부룩하다
② 저리다

2) 

① 가렵다
② 메스껍다

3) 

① 어지럽다
② 시리다

4) 

① 따갑다
② 뻐근하다

보충 어휘

연습 2 다음 상황과 관련 있는 표현을 쓰세요.

1) 오랜만에 등산을 해서 팔 다리의 근육이 아파요.

→ 쑤시다

2) 모기한테 물린 데를 막 긁고 싶어요.

→

3) 오랫동안 움직이지 않고 컴퓨터 앞에서 일했더니 목과 어깨가 잘 움직여지지 않아요.

→

4) 고기를 많이 먹었더니 배 속이 불편하고 답답해요.

→

5) 앉아서 일하다가 갑자기 일어섰더니 주위가 핑 도는 것 같아요.

→

6) 점심 먹고 따뜻한 햇볕이 드는 창가에 앉아 있었더니 몸이 힘이 빠지고 졸려요.

→

연습 3 적절한 표현을 넣어서 대화 연습을 해 보세요.

1) 가 : 몸살이 났는지 누구한테 얻어맞은 것처럼 뼈마디가 다 ....
나 : 집에 가서 몸을 따뜻하게 하고 푹 쉬어. 그래야 빨리 낫는다.

2) 가 : 어휴, 놀이기구 타고 빙글빙글 돌았더니 .... 쓰러질 것 같아.
나 : 여기 좀 앉아서 쉬어요.

3) 가 : 왜 그렇게 여기저기 긁어요?
나 : 어제 음식을 잘못 먹었나 봐요. 팔, 다리, 배 .... 않은 데가 없어요.

4) 가 : 왜 언제나 나만 음식물 쓰레기를 버려야 하는 거야?
나 : 미안해. 난 음식물 쓰레기통 속만 보면 속이 .... 토할 것 같아.

5) 가 : 어제 장미꽃 가시에 찔린 데 어때요?
나 : 아직도 많이 ....

6) 가 : 봄이 되니까 너무 졸리고 힘이 없지요?
나 : 이렇게 .... 때는 운동을 더 해 줘야 해요. 우리 수영장에 갈래요?

7) 가 : 추운 데 오래 있었더니 손이 너무 ....

나 : 이리 와. 따뜻한 방바닥에 손을 녹여 봐.

8) 가 : 점심 때 국수를 많이 먹었더니 아직도 속이 ....

나 : 넌 밀가루 음식을 먹으면 항상 소화가 안 된다고 하더라. 그럼 저녁때는 부드러운 죽을 먹을까?

9) 가 : 왜 그래요? 어디 불편해요?

나: 한국식으로 바닥에 앉아 있으니까 다리가 .... 저는 아무래도 의자에 앉아 생활하는 데에 익숙해서요.

10) 가 : 오늘 하루 종일 같은 자세로 서 있었더니 다리가 ....

나 : 그럼 다리 운동을 해요. 다리 근육을 부드럽게 풀어 주면 괜찮을 거예요.

어휘와 표현

1. 과학 기술과 윤리

고소(告訴)하다
동 범죄 사실을 수사 기관에 신고하여 그 수사와 범인에 대한 재판을 요구하다. to accuse; to charge
많은 피해자들이 사기꾼을 검찰에 고소하였다.

골수(骨髓) [골쑤]
명 뼈의 중심부에 가득 차 있는 물질. bone marrow
백혈병을 치료하기 위해 골수 이식을 하기도 한다.

기형아(畸形兒)
명 신체에 장애가 있어 정상과는 다른 모습으로 태어난 아이. deformed child
요즘은 간단한 검사로 뱃속의 아이가 기형아인지 아닌지를 알아본다.

난치병(難治病) [난치뼝]
명 고치기 어려운 병. incurable disease
그는 난치병에 걸렸지만 끝까지 나을 수 있다는 희망을 잃지 않고 있다.

논란(論難) [놀란]
명 여럿이 서로 다른 주장을 내며 다툼. controversy
도시 집중 문제를 해결하는 방법에 대해 정치가들이 논란을 벌이고 있다.

대리모(代理母)
명 정상적인 방법으로는 아이를 가질 수 없는 부부 대신에 아기를 임신하여 낳아 주는 여자. surrogate mother
딸 대신에 아기를 낳아 준 대리모 할머니의 이야기가 보도되자, 이 할머니가 아기의 어머니인가 할머니인가에 대해 논란이 벌어졌다.

들뜨다
동 마음이나 분위기가 가라앉지 않고 조금 흥분되다. to become restless (from excitement)
시험에 합격한 그는 기쁨에 들떠 잠을 이루지 못했다.

마스크
명 입과 코를 막는 물건. flu mask; gauze mask
다른 사람에게 감기를 옮기지 않으려고 마스크를 썼다.

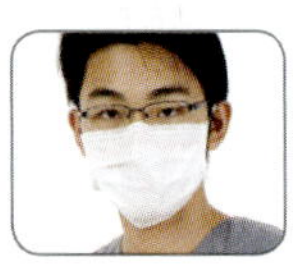

맞춤 아기 [맏추마기]
불치병을 앓고 있는 자녀를 치료할 목적으로, 병을 앓는 자녀의 세포 조직과 완전히 일치하고 질병 유전자를 갖지 않도록 하여 탄생시킨 아기. genetically modified baby
언니의 병을 치료하기 위해 태어난 맞춤 아기를 다룬 영화가 나왔다.

무분별(無分別)하다
형 세상의 일에 대한 판단력이 없다. to be thoughtless; to be unable to distinguish right from wrong
도시를 개발하면서 자연을 무분별하게 파괴해서는 안 된다.

무이자(無利子)
명 이자가 없음. no interest
그 회사에서는 사원들의 자녀가 대학교에 입학하면 졸업할 때까지의 교육비를 무이자로 빌려준다.

미확인 비행 물체(未確認飛行物體)
전문가의 눈이나 기계 등으로도 무엇인지를 알아낼 수 없는 비행 물체. Unidentified Flying Object (or UFO)
미확인 비행 물체로 보이는 물체를 찍은 사진들이 보도되자 다시금 외계인이 존재하는 것은 아니냐는 반응들이 나오고 있다.

밤샘
명 잠을 자지 않고 밤을 보냄. staying up all night
그렇게 밤샘 작업을 계속하면 건강을 해칠 수 있다.

배아(胚芽)
명 수정란이 태아가 되기 전까지의 상태. embryo bud
배아 단계를 인간 생명으로 인정하고 이에 대한 실험을 반대하는 의견이 많다.

복제(複製) [복쩨]
명 처음의 것과 똑같은 것을 만듦. 또는 그렇게 만든 것. copy; duplicate
그 가게는 유명 화가들의 그림들을 복제하여 팔고 있다.

부작용(副作用) [부자공]
명 어떤 일의 주요 결과에 주변적으로 일어나는 바람직하지 못한 일. side effect
우리 회사는 환경 개발에 따른 부작용을 최소화하려고 노력했다.

불임(不妊)
명 아기를 갖지 못함. infertile
정상적으로 아기를 갖지 못하는 부부들을 위한 불임 클리닉이 늘고 있다.

불치병(不治病) [불치뼝]
명 고칠 수 없는 병. incurable disease
불치병에 걸렸다는 사실을 알고 그 남자는 치료를 받지 않으려고 했다.

비인도적(非人道的)
관 명 사람으로서의 도리에 어긋나는 (것). inhumane
전쟁 상황이라도 자원봉사자를 공격한 행위는 비인도적인 행위로 비판을 받는다.

상속(相續)

명 일정한 친족 관계가 있는 사람 사이에서, 한 사람의 사망으로 다른 사람이 재산에 관한 권리와 의무 모두를 이어받는 일. inheritance

형님은 아버지의 유산 상속을 받지 않았다.

생명 경시(生命輕視)

생명을 중요하지 않게 보거나 낮춰 봄. making light of human life

불법 낙태 수술은 생명 경시 경향을 보여 주는 예이다.

생명 윤리(生命倫理) [생명뉼리]

사람으로서 지켜야 할 생명 존중에 대한 도덕. bioethics

일부 동물 실험은 생명 윤리를 무시하고 진행하기도 한다.

생명(生命)의 존엄성(尊嚴性) [생명의조넘썽/생명에조넘썽]

생명으로서 존중받아야 할 높고 귀한 성질. the sanctity of life

생명의 존엄성을 인정하고 동물 실험을 그렇게 함부로 해서는 안 될 것이다.

세포(細胞)

명 생물체를 이루는 기본 단위. cell

인간은 수없이 많은 세포로 구성된다고 한다.

손상(損傷)되다

동 병이 들거나 다치다. to be (or get) damaged

사고로 뇌가 손상되어 지금 말을 제대로 못 한다.

수사(搜査)

명 경찰이나 검찰이 범인을 찾고 증거를 모으는 행위. investigation

경찰이 사건 관련자를 대상으로 수사를 진행하고 있다.

수정란(受精卵) [수정난]

명 정자를 받아들여 수정을 한 난자. 보통 여기에서 생명체가 시작된다. fertilized egg

수정란을 암소의 배에 넣어 인공 수정을 하는 기술이 널리 시행되고 있다.

수정체(受精體)

명 수정이 이루어진 난자로 곧 발육이 시작될 개체. fertilized egg

수정이 이루어진 수정체는 생명체로 커 갈 것이다.

시험관(試驗管) 아기

시험관에서 수정해서 여자의 배 속으로 넣어서 낳은 아기. test tube baby

최초의 시험관 아기가 태어났을 때 정상적으로 엄마의 배 속에서 아기가 생기지 않은 많은 부부들이 아기를 가질 희망을 가졌다.

온난화(溫暖化)

명 지구의 기온이 높아짐. 또는 그런 현상. global warming

지구의 온난화로 북극의 얼음이 빠르게 녹고 있다.

우려(憂慮)

명 근심하거나 걱정함. 또는 그 근심과 걱정. concern; worry

환경 보호 단체는 앞으로 발생할 문제점에 대하여 우려를 나타냈다.

위험성(危險性) [위험썽]

명 위험하거나 그렇게 될 가능성이 있는 성질. risk; dangerousness

이 약은 장기간 사용하면 중독에 빠질 위험성이 높다.

유전자(遺傳子)

명 부모로부터 자식에게 전달되어 부모의 특징이 자식에게 나타나게 하는 물질. gene

피부색, 지능 등은 유전자를 통해 부모에게 물려받게 된다.

의도적(意圖的)

관 명 일부러 무엇을 하려고 하는 (것). intentional; deliberate

그는 의도적으로 나를 무시하였다.

이식(移植) 하다 [이시카다]

동 살아 있는 조직이나 장기를 원래의 몸으로부터 떼어 내어 같은 개체의 다른 부분 또는 다른 개체에 옮겨 붙이다. to transplant; to implant

사고로 눈을 다쳐 볼 수 없게 된 환자에게 다른 사람의 눈을 이식하였다.

인공 수정(人工受精)

명 인위적으로 수컷의 정액을 암컷의 난자에 넣어서 새로운 개체를 만드는 일. artificial insemination

큰 동물원에서는 사라질 위기에 있는 동물의 수를 늘리기 위해서 인공 수정을 실시하기도 한다.

인권 존중(人權尊重) [인꿘존중]

인간으로서 당연히 가지는 기본적 권리를 귀중하게 대함. respect for human rights

개인 정보의 공개는 인권 존중이라는 면에서 비난받을 수 있다.

인권 침해(人權侵害) [인꿘침해]

인간으로서 당연히 가지는 기본적 권리를 누리지 못함. human rights abuse

많은 사람들이 죽어 가는 전쟁터에서는 인권 침해 행위가 자주 벌어진다.

어휘와 표현

정자(精子)
명 생물의 수컷의 생식 세포. sperm
아기를 갖지 못하는 이유 중의 하나로 남자 쪽에서 정자의 활동성이 떨어진 경우가 있다.

제약(制約)
명 조건을 붙여 내용을 제한함. 또는 그 조건. restriction; constraint
단체 생활에는 여러 가지 제약이 있기 마련이다.

진위(眞僞)
명 참과 거짓 또는 진짜와 가짜를 모두 이르는 말. authenticity
새로 발견된 유물의 진위에 대하여 학자들 사이에 논란이 일고 있다.

진통(鎭痛)
명 아기를 낳을 때 짧은 간격을 두고 반복되는 배의 통증. contraction; labor pains
임신부가 진통을 시작하여 병원으로 옮겼다.

척추(脊椎)
명 머리뼈 아래에서 엉덩이 부위까지 있는 33개의 뼈. spine; backbone
무거운 물건을 들다가 척추를 다쳐서 걷지 못하고 있다.

축복(祝福) [축뽁]
명 행복을 빎. 또는 그 행복. blessing
그들은 가족과 동료들의 축복 속에서 결혼식을 올렸다.

탯줄(胎-) [태쭐/탣쭐]
명 태아와 태반을 연결하는 관. 이 관을 통하여 아기에게 산소와 영양분을 공급한다. umbilical cord
아기가 태어나면 곧 탯줄을 끊고 목욕을 시킨다.

할부(割賦)
명 돈을 여러 번에 나누어 냄. monthly installment plan
백화점에서는 판매를 늘리기 위해서 6개월 무이자 할부로 물건을 판매하고 있다.

해결책(解決策)
명 어떠한 일이나 문제 따위를 해결하기 위한 방법. solution
모든 문제엔 근본적인 해결책이 있어야 효과를 볼 수 있다.

혜택(惠澤) [혜택/헤택]
명 고맙게 베풀어 준 일이나 도움. benefit
현대 기계 문명의 혜택으로 현대인들은 편리한 생활을 하고 있다.

훼손(毁損)하다
동 물건 등을 깨뜨리거나 상태를 나쁘게 만들다. to damage; to harm; to vandalize
이번 개발 사업은 자연을 훼손하지 않고 최대한 그대로 둔 상태에서 이루어질 것이다.

흔적(痕迹)
명 어떤 현상이나 사물이 없어지거나 지나간 뒤에 남은 자국. trace; mark; track
산길에는 사람이 지나간 흔적이 없었다.

2. 생활 속의 발명품

가격(價格)
명 물건이 지니고 있는 가치를 돈으로 나타낸 것. price
좋은 옷을 아주 싼 가격으로 샀다.

가스등(--燈)
명 가스를 관에 흐르게 하여 불을 켜는 등. gas lamp
시장은 잠시 전깃불이 나가 점포마다 촛불, 가스등을 켜고 있었다.

가전(家電)
명 가정에서 사용하는 전기 제품. home appliances
텔레비전, 냉장고, 에어컨 등의 가전 제품이 점차 고급화되고 있다.

거창(巨創)하다
형 일의 규모나 형태가 매우 크고 넓다. to be huge; to be gigantic; to be enormous
이번 건물 공사는 세계 최대 규모의 거창한 사업이어서 여러 회사들이 참여하고 있다.

구명조끼(求命--)
명 물에 빠져도 몸이 뜰 수 있도록 만든 조끼. life vest
깊은 바다에서 낚시를 할 때에는 구명조끼를 입고 있는 것이 좋다.

구애(拘礙)를 받다
어떤 일에서 자유롭지 못하거나 방해를 받다. to be discouraged; to be deterred
부모님께서 용돈을 넉넉하게 주셔서 생활에 아무런 구애도 받지 않고 편하게 지냈다.

기능(機能)
명 하는 역할이나 작용. function
요즘 나오는 대부분의 휴대 전화들은 카메라 기능, MP3 기능 등을 갖추고 있다.

기술력(技術力)
명 인간에게 유용한 것을 개발하고 처리하고 문제를 해결하는 능력. technical skills
이 회사는 설립된 지 얼마 되지 않았지만 높은 기술력을 갖추고 있다.

내외(內外)
명 약간 덜하거나 넘음. plus or minus
이 여행 상품은 100만 원 내외로 판매될 것이다.

대형(大型)
명 크기나 규모가 큰 것. large; big; huge
이 길은 너무 좁아서 대형 버스가 지나갈 수 없다.

마음을 졸이다 [마으믈조리다]
몹시 걱정하고 불안해하다. to become anxious; to have anxiety
그녀는 항상 아이한테 눈을 떼지 못하고 마음을 졸인다.

목판(木版)
명 나무에 글이나 그림 따위를 새긴 인쇄용 판. woodblock for printing
이 책은 목판으로 찍어낸 것이다.

발명품(發明品)
명 아직까지 없었던 물건을 새로 생각하여 만들어 낸 것. invention
인류의 3대 발명품으로 종이, 화약, 나침반이 있다.

방수(防水)
명 안으로 들어오는 물을 막음. waterproof
지붕이 방수가 제대로 되지 않아서 빗물이 샌다.

백열전구(白熱電球)
명 전구의 하나. incandescent light bulb
백열전구가 방을 밝게 비추고 있다.

보급률(普及率) [보금뉼]
명 널리 퍼져 알려지거나 사용하게 된 비율. distribution rate
현재 우리나라의 휴대 전화 보급률이 거의 99%에 이른다.

살균(殺菌)되다 [살균되다/살균뒈다]
동 세균 등 눈에 안 보이는 생물이 죽게 되다. to be sterilized; to be disinfected
이 병원에서는 완전하게 살균된 환자복을 제공한다.

성능(性能)
명 기계 등이 지닌 성질이나 기능. performance
자동차가 낡긴 했지만 성능은 아직 괜찮은 편이다.

소재(素材)
명 어떤 것을 만드는 데 쓰이는 재료. material
이 책상의 소재는 아주 좋은 나무이다.

소형(小型)
명 크기나 규모가 작은 것. small; compact
혼자 사는 사람들에게 소형 냉장고가 인기이다.

수정액(修訂液)
명 글의 잘못된 부분이나 틀린 글자를 고치는 데 쓰는 액체. liquid whiteout
틀린 글자가 있으면 수정액을 사용하지 말고 다시 프린트하도록 하세요.

시행착오(試行錯誤)
명 목표에 도달하는 확실한 방법을 모르는 채로, 해 보고 실패하기를 되풀이하다가 성공함. trial and error
그 회사는 여러 차례의 시행착오 끝에 드디어 신제품을 개발하였다.

신선도(新鮮度)
명 채소나 고기 등이 금방 따거나 잡은 상태를 유지하는 정도. freshness
음식은 냉장고에 보관해야 신선도가 오래 유지된다.

실용성(實用性) [시룡썽]
명 실제로 쓰이는지를 나타내는 성질. practicality
이 그릇은 모양은 예쁜데 실용성이 떨어진다.

양초(洋-)
명 서양식의 초. candle
식탁에 꽃을 놓고 양초에 불을 밝히니 제법 멋진 분위기가 되었다.

영상(映像)
명 브라운관, 모니터 따위에 비추어진 상. picture; image
축구 경기의 주요 영상 장면이 편집되어 뉴스에 나왔다.

어휘와 표현

오타(誤打)

명 컴퓨터 자판을 칠 때에 잘못 침. 또는 그런 글자. typographical error

졸면서 문서 작업을 했더니 오타가 너무 많이 나왔다.

용도(用途)

명 쓰이는 곳. use

이 제품은 책상이나 식탁 등의 용도로 쓸 수 있다.

용량(容量) [용냥]

명 들어갈 수 있는 물건의 양. capacity

이 컴퓨터는 용량이 커서 전문가들 사이에 인기가 있다.

위생(衛生)

명 건강에 좋게 조건을 갖추는 일. hygiene; sanitation

이 음식점은 위생 상태에 신경을 써서 부엌을 늘 깨끗이 유지하려고 노력한다.

위성(衛星)

명 지구 따위의 행성 둘레를 돌도록 로켓을 이용하여 쏘아 올린 인위적인 장치. satellite

요즘은 인공위성 영상을 이용하여 국토의 이용 현황과 변화 정도를 쉽게 파악할 수 있다.

인쇄물(印刷物)

명 인쇄된 물건을 모두 이르는 말. prints; printed material

책상 위에 보고서, 책 등 각종 인쇄물이 가득 쌓여 있었다.

자못

부 생각보다 매우. very; greatly; exceedingly; more than expected

우리들은 졸업하는 여러분에 대한 기대가 자못 큽니다.

작성(作成)하다 [작썽하다]

동 서류, 원고, 계획 따위를 만들다. to prepare (a document); to write (out); to make (out)

학생들은 시험을 보거나 보고서를 작성하여 제출해야 한다.

전송(電送)하다

동 글이나 사진 따위를 전류나 전파를 이용하여 먼 곳에 보내다. to transmit; to send

먼저 이메일로 서류 파일을 전송하고 원본을 다시 보냈다.

전신기(電信機)

명 전류나 전파를 이용하여 통신하는 기계. telegraphic instrument

모스 전신기는 짧은 발신(·)과 긴 발신 전류(−)를 이용하여 알파벳과 숫자를 보내도록 되어 있다.

점차(漸次)

부 차례를 따라 조금씩. gradually

열심히 공부한 덕분에 성적이 점차 나아지고 있다.

정밀(精密)하다

형 아주 정교하고 빈틈이 없고 자세하다. to be precise; to be detailed

시계는 아주 정밀한 기계이다.

제조사(製造社)

명 비교적 큰 규모로 물건을 만드는 회사. manufacturer

같은 제품이라도 제조사에 따라 기능과 용량, 가격 등이 아주 다르다.

조절(調節)

명 균형이 맞게 바로잡음. 또는 적당하게 맞추어 나감. control; regulation

그는 식사량 조절과 적절한 운동 등으로 체중을 관리했다.

중엽(中葉)

명 어떠한 시대를 처음·가운데·끝의 셋으로 나눌 때 그 가운데 부분을 이르는 말. the middle (of a period or era)

이번에 발견된 유물은 5세기 중엽의 것으로 추측된다.

진화(進化)하다

동 사물이 더 좋아지거나 나아지다. to evolve; to progress

많은 과학자들은 인류가 오랜 세월에 걸쳐 진화하여 왔다고 주장한다.

추가(追加)되다

동 나중에 더 더해지다. to be added

여행비가 10만 원이 추가되었다.

추세(趨勢)

명 바뀌는 흐름이나 경향. tendency; current

최근 해외에서 경험을 쌓기를 원하는 대학생들의 수가 증가 추세이다.

출품(出品)되다 [출품되다/출품뒈다]

전시회 등에 작품이나 물건이 내어놓아지다. to submit for exhibition

이 작품은 해외 영화제에 출품되어 좋은 평가를 받았다.

통신(通信)

명 편지나 전화 등으로 정보나 의사를 전달함. communication

이 지역은 전화가 자주 끊기고 통신 상태가 좋지 않다.

튕기다

동 다른 물체에 부딪치거나 힘을 받아서 튀어 나오다. to bounce off

공이 벽을 맞고 운동장 쪽으로 튕겼다.

편집(編輯)하다 [편지파다]

동 일정한 계획 아래 여러 가지 재료를 모아 신문, 잡지, 책 따위를 만들다. to edit

요즘은 컴퓨터 덕분에 복사하고 오려 붙이는 일들이 가능해져서 문서를 편집하기 편해졌다.

플라스틱

명 열이나 압력으로 형태를 변화시키거나 모양을 바꿀 수 있는 화합물을 모두 이르는 말. plastic

플라스틱 장난감은 무게도 가볍고 다른 제품에 비해 싼 편이다.

화질(畵質)

명 텔레비전 등에서, 색깔, 밝기 등의 영상의 질. image (or video) quality

요즘 텔레비전은 이전에 비해 화질이 아주 뛰어나서 사물이 거의 실물과 같게 보인다.

XIII 문학의 향기

1 옥상의 민들레꽃

주제 현대 사회의 물질 중시 풍조

읽고 말하기
- 소설 '옥상의 민들레꽃' 읽기
- 용기와 희망을 얻은 경험 말하기

듣고 말하기
- '옥상의 민들레꽃' 듣기
- 소설의 줄거리 말하기

과제 소설 등장인물이 되어 역할극 하기

문법
- A/V-았으면/었으면 하다
- N(이)라고는
- A/V-(으)련만

어휘 감정

2 내가 사랑하는 사람

주제 삶과 사랑

읽고 말하기
- 현대시 '내가 사랑하는 사람', '연탄 한 장' 읽기
- '배려'를 나타내는 그림 보고 말하기

듣고 말하기
- '연탄길'에 대한 대담 듣기
- '연탄길'에 나올 만한 사람에 대해 말하기

과제 모방시 쓰기

어휘 감정

보충 어휘 심리의 표현

1 옥상의 민들레꽃

주제
현대 사회의 물질 중시 풍조

읽고 말하기
· 소설 '옥상의 민들레꽃' 읽기
· 용기와 희망을 얻은 경험 말하기

듣고 말하기
· '옥상의 민들레꽃' 듣기
· 소설의 줄거리 말하기

과제
소설 등장인물이 되어 역할극 하기

들어가기

이야기해 보세요

다음은 한국의 유명한 소설입니다.

단편 소설 중편 소설 장편 소설 대하소설

1. 한국이나 여러분 나라의 언어로 한국 소설을 읽어 본 적이 있으면 소개해 보세요.

2. 여러분이 좋아하는 소설의 제목과 내용을 간단히 소개해 보고, 좋아하는 점에 대해 다음과 같은 표현을 사용해 말해 보세요.

인상적인 문장 흥미 있는 줄거리와 주제 멋있는 등장인물 감동적인 장면

들어 보세요 track 53

단편 소설 '옥상의 민들레꽃'에 대해 선생님과 학생들이 이야기하고 있습니다. 잘 듣고 질문에 답하세요.

1. 남자가 소설에서 흥미 있어하는 것은 무엇입니까?
2. 여자는 무엇이 인상적이었다고 합니까?
3. 소설에서 어린아이가 화자인 경우 어떤 효과가 있습니까? 모두 고르세요.

☐ 사건을 자세히 설명한다. ☐ 줄거리가 흥미 있다.
☐ 독자가 생각할 기회를 준다. ☐ 주제 전달에 효과적이다.

읽고 말하기

주제 어휘

다음은 감정과 관련된 표현입니다. 관계있는 말을 골라 쓰세요.

홀가분하다

싫증(이) 나다

섭섭하다

부끄럽다

속상하다

답답하다

1. 오늘 아침에 세차를 했는데 오후부터 비가 와요. 속상하다
2. 10년 동안 매일 같은 일을 했기 때문에 이제는 더 이상 하고 싶지 않아요.
3. 한국말을 잘 못해요. 그래서 하고 싶은 말을 제대로 표현하지 못해요.
4. 친한 친구가 내 생일인데 아무 선물도 주지 않아요.
5. 별로 잘 쓴 소설이 아닌데 많은 사람들이 저를 칭찬해요.
6. 한 달 동안 준비한 보고서를 오늘 드디어 제출했어요.

읽어 보세요 track 54

다음은 단편 소설 '옥상의 민들레꽃'의 일부를 제시한 글입니다. 잘 읽어 보세요.

가 내가 지금보다 어렸을 적입니다. 학교에도 가기 전이었으니까요. 어느 날 누나와 형이 학교에서 만든 꽃을 한 송이씩 들고 왔습니다. 내일이 어버이날이라나요. 누나와 형은 또 조그만 선물 꾸러미도 마련해 놓고 있었습니다. 내일 아침 꽃과 함께 엄마 아빠께 드릴 거라고 했습니다. 그날 밤, 나도 꽃을 만들었습니다. 누나가 쓰던 색종이를 오려서 만든 꽃은 보기에는 누나나 형 것만은 훨씬 못해 보였습니다.

하지만 정성들여 만든 것이기 때문에 엄마 아빠가 신통해하실 것을 믿고 가슴이 잔뜩 부풀어 있었습니다. 선물은 장만하지 않았습니다. 나는 학교를 들어가기 전이라 용돈이 없었으니까, 그것 때문에 엄마 아빠가 섭섭해할 리는 없었습니다.

(중략)

놀이에 싫증도 나고 배도 고프기에 집에 들어와 냉장고를 열려다 말고 나는 내 꽃을 보았습니다. 내 꽃은 식당 구석에 있는 쓰레기통 속에 과일 껍질과 밥찌꺼기와 함께 버려져 있었습니다. 그때 엄마는 거실에서 전화를 걸고 있었습니다.

오래간만에 소식을 알게 된 친구로부터의 전화인가 봅니다. 아이는 몇이나 되나, 친구가 물어본 모양입니다. 엄마는 한숨을 쉬면서 대답했습니다. "글쎄 셋이란다. 창피해 죽겠지 뭐니. 우리 동창이나 우리 아파트에 사는 사람들을 아무리 살펴봐도 하나 아니면 둘이지, 셋씩 낳은 사람은 하나도 없더구나. 창피해 얼굴을 들고 다닐 수가 없단다. 어쩌다 군더더기로 막내를 하나 더 낳아 가지고 이 고생인지. 막내만 아니면 내가 지금쯤 얼마나 홀가분하겠니. 막내만 아니면 내가 남부러울 게 뭐가 있니?" 그때 나는 처음으로 엄마에게 내가 필요하지 않다는 사실을 알았습니다.

나에게는 나의 가족이 필요한데, 나의 가족은 나를 필요로 하지 않는다는 것은 견디기 어려운 슬픔이었습니다.

엄마는 늘 나를 '막내, 우리 귀여운 막내.' 하면서 끼고돌았기 때문에 나는 한 번도 엄마가 나를 사랑한다는 사실을 의심해 본 적이 없었습니다. 그러나 엄마의 사랑은 거짓이었습니다. 나는 엄마를 진짜로 사랑했는데, 엄마는 나를 거짓으로 사랑했던 것입니다.

나 나는 말없이 집을 나왔습니다. 계단을 오르고 또 올랐습니다. 마침내 옥상까지 올랐습니다. 옥상에서 내려다보니까 사람들이 개미처럼 작게 보였습니다. 나는 살고 싶지 않다고 생각했습니다. 확실히 그렇게 생각했습니다. 내가 사랑하는 사람들이 내가 없어져 주었으면 하고 바라고 있는데, 무슨 재미로 살아가겠습니까? 나는 옥상에서 떨어지기 위해 밤이 되길 기다렸습니다. 낮에 떨어지면 사람들이 금방 보게 되고 병원에 데리고 가서 살려 놓을지도 모르기 때문입니다. 나는 정말로 살고 싶지 않았기 때문에 밤까지 기다려야 했습니다. 밤을 기

다리는 동안 춥지도, 배고프지도 않았습니다. 아파트 광장에 차와 사람의 움직임이 멎자 둥근 달이 하늘 한가운데 와서 옥상을 대낮같이 비춰 주었습니다. 마치 세상에 달과 나만 있는 것 같은 기분이 들었습니다. 그때 나는 민들레꽃을 보았습니다. 옥상은 시멘트로 빤빤하게 발라 놓아 흙이라곤 없습니다. 그런데도 한 송이의 민들레꽃이 노랗게 피어 있었습니다. 봄에 엄마 아빠와 함께 야외로 놀러 갔을 때 본 민들레꽃보다 훨씬 작아 꼭 내 양복의 단추만 했습니다만 그것은 틀림없는 민들레꽃이었습니다.

(중략)

도시로 부는 바람을 탄 민들레 씨앗들은 모두 시멘트로 포장한 딱딱한 땅을 만나 싹트지 못하고 죽어 버렸으련만, 단 하나의 민들레 씨앗은 옹색하나마 흙을 만난 것입니다. 흙이랄 것도 없는 한 줌의 먼지에 허겁지겁 뿌리를 내리고 눈물겹도록 노랗게 핀 민들레꽃을 보자 나는 갑자기 부끄러운 생각이 들었습니다. 살고 싶지 않아 하던 것이 큰 잘못같이 생각되었습니다.

(중략)

다 그러나 그 일을 통해 나는 사람은 언제 살고 싶지 않아지는가를 알게 된 것입니다. 사람은 사랑하는 사람이 자기가 없어져 줬으면 할 때 살고 싶지 않아집니다. 돌아가신 할머니의 가족들도 말이나 눈치로 할머니가 안 계셨으면 하고 바랐을 것이 틀림없습니다. 그리고 살고 싶지 않아 베란다나 옥상에서 떨어지려고 할 때 그것을 막아 주는 것은 쇠창살이 아니라 민들레꽃이라는 것도 틀림없습니다. 그것도 내가 겪어서 알고 있는 일이니까요. 그러나 어른들은 끝내 나에게 그 말을 할 기회를 주지 않았습니다.

(「옥상의 민들레꽃」, 박완서, 1980)

1. 글 가 에서 누나와 형, '나'는 어버이날에 부모님께 무엇을 드렸습니까?

2. '나'가 부모님께 드린 꽃이 어떻게 되었습니까?

3. 엄마는 친구와 전화하면서 어떤 말을 합니까? 그 말을 듣고 '나'는 어떻게 생각합니까?

4. 글 나 에서 '나'는 왜 옥상으로 올라갔습니까?

5. '나'가 죽으려고 하는 이유는 무엇입니까?

6. '나'는 옥상에서 무엇을 보았습니까? 그것을 보고 무슨 생각을 합니까?

7. 글 다 에서 '나'는 할머니가 왜 돌아가셨다고 생각합니까?

8. '나'는 어른들에게 어떤 말을 하고 싶었습니까?

9. 소설의 제목인 '옥상의 민들레꽃'의 의미는 무엇일까요?

이야기해 보세요

이 소설의 '나'에게는 민들레꽃이 희망의 상징이라고 할 수 있습니다.
이처럼 힘들고 어려울 때 용기와 희망을 얻은 경험을 이야기해 보세요.

저는 대학 졸업하고 나서 몇 년 동안 백수 생활을 하면서 답답하고 자신감 없는 시간을 보낸 적이 있어요. 그러다가 우연히 〈지선아 사랑해〉라는 책을 읽게 되었어요. 예쁜 대학생이었던 필자가 화상을 심하게 입어서 흉하게 변했지요. 그런데도 살아 있다는 것에 감사하면서 열심히 인생을 사는 경험을 쓴 책이었어요. 그걸 보고 나서 건강한 몸을 가지고 있으면서도 더 노력하지 않는 자신이 무척 부끄러워졌어요. 또한 나도 할 수 있다는 용기를 얻기도 했지요.

문법과 표현

1. A/V-았으면/었으면 하다, N(이)었으면 하다
- 저는 농구 선수가 되는 게 꿈이어서 키가 좀 더 컸으면 하는 생각이 들어요.
- 다음부터는 약속 시간을 잘 지켜 주셨으면 해요.
- 우리가 만나는 것은 이게 마지막이었으면 한다.

2. N(이)라고는, A/V-다고는
- 전학 온 지 얼마 되지 않아서 친한 친구라고는 한 명도 없다.
- 그 사람의 키가 다른 사람들에 비해 그렇게 크다고는 할 수 없어요.
- 불이 나서 이렇게 많은 사람들이 죽으리라고는 아무도 상상하지 못했다.

3. A/V-(으)련만
- 아침에 좀 일찍 일어나면 좋으련만 늦게 일어나는 게 습관이 된 것 같다.
- 그 사람을 만날 수 있으면 사과를 하련만 요즘은 통 얼굴을 볼 수가 없다.
- 솔직히 말했으면 괜찮았으련만 거짓말을 해서 오해가 생겼다.

듣고 말하기

들어 보세요 track 55

다음은 소설 '옥상의 민들레꽃'의 앞부분을 라디오 드라마로 들려주고 있습니다. 잘 듣고 질문에 답하세요.

1. 아파트에서 어떤 일이 생겼습니까?
2. 사람들은 무엇을 걱정하고 있습니까?
3. 사람들은 회의에서 어떤 말을 하고 있습니까?

사장님 : ....

아줌마 : ....

교수님 : ....

가족 : ....

4. '나'는 어떤 말을 하고 싶었습니까?

이야기해 보세요

1. 여러분이 이 아파트의 주민이라면 회의에서 어떤 말을 하겠습니까?
2. 다음 그림을 보면서 소설의 줄거리를 말해 보세요.

① 

② 

③ 

④ 

⑤ 

⑥ 

과제

1. 소설의 등장인물(아줌마, 할머니 가족, 할머니, 나)에 대해 다음과 같이 정리해 보세요.

	행동이나 말, 성격
아줌마	▪ 자살 사건에 대해 소문 내지 말자, 베란다에 쇠창살을 달자는 의견 ▪ 사람의 죽음보다 아파트값에 더 관심이 있음. 자기 이익을 더 중시하는 성격
할머니 가족	
할머니	
나	

2. 할머니, 나, 민들레꽃이 각각 가족, 아줌마, 사람들에게 다음과 같이 자기 생각을 말하고 있습니다. 어떤 말을 하는지 읽어 보세요.

할머니

애야, 고급 아파트에서 좋은 음식을 먹고 좋은 옷을 입고 산다고 해서 행복한 것은 아니야. 나는 가족들과 함께 즐겁게 이야기하면서 살고 싶었는데 너희들에게는 내가 필요 없는 것 같았어. 그래서 살고 싶지 않았어.

나

아줌마, 아파트에서 떨어져 자살하려는 사람을 막을 수 있는 건 쇠창살이 아니라 민들레꽃이에요. 그건 제가 경험을 해 봤기 때문에 잘 알아요. 흙이라고는 없는 시멘트 바닥에 피어 있는 민들레꽃을 보면 제 말 뜻을 아실 수 있을 거예요.

민들레꽃

여러분, 저는 민들레꽃이에요. 저는 별로 예쁘지도 않은 작은 꽃이지만 그래도 열심히 살려고 노력하고 있어요. 여러분들이 힘들고 어려울 때 저를 보고 기운을 내셨으면 해요.

3. 여러분은 소설의 등장인물입니다. 어떤 인물이 되고 싶은지 정하고 속마음을 말하고 싶은 상대도 정해 보세요. 그리고 그 상대에게 하고 싶은 말을 자신의 입장, 상황, 감정 등을 생각하여 써 보세요.

4. 여러분 앞에 말하고 싶은 상대가 앉아 있다고 생각하고 위에서 쓴 글을 보면서 자연스럽게 이야기해 보세요.

2 내가 사랑하는 사랑

주제
삶과 사랑

읽고 말하기
- 현대시 '내가 사랑하는 사람', '연탄 한 장' 읽기
- '배려'를 나타내는 그림 보고 말하기

듣고 말하기
- '연탄길'에 대한 대담 듣기
- '연탄길'에 나올 만한 사람에 대해 말하기

과제
모방시 쓰기

들어가기

이야기해 보세요

다음은 한국 현대시 중 유명한 시 구절입니다. 잘 읽어 보고 어떤 구절이 인상적인지 말해 보세요. 또한, 여러분이 알고 있는 유명한 시 구절을 소개해 보세요.

나 하늘로 돌아가리라
아름다운 이 세상 소풍 끝내는 날
가서 아름다웠더라고 말하리라

천상병 〈귀천〉

죽는 날까지 하늘을 우러러
한 점 부끄럼이 없기를,
잎새에 이는 바람에도
나는 괴로워했다.

윤동주 〈서시〉

가야 할 때가 언제인가를
분명히 알고 가는 이의
뒷모습은 얼마나 아름다운가.

이형기 〈낙화〉

우리들은 모두 무엇이 되고 싶다.
너는 나에게 나는 너에게
잊혀지지 않는 하나의 눈짓이 되고 싶다.

김춘수 〈꽃〉

들어 보세요 track 56

다음은 책을 소개하는 프로그램의 일부입니다. 잘 듣고 질문에 답하세요.

1. 어떤 책을 소개하고 있습니까?
2. 좋은 시를 쓰기 위해 어떻게 하라고 합니까?
3. 시에 관심이 없는 독자에게 무엇을 강조하고 있습니까?

읽고 말하기

읽어 보세요 track 57

다음은 한국 현대시입니다. 잘 읽어 보세요.

내가 사랑하는 사람

정호승

나는 그늘이 없는 사람을 사랑하지 않는다
나는 그늘을 사랑하지 않는 사람을 사랑하지 않는다
나는 한 그루 나무의 그늘이 된 사람을 사랑한다
햇빛도 그늘이 있어야 맑고 눈이 부시다
나무 그늘에 앉아
나뭇잎 사이로 반짝이는 햇살을 바라보면
세상은 그 얼마나 아름다운가

나는 눈물이 없는 사람을 사랑하지 않는다
나는 눈물을 사랑하지 않는 사람을 사랑하지 않는다
나는 한 방울 눈물이 된 사람을 사랑한다
기쁨도 눈물이 없으면 기쁨이 아니다
사랑도 눈물 없는 사랑이 어디 있는가
나무 그늘에 앉아
다른 사람의 눈물을 닦아 주는 사람의 모습은
그 얼마나 고요한 아름다움인가

정호승(1950~) : 시인. 1970~1980년대 한국 사회의 그늘진 면, 소외된 사람들에 대한 애정을 슬프고도 따뜻한 시어로 그려 냄. 소월시문학상(1989), 정지용문학상(2002) 등 수상. 주요 시집 《슬픔이 기쁨에게》(1979), 《서울의 예수》(1982).

연탄 한 장

안도현

또 다른 말도 많고 많지만
삶이란
나 아닌 그 누구에게
기꺼이 연탄 한 장 되는 것

방구들 선득선득해지는 날부터 이듬해 봄까지
조선 팔도 거리에서 제일 아름다운 것은
연탄차가 부릉부릉
힘쓰며 언덕길 오르는 거라네.
해야 할 일이 무엇인가를 알고 있다는 듯이

연탄은, 일단 제 몸에 불이 옮겨 붙었다 하면
하염없이 뜨거워지는 것
매일 따스한 밥과 국물 퍼먹으면서도 몰랐네.
온몸으로 사랑하고 나면
한 덩이 재로 쓸쓸하게 남는 게 두려워
여태껏 나는 그 누구에게 연탄 한 장도 되지 못하였네.

생각하면
삶이란
나를 산산이 으깨는 일

눈 내려 세상이 미끄러운 어느 이른 아침에
나 아닌 그 누가 마음 놓고 걸어갈
그 길을 만들 줄도 몰랐었네, 나는

안도현(1961–) : 시인. 초기에는 역사와 민족, 교육 현실에 대한 시를 썼으며, 최근에는 따뜻한 인간관계와 자연 친화를 주제로 하는 시를 주로 씀. 소월시문학상(1998), 노작문학상(2002) 등 수상. 주요 시집 《서울로 가는 전봉준》, 《모닥불》, 《그대에게 가고 싶다》 등.

1. '내가 사랑하는 사람'에서 시인은 어떤 사람을 사랑합니까?

2. '그늘'과 '눈물'의 의미와 관계되는 말을 모두 고르세요.

그늘?

슬픔, 기쁨, 어려움, 행복
시련, 상처, 성공, 실패

눈물?

동정심, 오해, 인간미, 배려,
이기심, 이해심, 비난

3. '내가 사랑하는 사람'의 첫 두 행을 다음과 같이 바꾼다면 어떤 차이가 느껴지는지 말해 보세요.

〈1연〉	〈2연〉
나는 그늘이 있는 사람을 사랑한다. 나는 그늘을 사랑하는 사람을 사랑한다.	나는 눈물이 있는 사람을 사랑한다. 나는 눈물을 사랑하는 사람을 사랑한다.

4. '연탄 한 장'에서 '연탄'의 역할은 무엇입니까?
   -
   -

5. 이 시에서 나타내려는 '연탄 한 장'의 의미는 무엇일까요?

6. '연탄 한 장'과 같은 의미를 가진 표현을 '내가 사랑하는 사람'에서 찾아보세요.

7. 두 시에서 말하려고 하는 것은 무엇인지 설명해 보세요.

이야기해 보세요

다음은 '한 방울 눈물이 된 사람', '연탄 한 장'의 의미처럼 다른 사람을 배려하는 마음을 나타내고 있습니다. 무엇에 대한 것인지 말해 보세요.

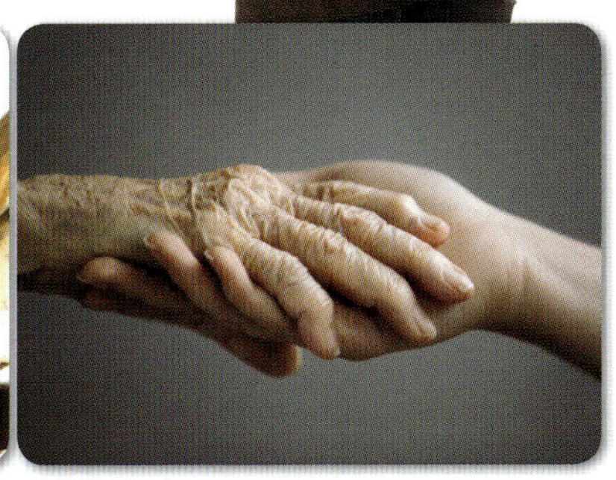

듣고 말하기

들어 보세요 track 58

다음은 라디오 대담의 일부입니다. 잘 듣고 질문에 답하세요.

1. 〈연탄길〉이라는 책은 어떤 책입니까?

2. 여자가 소개한 이야기를 간단히 요약해 보세요.

3. 이야기 속의 아주머니는 왜 차를 그냥 마셨을까요?

이야기해 보세요

다음과 같이 〈연탄길〉에 나올 만한 사람들에 대해 이야기해 보세요.

얼마 전에 신문에서 읽은 건데, 어떤 사람이 사업에 실패하고 돈이 없어 식당에서 구걸을 하게 되었어요. 그러다가 어떤 할머니네 국숫집까지 갔어요. 거기서 너무 배가 고파서 국수 한 그릇을 급히 먹었는데 할머니가 한 그릇을 더 가져다주었어요. 그 사람은 국수 두 그릇을 먹고는 돈이 없어서 도망쳤어요. 그러자 할머니가 뒤에서 이렇게 소리쳤어요. "그냥 가. 뛰지 마. 다쳐." 그 말 한마디에 그 사람은 세상에 대한 미움을 버릴 수 있었어요. 그 사람은 지금 사업을 하고 있는데 그 할머니를 찾아서 20년 전에 진 빚을 갚고 싶대요.

과제

다음과 같이 모방시를 써 보세요.

1. 다음은 시 '내가 사랑하는 사람'의 구성을 그대로 빌려서 쓴 모방시입니다. 잘 읽어 보세요.

내가 사랑하는 사람

나는 소망이 없는 사람을 사랑하지 않는다
나는 소망이란 무엇인지 모르는 사람을 사랑하지 않는다.
나는 소망의 향기를 풍기는 사람을 사랑한다.
세상의 그 누구도 소망이 있어야 행복할 수 있다
꿈을 꾸면서
소망을 이루려고 노력하는 그 사람을 바라보면
세상은 그 얼마나 아름다운가
나는 위로 안 하는 사람을 사랑하지 않는다.
나는 위로를 사랑하지 않는 사람을 사랑하지 않는다.
나는 누군가를 위로해 주는 사람을 [illegible]
친구도 위로해 주지 않으면 친구가 아[illegible]
위로가 필요없는 사람이 어디 있는가
슬픔의 늪에 빠져 있는 누군가를 품에 안고
위로해 주며 소망을 기르는 그 사람의 모습은
세상에 그 얼마나 아름답고 고마운가..

이란(브라질), 주영(중국), 크홀란(몽골)
(2009 봄 학기 5급)

2. 이 시와 원래의 시를 비교해 같은 점과 다른 점에 대해 이야기해 보세요.

3. 여러분이 이와 같은 모방시를 쓴다면 무엇에 대해 쓸지 친구와 의논해 보세요.

제목은?
- 내가 사랑하는 사람, 내가 존경하는 사람, 내가 닮고 싶은 사람, ……

내용은?
- '그늘' 대신 ……
- '눈물' 대신 ……

4. 친구와 함께 모방시를 한 편 써 보세요.

5. 다 쓴 시를 교실에 붙이고 서로 읽어 보세요. 또한 자기의 시에 대해 친구들에게 설명해 주세요.

6. 가장 잘된 시를 한 편 뽑고 잘됐다고 생각하는 이유를 말해 보세요.

자기 평가

1. 다음 중 아는 단어에 ∨하세요.

□ 단편 소설	□ 장편 소설	□ 줄거리	□ 주제
□ 섭섭하다	□ 홀가분하다	□ 싫증(이) 나다	□ 속상하다
□ 답답하다	□ 그늘	□ 연탄	□ 배려

2. 다음 표현을 이용해서 문장을 만들어 보세요.

1) A/V-았으면/었으면 하다

→

2) N(이)라고는

→

3) A/V-(으)련만

→

3. 소설 제목인 '옥상의 민들레꽃'의 의미는 무엇입니까?

....

4. 시 '내가 사랑하는 사람'과 '연탄 한 장'의 중심 생각은 무엇입니까?

....

보충 어휘

심리의 표현 다음은 우리의 마음 상태를 나타낼 때 쓰는 표현입니다. 이런 표현을 익혀 상황에 따른 다양한 감정을 보다 자세하고 정확하게 표현해 보도록 합시다.

서럽다 분하고 슬프다.	**설레다** 마음이 가라앉지 아니하고 들떠서 두근거리다.
지겹다 몹시 지루하고 싫다.	**괘씸하다** 남에게 예절이나 신의에 어긋난 짓을 당하여 분하고 밉살스럽다.
애틋하다 안타까워 애가 타는 듯하다.	**억울하다** 아무 잘못 없이 꾸중을 듣거나 벌을 받거나 하여 분하고 답답하다.
통쾌하다 아주 즐겁고 시원하여 유쾌하다.	**허무하다** 아무것도 없는 텅 빈 상태처럼 느껴져 매우 허전하고 쓸쓸하다.
흐뭇하다 어떤 일을 해 놓고 만족스러워 기분이 좋다.	**혼란스럽다** 뒤죽박죽 질서 없이 어지럽다.

연습 1 다음 상황과 관련 있는 표현을 쓰세요.

1) 

① 허무하다
② 설레다

2) 

① 억울하다
② 통쾌하다

3) 

① 서럽다
② 흐뭇하다

4) 

① 애틋하다
② 혼란스럽다

보충 어휘

연습 2 다음 상황과 관련 있는 표현을 찾으세요.

1) 영화에서 착한 사람들이 나쁜 사람들에게 피해를 당하다가 나중에 결국 이기면 답답하던 마음이 시원해져요.

→ 통쾌하다

2) 같은 음악을 너무 오래 반복해서 들었더니 이제 별로 감동도 없고 재미도 없어요.

→

3) 지하철에서 할아버지 할머니가 타셨는데도 모른 척하고 자리에 앉아 있는 젊은 사람들을 보면 화가 나요.

→

4) 가난하다고 사람들한테 무시당할 때 얼마나 슬프고 괴로운지 아세요?

→

5) 도대체 뭐가 뭔지 모르겠어요. 사람들마다 옳다고 하는 것이 모두 달라요.

→

6) 경기에서 지고 나니까 그동안 열심히 연습했던 것이 모두 아무것도 아닌 일이 되어버렸어.

→

연습 3 적절한 표현을 넣어서 대화 연습을 해 보세요.

1) 가 : 엄마, 아빠하고 연애할 때 어땠어요?
   나 : 그때는 이메일 대신 편지를 주고받았지. 편지를 보내 놓고 가슴 .... 답장을 기다리는 그 마음 요즘 젊은 사람들은 모를걸.

2) 가 : 그 사건의 진짜 범인이 잡혔다면서?
   나 : 그래, 다행이지? 하지만 진짜 범인도 아니면서 감옥에 3년이나 갇혀 있었던 사람은 얼마나 ....?

3) 가 : 어떨 때는 친절하게 잘해 주다가 또 어떨 때는 냉정하고. 그 사람 행동이 이랬다저랬다 해서 정말 ....
   나 : 그런 남자는 안 좋은 것 같아. 정말 사랑한다면 그렇게 헷갈리게 안 할 거야.

4) 가 : 경기에서 이겨서 기분 좋지?
   나 : 그럼, 자기를 절대로 이기지 못할 거라고 큰소리치더니 나한테 졌잖아. 내가 얼마나 .... 줄 알아?

5) 가 : 언제 가장 슬펐어요?
   나 : 돈이 없어 대학에 못 가게 되었을 때 .... 정말 많이 울었어요.

6) 가 : 아이들을 키우기 위해 암에 걸린 몸으로 길에서 장사를 하다니.

나 : 아이들에 대한 엄마의 사랑이 너무 ______________ 눈물이 날 것 같아.

7) 가 : 김장하느라고 고생이 많았지요?

나 : 그래도 다 해 놓으니 몸은 피곤하지만 마음은 ______________ .

8) 가 : 내가 군대에 있을 때는 말이야…….

나 : 군대 이야기 좀 그만해. 이제 ______________ . 어떻게 만날 때마다 군대 이야기야?

9) 가 : 아무것도 한 게 없는 것 같은데 1년이 벌써 다 갔네.

나 : 그러게. 1년이 너무 ______________ 가 버린 것 같아.

10) 가 : 너 후배들한테 화냈다면서?

나 : 그래, 선배들이 들어왔는데도 ______________ 인사를 안 하잖아.

어휘와 표현

1. 옥상의 민들레꽃

개미

명 곤충의 한 종류. ant
개미는 혼자 살지 않고 집단생활을 한다.

거실(居室)
명 가족이 함께 모여 생활하는 공간. living room
가족들이 거실에서 함께 텔레비전을 보고 있다.

견디다
동 어려운 일에 굴복하지 않고 참다. to endure
힘들더라도 조금만 더 견디면 좋은 날이 올 것이다.

광장(廣場)
명 많은 사람이 모일 수 있도록 만들어 놓은 넓은 곳. open space; public square; plaza
겨울에는 서울 광장에서 스케이트를 탈 수 있다.

꾸러미
명 함께 싸 놓은 물건. bundle; pack
아빠가 과자 꾸러미를 들고 들어오자 아이들의 얼굴이 밝아졌다.

남부럽다
형 남의 잘하는 점이나 좋은 점이 부럽다. to be envious of others
그는 명문 대학을 나와 일류 기업에 다니고 있으니 남부러울 게 없을 것이다.

눈물겹다
형 눈물이 날 정도로 불쌍하고 가엾다. to be tearful
그분의 인생은 눈물겨운 이야기로 가득하다.

눈치
명 속으로 생각하는 것이 겉으로 나타나는 태도. tact; wits
그 사람은 따로 이야기를 하고 싶어 하는 눈치이다.

단편 소설(短篇小說)
길이가 짧은 소설. short story
단편 소설은 길이가 짧아서 읽는 데 시간이 많이 걸리지 않는다.

답답하다 [답따파다]
형 숨이 막힐 것처럼 애가 타고 갑갑하다. to be stuffy; to be frustrated
친구 소식을 몰라 답답했는데 마침 오늘 전화가 왔다.

대하소설(大河小說)
명 사람들의 삶이나 가족의 역사 등을 시대의 흐름에 따라 다루는 소설. 구성이 복잡하고 등장인물이 다양하며 여러 가지 이야기가 나온다. epic novel
대하소설은 여러 권으로 이루어져 있으므로 다 읽으려면 시간이 걸린다.

독자(讀者) [독짜]
명 책을 읽는 사람. reader
이 소설을 좋아하는 독자들이 많다.

동창(同窓)
명 같은 학교를 졸업한 사람. alumni; schoolmate
오랜만에 고등학교 동창들을 만나 이야기를 나누었다.

등장인물(登場人物)
명 연극, 영화, 소설 등에 나오는 인물. character
등장인물의 대화를 통해 작가의 생각을 알 수 있다.

똥값 [똥깝]
명 아주 싼 값. dirt cheap price
배추가 너무 많이 생산되어 배추값이 똥값이 되었다.

민들레꽃
명 꽃의 한 종류. dandelion
초봄이 되면 잔디밭에 노란 민들레꽃이 많이 핀다.

백수(白手) [백쑤]
명 직업이 없는 사람. unemployed
대학을 졸업하고 백수 생활을 하고 있다.

부끄럽다
형 매우 수줍은 마음이 있다. to be embarrassed
여러 사람 앞에서 말하는 게 부끄러워서 얼굴이 붉어졌다.

부풀다
동 희망이나 기대가 마음속에 가득하게 되다. to swell with high expectation or hope
일이 잘될 거라는 기대로 우리 모두의 가슴이 부풀었다.

불만(不滿)
명 만족하지 못함. dissatisfaction
몇 년째 월급이 오르지 않아서 불만이 많다.

비추다
동 빛을 보내어 밝게 하다. to shine
길이 너무 어두워서 손전등을 비추면서 걸었다.

빤빤하다
형 구김이 없이 고르고 반듯하다. to have a surface free from roughness
빤빤하게 다듬은 돌 위에 작은 집을 지었다.

색종이 [색쫑이]

명 여러 가지 색깔의 종이. colored paper
어렸을 때는 색종이로 꽃이나 새를 만들기도 했다.

섭섭하다 [섭써파다]
형 마음이 서운하고 아쉽다. to be sorry; to be sad; to be disappointed
한국에서 몇 년 동안 유학하다가 이제 귀국하려고 하니 섭섭하다.

세차(洗車)
명 자동차를 닦는 것. car wash
오랫동안 세차를 안 해서 차가 매우 더럽다.

속상하다 [속쌍하다]
형 화가 나거나 걱정이 되어 마음이 불편하고 우울하다. to be upset; to be distressing
어제 일을 생각하면 너무 속상해서 잠도 안 온다.

쇠창살 [쇠창쌀/쉐창쌀]
명 쇠로 만든 창살. grating; iron bar
도둑을 막으려고 창문에 쇠창살을 달았다.

시멘트
명 건물이나 다리 등을 지을 때 쓰는 건축 재료. cement
옛날에는 나무로 건물을 지었지만 요즘은 주로 시멘트로 짓는다.

신통(神通)하다
형 칭찬할 정도로 마음에 들고 대견하다. extraordinary; to be remarkable
이번 대회에서 우리 축구팀의 성적은 별로 신통하지 않았다.

싫증(이) 나다 [실쯩이나다]
싫은 생각이나 그런 느낌이 나다. to be fed up; to be tired of
몇 번이나 같은 이야기를 계속 들으니까 싫증이 난다.

싹(이) 트다
씨앗이나 뿌리 등에서 처음 어린잎이 나오다. to sprout
화초가 죽은 줄 알았는데 봄이 오니 파란 싹이 트고 있다.

씨앗

명 곡식이나 채소 등의 씨. seed
땅에 씨앗을 심었는데 싹이 나기 시작했다.

야외(野外)
명 시가지에서 떨어져 있는 들판. outdoors
날씨가 따뜻해지니까 야외로 놀러가는 사람들이 많아졌다.

어버이날
명 부모님의 사랑과 은혜에 감사를 드리는 날. Parent's Day
매년 5월 8일 어버이날에는 부모님께 카네이션을 달아 드린다.

업다
동 사람이나 동물을 등에 놓고 손으로 붙잡다. to piggyback; to carry on one's back
어머니가 아기를 등에 업고 잠을 재운다.

오리다
동 칼이나 가위로 필요한 부분을 자르다. to cut out (with a knife or scissors)
여행에 관한 신문 기사를 오려서 모으고 있다.

오해(誤解)
명 잘못 이해함. misunderstanding
많은 대화로 서로 간에 오해가 풀렸다.

옥상(屋上) [옥쌍]
명 현대식 건물에서 지붕 위를 평평하게 만든 부분. rooftop
옥상에 빨래를 널면 잘 마른다.

옹색(壅塞)하다 [옹새카다]
형 집이나 자리가 작아서 너무 좁다. to be cramped; not onough space
방이 좁아서 두 사람이 눕기에는 옹색하다.

자살(自殺)하다
동 자기 스스로 목숨을 끊다. to commit suicide
계속되는 사업 실패로 자살하려고 했던 적도 있다.

장만하다
동 필요한 것을 마련하다. to prepare; to purchase; to get someting ready
결혼하면 살 집을 장만하려고 저축을 하고 있다.

장편 소설(長篇小說)
구성이 복잡하고 등장인물도 다양한 긴 소설. (full-length) novel
나는 단편 소설보다 다양한 이야기가 들어 있는 장편 소설을 좋아한다.

정성(精誠)(을) 들이다
참되고 성실하게 마음으로 노력하다. to put one's heart into
친구들을 초대하고 정성 들여서 음식을 만들었다.

어휘와 표현

줌
명 한 손에 쥘 만한 양. a handful
사탕 한 줌을 아이에게 주었다.

중편 소설(中篇小說)
단편과 장편의 중간쯤 되는 길이의 소설. (a mid-length) novel
'우리들의 일그러진 영웅'은 작가 이문열이 발표한 중편 소설이다.

찌꺼기
명 쓸 만하거나 값이 나가는 것을 골라낸 나머지. residue; leftovers; remainders
음식물 찌꺼기는 일반 쓰레기와 함께 버리면 안 된다.

포장(鋪裝)하다
동 길을 시멘트나 아스팔트로 덮어 단단하게 만들다. to pave the road
지하철 공사가 끝난 후에 도로를 다시 포장하고 있다.

필자(筆者) [필짜]
명 글을 쓴 사람. the writer; the author
이 글의 필자가 주장하는 것은 뭐예요?

한숨(을) 쉬다
근심하거나 긴장이 풀릴 때 길게 숨을 내쉬다. to sigh
걱정이 되니까 나도 모르게 한숨을 쉬게 된다.

허겁지겁 [허겁찌겁]
부 급한 마음으로 몹시 서두르는 모양. hurriedly; hastily
너무 배가 고파서 밥 한 그릇을 허겁지겁 먹었다.

홀가분하다
형 할 일을 모두 끝내서 마음이 가볍고 편안하다. to be free and easy; to be light
시험도 모두 끝났고 보고서도 오늘 다 제출해서 마음이 홀가분하다.

화상(火傷)
명 불에 데어서 생긴 상처. burn (scar)
집에 불이 나서 사람들이 화상을 입었다.

화자(話者)
명 이야기를 하는 사람. narrator
모든 대화에는 말하는 화자와 그것을 듣는 청자가 있다.

흉(凶)하다
형 생김새나 태도가 보기에 좋지 않다. not a pretty sight; to be ugly
교통사고 때문에 다친 상처가 아직도 흉하게 남아 있다.

2. 내가 사랑하는 사람

가슴(이) 찡하다
감동을 받아서 가슴이 뻐근하다. to be deeply moved to a point of heartaching
아버지가 일찍 돌아가셔서 혼자 우리들을 키우느라 애쓰신 어머니를 생각하면 항상 가슴이 찡하다.

감명(感銘)(이) 깊다
마음 깊이 감동이 있다. to be deeply moved; to be impressed
아픈 환자를 무료로 치료해 주는 의사의 이야기를 감명 깊게 읽었다.

고요하다
형 아무 소리도 없이 조용하다. to be silent
학생들이 모두 돌아간 학교는 아무 소리도 들리지 않고 매우 고요하다.

괴로워하다
동 괴로움을 느끼다. to suffer; to be in pain
환자들은 통증이 심해서 괴로워한다.

구걸(求乞)(을) 하다
돈, 식량, 물건 등을 그냥 달라고 빌다. to beg; to panhandle
전쟁이 끝난 후에 구걸을 하러 다니는 아이들이 아주 많았다.

구절(句節)
명 한 토막의 말이나 글. passage (in writing)
나는 책에서 좋은 구절을 읽으면 따로 적어 둔다.

그늘
명 빛이 없어 어두운 부분. shade
나무 그늘 아래에서 낮잠을 잔다.

그루
명 나무를 세는 단위. counter for trees
우리 집 뜰에는 아버지가 심으신 벚나무가 한 그루 있다.

기꺼이
부 마음속으로 은근히 기쁘게. willingly; with pleasure
그분은 사람들이 어떤 부탁을 해도 기꺼이 들어준다.

눈(이) 부시다
빛이나 색이 강해서 마주 보기 어렵다. blindingly bright; glare; dazzle
어두운 곳에 있다가 갑자기 밖으로 나가니 눈이 부셔서 뜰 수가 없다.

눈짓 [눈찓]
명 눈을 움직여 상대방에게 어떤 뜻을 전달하는 동작. glance; sign with one's eyes
친구에게 아무 말도 하지 말라는 눈짓을 했다.

덩이
명 작은 덩어리로 된 것을 세는 단위. counter for a small lumpy mass
하루 종일 주먹밥 한 덩이밖에 못 먹었다.

동정심(同情心)
명 남의 어려운 상황을 안타깝게 여기는 마음. sympathy
길에서 구걸하는 사람들을 보면 동정심이 생긴다.

따스하다
형 조금 따뜻하다. to be warm
따스한 봄볕 속에 민들레꽃이 피어 있다.

마음 놓다 [마음노타]
걱정하거나 긴장하는 마음을 풀거나 없애다. to make oneself relax
제가 다 알아서 할 테니 마음 놓고 쉬세요.

명시(名詩)
명 사람들에게 유명한 시. famous poem
라디오에 명시 감상 프로그램이 새로 생겼다.

반짝이다 [반짜기다]
동 작은 빛이 나타났다가 사라지기를 반복하다. twinkle; shine
아이들이 눈을 반짝이며 선생님이 읽어 주는 동화를 듣고 있다.

방울
명 눈물, 물 등의 작고 둥근 액체를 세는 단위. counter for small amount of liquid (such as tears or water)
다른 사람들은 영화를 보면서 모두 우는데 그는 눈물 한 방울 흘리지 않았다.

배려(配慮)
명 남을 도와주거나 보살펴 주려고 마음을 씀. consideration
이번 학기 등록금을 마련할 수 없었지만 교수님의 배려로 장학금을 받게 되었다.

부릉부릉
부 차가 움직이기 시작할 때 나는 소리. vroom
차가 진흙길에서 부릉부릉 소리만 내고 빠져나오지 못하고 있다.

비난(非難)
명 남의 잘못이나 결점에 대해 나쁘게 말함. criticism
그 감독이 이번에 만든 영화는 사람들한테 심한 비난을 받았다.

빚 [빋]
명 남에게 갚아야 할 돈. debt
집 사느라고 빌린 빚을 아직도 못 갚고 있다.

산산이 [산사니]
부 깨지거나 흩어지는 모양. to (or in) pieces; scatteredly
야구공에 맞은 교실 유리창이 산산이 부서졌다.

삶 [삼]
명 사는 일. life
인간다운 삶을 살기 위해 노력하고 있다.

선득선득하다 [선득썬드카다]
형 갑자기 서늘한 느낌이 계속 있다. to be cool; to be breezy
가을이 깊어지면서 불어오는 바람이 선득선득하다.

소용(所用)
명 쓸 곳. usefulness
이 물건은 가지고 있어도 아무 소용이 없다.

시련(試鍊)
명 겪기 어려운 과정이나 고비. ordeal; hardship
어린 나이에 갑자기 부모님이 돌아가시는 시련을 당했다.

신간(新刊)
명 새로 출판된 책. new book; newly-published book
그 작가의 신간 소설이 요즘 많이 팔린다.

쓸쓸하다
형 외롭고 적적하다. to be lonely
아는 사람도 없이 혼자 유학 생활을 하면서 쓸쓸할 때가 많았다.

안내서(案內書)
명 어떤 내용을 소개하거나 알려 주는 책이나 글. guidebook; information booklet
이 책은 관광 안내서 중에서 가장 꼼꼼하게 만들어졌다.

연탄(煉炭)
명 석탄으로 만든 연료. coral briquette
요즘은 연탄으로 난방을 하는 집이 많이 줄어들었다.

어휘와 표현

율무차(--茶) 🎧
명 율무 가루로 만든 차. adlay tea
율무차가 건강에 좋다고 해서 자주 마신다.

으깨다
동 딱딱한 물건이나 덩어리를 눌러 부서지게 하다. to mash (up); to crush; to smash
삶은 감자를 으깨서 소금과 우유를 조금 넣으면 맛있어요.

이기심(利己心)
명 자기의 이익만 생각하는 마음. selfishness
좋은 것은 자기 혼자 가지려는 동생의 이기심에 화가 난다.

이르다
형 기준보다 앞서거나 빠르다. to be early; to be prematurely
오늘 아침에는 보통 때보다 이르게 집에서 나왔다.

인간미(人間味)
명 인간다운 따뜻한 맛. touch of humanity
저 사람은 인간미라고는 찾아볼 수 없는 냉정한 사람이다.

일다
동 없던 현상이 생기다. to happen
바람이 부니까 바다에 파도가 높이 일었다.

잎새 [입쌔]
명 '잎사귀'의 방언. leaf
잎새에 부는 가을 바람이 차다.

재
명 불에 타고 남는 가루 같은 것. ashes
모기향이 밤새도록 타서 재만 남았다.

조선 팔도 (朝鮮八道) [조선팔또]
한국 전체를 가리키는 말. the entire Korean peninsula and its eight prefectures
이렇게 재주가 많은 사람은 조선 팔도에 없을 것 같다.

출간(出刊)하다 🎧
동 책을 인쇄하여 내놓다. to publish
그 출판사에서 이번에 백과사전을 새로 출간했다.

충고(忠告)하다 🎧
동 남의 결함이나 잘못을 타이르다. to advise
친구의 잘못을 보고도 충고하지 않는다면 진정한 친구가 아니다.

퍼먹다
동 욕심스럽게 막 먹다. to scoop and eat (greedily)
텔레비전에서 정신없이 죽을 퍼먹는 전쟁고아들의 모습을 보았다.

하염없이 [하여멉씨]
부 어떤 행동이나 상태가 자기 의지와는 관계없이 계속. endlessly (without one's control)
무슨 사정인지 이야기도 안 하고 하염없이 눈물만 흘린다.

햇살 [핻쌀]
명 해가 비칠 때의 빛. sunlight
봄 햇살이 강하니까 너무 오랫동안 밖에 있지 마세요.

부록

- 보충 자료
- 듣기 지문
- 모범 답안
- 어휘 색인

보충 자료

VII. 대중문화

1,000원의 여행

#1 커피숍

(남자와 여자가 공부하고 있다.)

여자 : 요즘 시험공부 때문에 너무 힘들어.
남자 : 그래도 우리는 열심히 공부해야 되잖아.
여자 : 그래도, 백 일인데…….
남자 : 아? 뭐라고?
여자 : 아니.
(여자가 지갑에서 천 원을 꺼내서 천 원짜리 위에 하트 모양을 그리고 글자를 쓴다. 남자는 계속 열심히 공부하고 여자는 남자의 책 위에 그림을 그린다.)

남자 : (불만스럽게) 공부해.
여자 : (더 불만스럽지만 참으며) 하고 있잖아!
(남자가 여자를 위로한다.)

남자 : 많이 힘들어? 뭐 좀 사 줄까?
여자 : (남자의 말을 듣고 다시 기뻐하며) 아니, 이거 받아.
(하트 모양으로 만든 천 원을 남자에게 준다.)
남자 : 응? 왜 갑자기?
여자 : 오늘, 백 일 기념인데…….
남자 : (깜짝 놀라며) 그래? 미안해. 나 때문에 놀 시간도 없지?
여자 : 괜찮아. (시계를 보고) 벌써 6시야. 이제 집에 가자.

#2 떡볶이 집

(남자가 떡볶이 집에서 떡볶이를 사 먹는다.)

남자 : 아주머니! 안녕하세요!
아주머니 : 어서 오세요. 매일 이렇게 늦게까지 공부해요?
남자 : 괜찮아요. 아주머니의 떡볶이를 먹으면 힘이 날 거예요.
아주머니 : 아줌마가 많이 줄 테니까 많이 먹어.
남자 : 네! 고맙습니다.

(남자가 떡볶이를 먹고 돈을 내려고 한다.)

남자 : 얼마예요?
아주머니 : 천 원만 주면 돼요.
남자 : 이렇게 많이 먹었는데 천 원이에요? 진짜 저한테 이렇게 잘해 주셔서요. 감사합니다!
아주머니 : 학생 많이 먹어야 공부 잘할 수 있어.
(남자는 사실 그 하트 모양의 천 원밖에 없다. 그래서 하트 모양의 천 원을 풀어서 떡볶이값을 낸다.)

남자 : 천 원이에요.

#3 커피숍

(남자와 여자가 공부하고 있다.)

여 : 그 천 원 어디에 넣었어?
남 : 무슨 천 원이야?
여 : 뭐야 그 하트…….
남 : 아, 그거……?
여 : 썼지!
남 : 그때 진짜 그 천 원밖에 없었어.
내가 공부하다가 너무 배고파서 떡볶이 사 먹었는데…….
여 : 왜 그래?
남 : 나도 어쩔 수 없잖아.
여 : 너 진짜…….
(너무 화가 나서 책들을 챙기고 나간다.)

#4 떡볶이 집

(떡볶이 집에서 주인아주머니의 딸이 아주머니의 일을 돕는다.)

딸 : 엄마! 나 학교 다녀왔어요.
엄마 : 어머! 웬일이야? 수업 없어?
딸 : 아! 오늘 일찍 끝났어. 엄마를 도와주고 싶어서 왔지.
엄마 : 아이고, 우리 딸…….

#5 떡볶이 집

(떡볶이 집에서 딸이 집으로 가려 한다.)

딸 : 엄마 나 먼저 갈게!
엄마 : 우리 딸, 오늘 고생했어. 여기 용돈 가져라!
딸 : 엄마! 무슨 용돈이야? 나 알바하는 거 아니잖아.
엄마 : 그냥 받아. 엄마는 우리 딸이 공부만 잘하면 그만이야. 더 바랄 거 없어. 여긴 자주 오지 말고 공부만 열심히 해! 알았지?
딸 : 알았어요. 고마워요, 엄마. 잘 쓸게요!

엄마 : 응. 잘 가.

#6 학교
(딸과 딸의 친구가 강의실로 가고 있다.)

친구 : 야! 잊어버리지 마. 우리 내기했다.
딸 : 무슨 내기?
친구 : 이번 시험에 더 좋은 점수를 받으면 우리 너한테 돈을 받기로 했잖아.
딸 : 아! 그거…….
친구 : 너 돈 미리 준비해 와!
딸 : 너 진짜 이길 수 있다고 생각하니? 웃기지 마!

(시험 본 후에, 둘이 학교에서 나오고 답안지를 바꾸고 점수를 확인한다.)

딸 : 아, 아! 진짜…….
친구 : 하! 내가 이겼다. 말했잖아! 내가 이길 거라고……. 빨리 돈 내놔!
딸 : 흥, 짜증 나. 근데 너 커닝했지?!
친구 : 아니!
(딸은 돈을 주면서 엄마가 돈 준 장면을 회상한다.)

친구 : 아, 화내지 마. 너 전에 몇 번 이겼잖아! 화내지 말고 우리 맛있는 거 사 먹자!
딸 : (친구의 말을 듣고 기분이 좀 좋아진다.) 가자!

#7 거리
(한 외국인이 지도를 보고 길을 찾고 있다.)

외국인 : (지도를 읽는다.) Excuse me. 절 도와줄 수 있어요?
친구 : 네!
외국인 : 저 N서울타워 가려고 하는데, 어떻게 가면 돼요?
친구 : N서울타워요?

(둘이 지도를 본다.)

친구 : 어, 여기서 2호선 타고요. 사당에서 4호선으로 갈아타고 명동에서 내리면 돼요.
외국인 : 어, 네, 감사합니다!
친구 : 아……. 한국말 잘하시네요! 왜 한국에 오셨어요?
외국인 : 저는 영어 선생님인데.
친구 : 좋아요! 저도 영어 공부 하고 싶어요! 그럼 선생님 좀 나한테 가르쳐 줄래요?
외국인 : Sure!
친구 : 그럼 제가 선생님한테 전화번호 알려 줄게요! 꼭 연락해 주세요!
외국인 : 예.

(친구가 종이를 꺼낼 때 친구에게 받은 천 원짜리가 땅에 떨어진다.)
(친구가 종이 위에 자기의 전화번호를 쓰고 외국인에게 준다.)

친구 : 그럼 이거 제 전화번호예요. 꼭 연락해 주세요!
외국인 : Sure!
친구 : 감사합니다. 다음에 봐요!
외국인 : 안녕히 가세요!

(외국인이 여자가 땅에 흘린 천 원을 발견하고 줍는다.)

#8 커피 판매기 앞
(외국인이 자판기 앞에 서 있는데, 커피 판매기가 고장 나서 천 원을 쓸 수 없다. 외국인이 동전이 없으니까 천 원짜리를 바꿀 수 있는 사람을 찾는다.)

외국인 : 저기요. Excuse me! 혹시 동전 있으세요?
남자 : 네, 잠깐만요.
(동전이 모자란다.) 죄송합니다. 제가 700원밖에 없어요.
외국인 : 아, 괜찮아요! 천 원이랑 바꿔 주세요!

(외국인이 남자한테 천 원을 준다.)

남자 : 네.
외국인 : 감사합니다.
남자 : 안녕히 가세요!

(남자가 천 원을 보고 신기하고 믿을 수 없다는 표정을 짓는다.)

#9 커피숍 밖에 있는 자리
(여자가 책을 읽고 있을 때 남자가 뒤에서 조심스럽게 가까이 온다. 남자가 여자에게 천 원을 보여 준다. 남자가 받은 천 원은 바로 여자가 예전에 준 천 원이다. 여자가 남자를 용서하고 서로 환하게 웃는다.)

전국 맛 지도

닭갈비
춘천
초당 순두부
강릉
횡성
서울
설렁탕
한우
영덕
전주비빔밥
대구
영덕 대게
포항
경주
전주
물회
재첩국
하동
충무
보성
녹차 밥
충무 김밥
따로국밥
경주 빵

서울 도심 지역 지도

창의문 (북소문)
부암동
1.21사태 소나무
백악마루
최규식동상
창의문 안내소
북악산(342m)
삼청동
명륜3가동
말바위안내소
삼청공원
와룡공원
200m | 5분
600m | 20분
1.3km | 20분
1.215km | 30분
혜화문 (동소문)
혜화동
이화동
낙산(125m)
성균관대학교
경신고등학교
서울과학고
인왕산(338m)
청운동
청운공원
치마바위
경복고등학교
청와대
육상궁
무궁화동산
북촌한옥마을
중앙고등학교
가회동
정독도서관
재동초등학교
북촌문화센터
헌법재판소
운현궁
안국역
후원
창덕궁
창경궁
국립서울과학관
서울문묘
대학로 문화지구
함춘원지
서울대학교병원
마로니에공원
한국방송통신대학교
이화동 벽화마을
세종마을
배화여자대학교
경복궁
민속박물관
대림미술관
국립고궁박물관
동십자각
광화문
광화문광장
미국대사관
세종문화회관
종로구청
조계사
인사동 문화지구
낙원상가
탑골공원
종묘
종묘광장공원
사직공원
종로문화체육센터 (광화문아트홀)
사직동
700m | 20분
경희궁
서울역사박물관
서울시교육청
경교장
교남동
강북삼성병원
돈의문터 (서대문)
서대문역
문화일보
정동교회
러시아대사관
덕수궁
서울광장
서울시청
서울시립미술관
환구단
시청역
청계광장
종각역
종로타워
보신각
종로3가역
종로5가역
종로청계관광특구
광장시장
새벽다리
마전교
나래교
버들다리
오간수교
동대문종합시장
모전교
광통교
광교
장통교
삼일교
수표교
관수교
세운교
배오개다리
을지로입구역
을지로3가역
을지로4가역
을지로동
충무로역
명동역
명동
명동성당
한국은행
신세계백화점
대한상공회의소
남대문시장
회현역
회현동
소의문터 (서소문)
서소문공원
중앙일보
배재학당터
1.4km | 50분
이화외고
숭례문 (남대문)
충정로역
중림동
청파동
서울역
SK빌딩
힐튼호텔
남대문경찰서
안중근의사기념관
남산도서관
후암동
남산(262m)
N서울타워
케이블카 정류장
팔각정
순환버스정류장
남산골한옥마을
필동
숭의여자대학
남산1호터널
남산3호터널
동국대학교
장충동
장충체육관
장충단
신라호텔
국립중앙극장
반얀트리호텔
남소문터
신당2동
4.617km
동대문역사문화공원역
동대문디자인플라자&파크
광희동
광희문
훈련원공원
국립의료원
동대문성곽공원
동대입구역
오간수문터
이간수문
중부시장

서울 도보 관광 코스

북촌 · 운현궁 코스

서울에서 유일하게 전통 한옥들이 모여 있는 북촌마을은 골목길 사이로 한옥들과 박물관, 공방들이 곳곳에 자리 잡고 있어 국내외 관광객들에게 한국 고유의 다양한 문화를 체험하고 알릴 수 있는 코스이다.

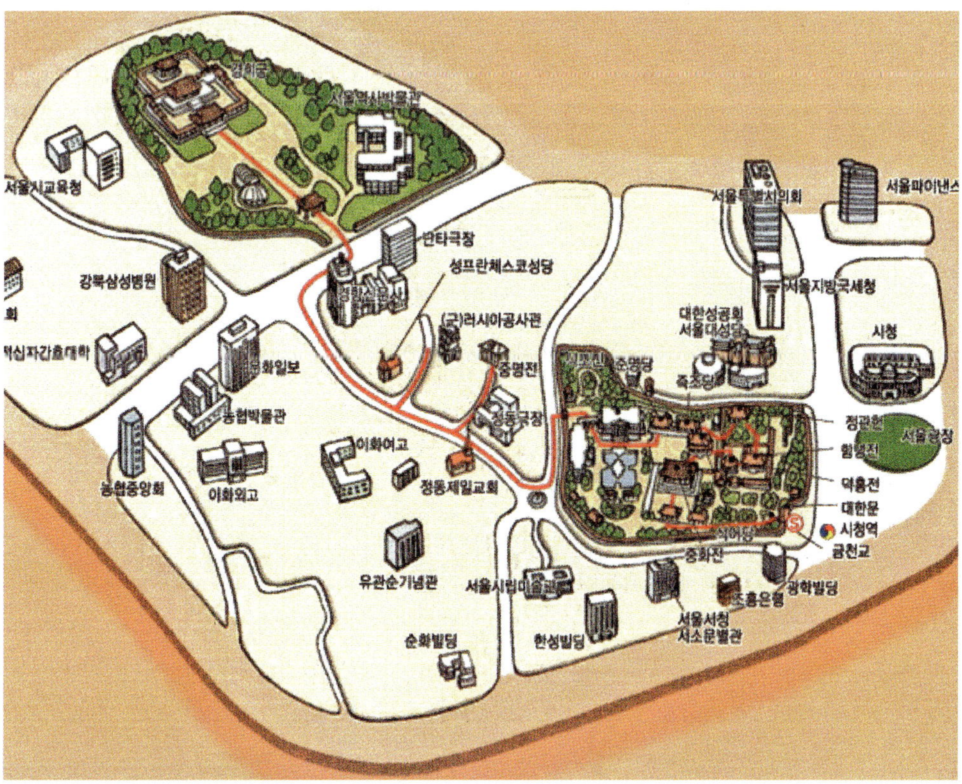

덕수궁 · 정동 코스

돌담길을 따라가는 정동길은 낭만이 가득하고 연인들이 걷기에 더없이 좋은 곳이다. 숨겨진 옛 덕수궁 터는 가슴 아픈 한국 근대사의 역사적 현장임을 실감하게 한다. 서울시립미술관, 서울역사박물관도 있어 역사와 문화 산책 코스로 알맞다.

©서울시 관광정보 (http://www.visitseoul.net)

쥐띠

1948년 1960년 1972년 1984년

정직하고 근면하다. 어려운 일이 있어도 빨리 극복한다. 온순해 보이나 남에게 지기 싫어하고 화를 잘 낸다. 자신감이 지나치면 나이 들어 외롭게 될 수도 있다.

소띠

1949년 1961년 1973년 1985년

인내력이 강하다. 계획을 세우면 끝까지 밀고 나가는 성품이다. 남의 말을 잘 듣지 않는 경우가 있으나 일은 꼼꼼하게 처리한다. 일복이 많다.

호랑이띠

1950년 1962년 1974년 1986년

활동적이고 결단력도 있으며, 남에게 절대 지지 않으려고 한다. 이런 면 때문에 다른 사람을 화나게 할 수도 있다. 강한 성격으로 비난도 받지만 다른 사람을 위한 봉사를 많이 하면 나이 들어 행복하게 지낼 수 있다.

토끼띠

1951년 1963년 1975년 1987년

온화하고 애교가 많다. 다른 사람과 금방 친해지고 다른 사람의 영향을 많이 받는다. 부드러운 성격이지만 반면 의지도 약한 편이다. 윗사람에게 신뢰를 얻는다. 그러나 유혹에 쉽게 빠지기도 하니 조심해야 한다.

용띠

1952년 1964년 1976년 1988년

기가 강하여 지기 싫어하는 성질. 본심은 매우 정직하면서도 의외로 소심한 편. 감정이 폭발하면 앞뒤를 가리지 않고 자기 생각대로 행동하는 편. 허영심이 많다. 의견 대립으로 다투는 일을 조심해야 한다.

뱀띠

1953년 1965년 1977년 1989년

마음이 너그러우며 인내력이 있다. 무엇이든 계획을 세워 마음을 정하고 실천하기 때문에 성공하는 운명을 타고 났다. 가끔 신경질적으로 화를 성급하게 내는 면이 있다. 나이 들수록 지혜로워진다.

말띠

1954년 1966년 1978년 1990년

화려한 것을 좋아하며, 사람들을 빨리 사귀는 편이다. 머리 회전이 빨라 일 처리를 잘한다. 그러나 끈기가 부족해 어떤 일을 하다가 중간에 포기할 때가 많다. 밝은 성격의 장점을 살리면 행복한 일생을 보낼 수 있다.

양띠

1955년 1967년 1979년 1991년

점잖고 내성적이면서 신중한 편이다. 마음은 올바르나 기가 약한 편이다. 사람 사귀는 걸 좋아하고 공부하는 것도 좋아하는 편. 끝맺음을 잘해야 사회에서 성공할 수 있다.

원숭이띠

1956년 1968년 1980년 1992년

머리 회전이 빠르고 지혜가 있어 일 처리를 잘한다. 사람들을 잘 사귀고 특히 윗사람에게 신용을 잘 얻는다. 그러나 실수도 많은 편이다. 술자리에서 조심해야 하며 주변 사람들에게 신경을 써 주면 행복하게 살 수 있다.

닭띠

1957년 1969년 1981년 1993년

머리가 좋고 다른 사람을 배려할 줄 알아 쉽게 친해진다. 야심이 크고 누구에게나 지기 싫어하며 집념이 강하다. 너무 욕심이 크면 진정한 행복을 잡기가 어려울 수도 있다.

개띠

1958년 1970년 1982년 1994년

온화하고 불의를 참지 못하고 정직하며 의리가 있고 거짓을 싫어한다. 동정심이 많아 남에게 친절하고 상대방이 어려움에 처했을 때 도와준다. 결벽증이 지나친 것만 조심하면 잘 살 수 있다.

돼지띠

1959년 1971년 1983년 1995년

의지가 강하여 무엇이나 열심히 한다. 상대가 아무리 강자라도 부정이 발견되면 정정당당히 대항한다. 책임감이 대단히 강한 장점이 있다. 독선에 빠지는 것을 조심하고 취미 생활을 한다면 행복한 여생을 보낼 수 있다.

XI. 역사의 발자취

한국사 연표

기원전
B.C. 2333년 단군왕검, 고조선 건국
B.C. 500년 부여 건국
B.C. 108년 고조선 멸망
B.C. 57년 박혁거세, 신라 건국
B.C. 37년 고주몽, 고구려 건국
B.C. 18년 온조, 백제 건국

기원후
1세기
3년 고구려, 국내성 천도
42년 김수로, 가야 건국

4세기
372년 고구려에 불교 전래, 태학 설치
384년 백제에 불교 전래

5세기
405년 백제, 일본에 한자 전파
414년 고구려, 광개토 대왕비 세움
434년 나제 동맹 성립
494년 부여, 고구려에 항복

6세기
527년 신라, 불교 공인
532년 금관가야, 신라에 통합
552년 백제, 일본에 불교 전파
562년 대가야, 신라에 통합
553년 신라, 한강 유역 차지

7세기
612년 고구려, 수나라에 살수 대첩으로 승리
632년 신라, 경주 첨성대 건립
645년 고구려, 안시성 싸움에서 승리
660년 백제 멸망
668년 고구려 멸망
676년 신라, 삼국 통일
699년 발해 건국

8세기
751년 신라, 불국사 창건

9세기
828년 장보고, 청해진 설치
892년 견훤, 후백제 건국

10세기
901년 궁예, 후고구려 건국
918년 고려 건국
926년 발해, 거란에 멸망
935년 신라 멸망, 고려에 항복
936년 고려, 후삼국 통일
958년 고려, 과거 제도 실시
992년 고려, 국자감 설치

11세기
1019년 강감찬 장군, 귀주 대첩
1087년 의천, 1차 대장경 완성

12세기
1107년 윤관, 여진 정벌 후 9성 축조
1145년 김부식, 〈삼국사기〉 편찬
1196년 무신 정권 성립, 최충헌 집권

13세기
1231년 몽골, 고려 침입
1232년 몽골, 2차 침입
1236년 〈고려 대장경〉 제작 시작
1270년 삼별초 항쟁
1285년 일연, 〈삼국유사〉 편찬

14세기
1356년 공민왕, 원나라 세력 축출
1359년 홍건적 침입
1363년 문익점, 원나라에서 목화씨 가져옴
1377년 최무선, 화통도감 설치
1388년 이성계, 위화도 회군
1392년 고려 멸망, 조선 건국
1394년 조선, 한양 천도

15세기
1402년 호패법 실시
1420년 집현전 설치
1441년 장영실, 측우기 발명
1443년 훈민정음 창제
1446년 훈민정음 반포
1469년 〈경국대전〉 완성

20세기 10대 발명품

비행기(1903)

진공청소기(1907)

TV(1923)

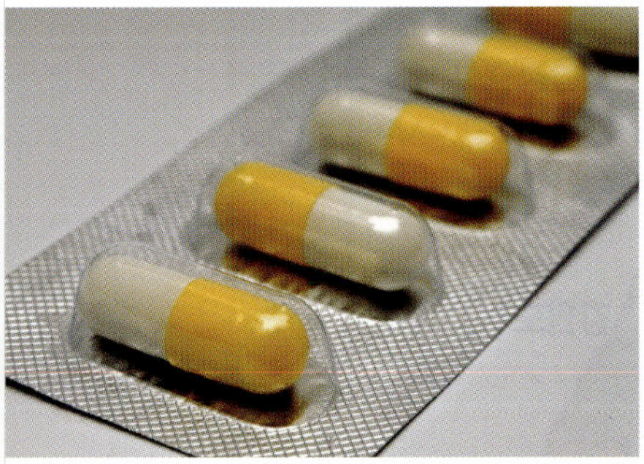

페니실린(1928)

나일론(1938)

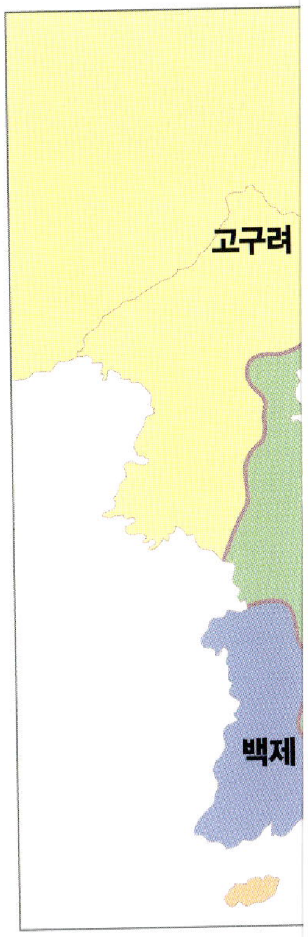

6세기 한반도

10세기 한반

XI. 역사의 발자취

한국사 연표

기원전
B.C. 2333년 단군왕검, 고조선 건국
B.C. 500년 부여 건국
B.C. 108년 고조선 멸망
B.C. 57년 박혁거세, 신라 건국
B.C. 37년 고주몽, 고구려 건국
B.C. 18년 온조, 백제 건국

기원후

1세기
3년 고구려, 국내성 천도
42년 김수로, 가야 건국

4세기
372년 고구려에 불교 전래, 태학 설치
384년 백제에 불교 전래

5세기
405년 백제, 일본에 한자 전파
414년 고구려, 광개토 대왕비 세움
434년 나제 동맹 성립
494년 부여, 고구려에 항복

6세기
527년 신라, 불교 공인
532년 금관가야, 신라에 통합
552년 백제, 일본에 불교 전파
562년 대가야, 신라에 통합
553년 신라, 한강 유역 차지

7세기
612년 고구려, 수나라에 살수 대첩으로 승리
632년 신라, 경주 첨성대 건립
645년 고구려, 안시성 싸움에서 승리
660년 백제 멸망
668년 고구려 멸망
676년 신라, 삼국 통일
699년 발해 건국

8세기
751년 신라, 불국사 창건

9세기
828년 장보고, 청해진 설치
892년 견훤, 후백제 건국

10세기
901년 궁예, 후고구려 건국
918년 고려 건국
926년 발해, 거란에 멸망
935년 신라 멸망, 고려에 항복
936년 고려, 후삼국 통일
958년 고려, 과거 제도 실시
992년 고려, 국자감 설치

11세기
1019년 강감찬 장군, 귀주 대첩
1087년 의천, 1차 대장경 완성

12세기
1107년 윤관, 여진 정벌 후 9성 축조
1145년 김부식, 〈삼국사기〉 편찬
1196년 무신 정권 성립, 최충헌 집권

13세기
1231년 몽골, 고려 침입
1232년 몽골, 2차 침입
1236년 〈고려 대장경〉 제작 시작
1270년 삼별초 항쟁
1285년 일연, 〈삼국유사〉 편찬

14세기
1356년 공민왕, 원나라 세력 축출
1359년 홍건적 침입
1363년 문익점, 원나라에서 목화씨 가져옴
1377년 최무선, 화통도감 설치
1388년 이성계, 위화도 회군
1392년 고려 멸망, 조선 건국
1394년 조선, 한양 천도

15세기
1402년 호패법 실시
1420년 집현전 설치
1441년 장영실, 측우기 발명
1443년 훈민정음 창제
1446년 훈민정음 반포
1469년 〈경국대전〉 완성

20세기 10대 발명품

비행기(1903)

진공청소기(1907)

TV(1923)

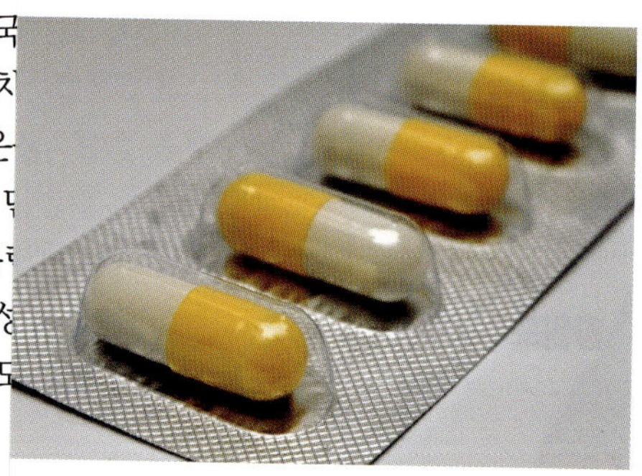

페니실린(1928)

나일론(1938)

XI. 역사의 발자취

한국사 연표

기원전

B.C. 2333년 단군왕검, 고조선 건국
B.C. 500년 부여 건국
B.C. 108년 고조선 멸망
B.C. 57년 박혁거세, 신라 건국
B.C. 37년 고주몽, 고구려 건국
B.C. 18년 온조, 백제 건국

기원후

1세기

3년 고구려, 국내성 천도
42년 김수로, 가야 건국

4세기

372년 고구려에 불교 전래, 태학 설치
384년 백제에 불교 전래

5세기

405년 백제, 일본에 한자 전파
414년 고구려, 광개토 대왕비 세움
434년 나제 동맹 성립
494년 부여, 고구려에 항복

6세기

527년 신라, 불교 공인
532년 금관가야, 신라에 통합
552년 백제, 일본에 불교 전파
562년 대가야, 신라에 통합
553년 신라, 한강 유역 차지

7세기

612년 고구려, 수나라에 살수 대첩으로 승리
632년 신라, 경주 첨성대 건립
645년 고구려, 안시성 싸움에서 승리
660년 백제 멸망
668년 고구려 멸망
676년 신라, 삼국 통일
699년 발해 건국

8세기

751년 신라, 불국사 창건

9세기

828년 장보고, 청해진 설치
892년 견훤, 후백제 건국

10세기

901년 궁예, 후고구려 건국
918년 고려 건국
926년 발해, 거란에 멸망
935년 신라 멸망, 고려에 항복
936년 고려, 후삼국 통일
958년 고려, 과거 제도 실시
992년 고려, 국자감 설치

11세기

1019년 강감찬 장군, 귀주 대첩
1087년 의천, 1차 대장경 완성

12세기

1107년 윤관, 여진 정벌 후 9성 축조
1145년 김부식, 〈삼국사기〉 편찬
1196년 무신 정권 성립, 최충헌 집권

13세기

1231년 몽골, 고려 침입
1232년 몽골, 2차 침입
1236년 〈고려 대장경〉 제작 시작
1270년 삼별초 항쟁
1285년 일연, 〈삼국유사〉 편찬

14세기

1356년 공민왕, 원나라 세력 축출
1359년 홍건적 침입
1363년 문익점, 원나라에서 목화씨 가져옴
1377년 최무선, 화통도감 설치
1388년 이성계, 위화도 회군
1392년 고려 멸망, 조선 건국
1394년 조선, 한양 천도

15세기

1402년 호패법 실시
1420년 집현전 설치
1441년 장영실, 측우기 발명
1443년 훈민정음 창제
1446년 훈민정음 반포
1469년 〈경국대전〉 완성

20세기 10대 발명품

비행기(1903)

진공청소기(1907)

TV(1923)

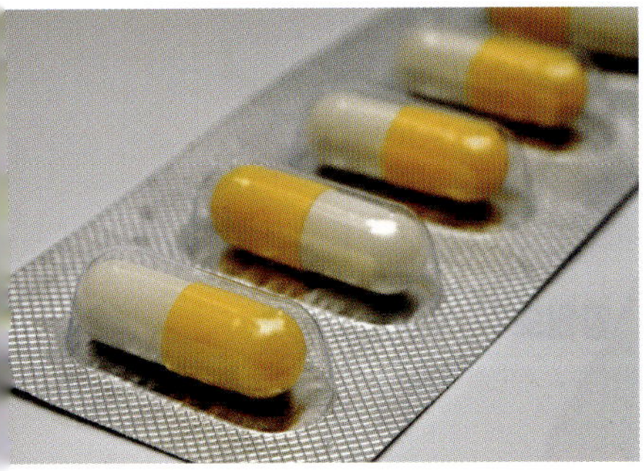

페니실린(1928)

나일론(1938)

XI. 역사의 발자취

한국사 연표

기원전

B.C. 2333년 단군왕검, 고조선 건국
B.C. 500년 부여 건국
B.C. 108년 고조선 멸망
B.C. 57년 박혁거세, 신라 건국
B.C. 37년 고주몽, 고구려 건국
B.C. 18년 온조, 백제 건국

기원후

1세기

3년 고구려, 국내성 천도
42년 김수로, 가야 건국

4세기

372년 고구려에 불교 전래, 태학 설치
384년 백제에 불교 전래

5세기

405년 백제, 일본에 한자 전파
414년 고구려, 광개토 대왕비 세움
434년 나제 동맹 성립
494년 부여, 고구려에 항복

6세기

527년 신라, 불교 공인
532년 금관가야, 신라에 통합
552년 백제, 일본에 불교 전파
562년 대가야, 신라에 통합
553년 신라, 한강 유역 차지

7세기

612년 고구려, 수나라에 살수 대첩으로 승리
632년 신라, 경주 첨성대 건립
645년 고구려, 안시성 싸움에서 승리
660년 백제 멸망
668년 고구려 멸망
676년 신라, 삼국 통일
699년 발해 건국

8세기

751년 신라, 불국사 창건

9세기

828년 장보고, 청해진 설치
892년 견훤, 후백제 건국

10세기

901년 궁예, 후고구려 건국
918년 고려 건국
926년 발해, 거란에 멸망
935년 신라 멸망, 고려에 항복
936년 고려, 후삼국 통일
958년 고려, 과거 제도 실시
992년 고려, 국자감 설치

11세기

1019년 강감찬 장군, 귀주 대첩
1087년 의천, 1차 대장경 완성

12세기

1107년 윤관, 여진 정벌 후 9성 축조
1145년 김부식, 〈삼국사기〉 편찬
1196년 무신 정권 성립, 최충헌 집권

13세기

1231년 몽골, 고려 침입
1232년 몽골, 2차 침입
1236년 〈고려 대장경〉 제작 시작
1270년 삼별초 항쟁
1285년 일연, 〈삼국유사〉 편찬

14세기

1356년 공민왕, 원나라 세력 축출
1359년 홍건적 침입
1363년 문익점, 원나라에서 목화씨 가져옴
1377년 최무선, 화통도감 설치
1388년 이성계, 위화도 회군
1392년 고려 멸망, 조선 건국
1394년 조선, 한양 천도

15세기

1402년 호패법 실시
1420년 집현전 설치
1441년 장영실, 측우기 발명
1443년 훈민정음 창제
1446년 훈민정음 반포
1469년 〈경국대전〉 완성

16세기
1592년 임진왜란, 이순신 장군, 한산도 대첩
1593년 행주 대첩
1597년 정유재란, 명량 대첩

17세기
1610년 허준, 〈동의보감〉 완성
1636년 병자호란
1677년 대동법 실시
1678년 상평통보 주조

18세기
1725년 영조, 탕평책 실시
1750년 균역법 실시
1776년 규장각 설치
1796년 정조, 수원 화성 완성

19세기
1811년 홍경래의 난
1818년 정약용, 〈목민심서〉 완성
1860년 최제우, 동학 창시
1861년 김정호, 〈대동여지도〉 편찬
1864년 서원 철폐 시작
1866년 병인양요
1871년 신미양요
1876년 일본과 강화도 조약 체결
1879년 지석영, 종두법 실시
1882년 임오군란
1883년 태극기를 국기로 선정
1884년 우정국 설치, 갑신정변
1894년 동학농민운동, 청일 전쟁
1895년 을미사변, 단발령 선포
1896년 서재필, 독립협회 설립, 〈독립신문〉 발간
1897년 대한제국 성립
1900년 경인선 철도 개통

20세기
1905년 을사조약 체결, 을사의병
1907년 헤이그 특사 파견
1910년 한일 합방
1913년 안창호, 흥사단 조직
1914년 블라디보스토크에 대한 광복군 정부 수립
1918년 대한 독립선언문 발표
1919년 3·1 운동 시작, 대한민국 임시 정부 수립
1920년 〈조선일보〉, 〈동아일보〉 창간
1923년 방정환, 어린이날 제정
1926년 6·10 만세 운동
1927년 신간회 조직
1932년 이봉창, 윤봉길 의거
1933년 조선어학회 한글맞춤법통일안 제정
1940년 한국광복군 창설, 창씨개명 실시
1945년 8·15 광복, 38도선 남북 분단
1948년 대한민국 정부 수립, 이승만 대통령 집권
1950년 6·25 전쟁
1953년 휴전 협정
1960년 4·19 혁명
1961년 5·16 군사 쿠데타
1963년 박정희 대통령 집권
1970년 새마을 운동 시작, 경부고속도로 개통
1972년 유신 정권 시작
1979년 10·26 사건, 12·12 군사 쿠데타
1980년 5·18 광주 민주화 운동
1983년 KAL기 피격 참사
1986년 아시안 게임 개최
1987년 6·29 민주화 선언
1988년 서울 올림픽 개최
1990년 소련과 국교 수립
1991년 남북한 UN 동시 가입
1992년 중국과 국교 수립
1996년 OECD 가입
1997년 IMF 외환 위기
1998년 금강산 관광 시작
2000년 남북정상회담
김대중 대통령, 노벨 평화상 수상

21세기
2001년 인천국제공항 개항
2002년 한국 · 일본 월드컵 공동 개최
2004년 고속철도(KTX) 개통
2006년 반기문, 유엔 사무총장 임명
2007년 제2차 남북정상회담 개최
2008년 국보 1호 숭례문 화재
2009년 김대중, 노무현 전 대통령 서거
2010년 천안함 침몰 사건
G20 정상회의 개최
안동 하회마을, 경주 양동마을 세계문화유산 등재

한반도 역사 지도

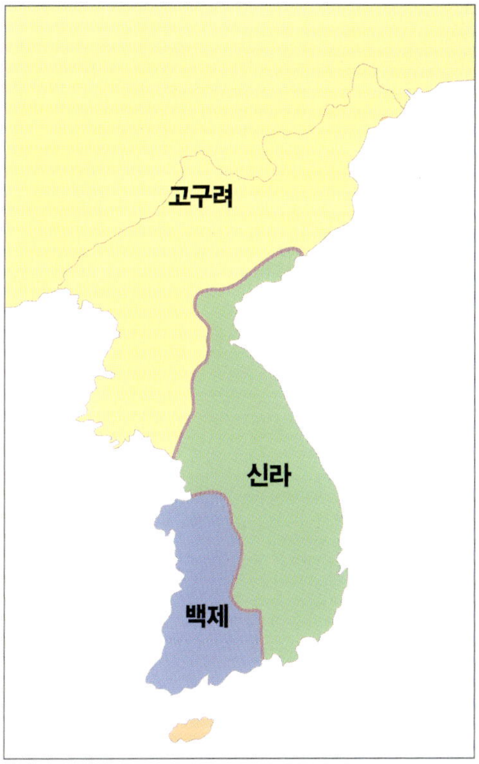

6세기 한반도 지도(삼국 시대)

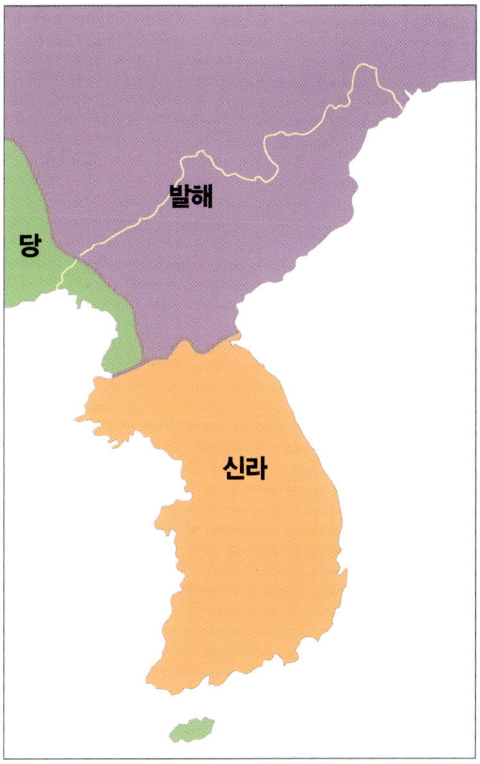

7세기 한반도 지도(통일신라 시대)

10세기 한반도 지도(고려 시대)

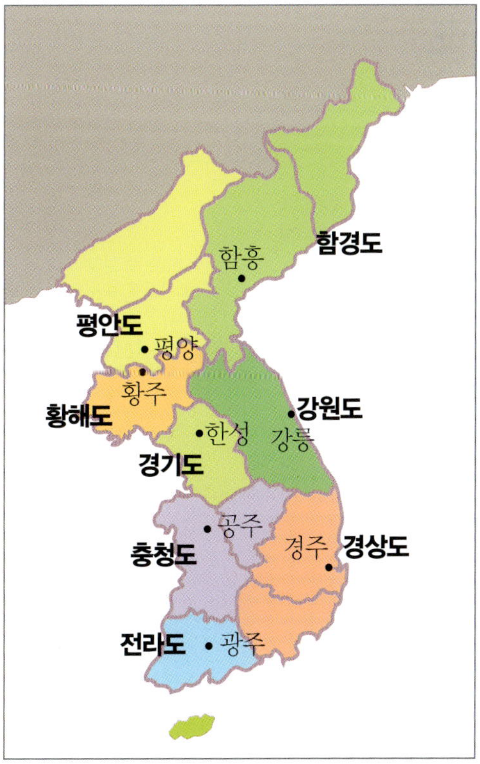

14세기 한반도 지도(조선 시대)

20세기 10대 발명품

비행기(1903)

진공청소기(1907)

TV(1923)

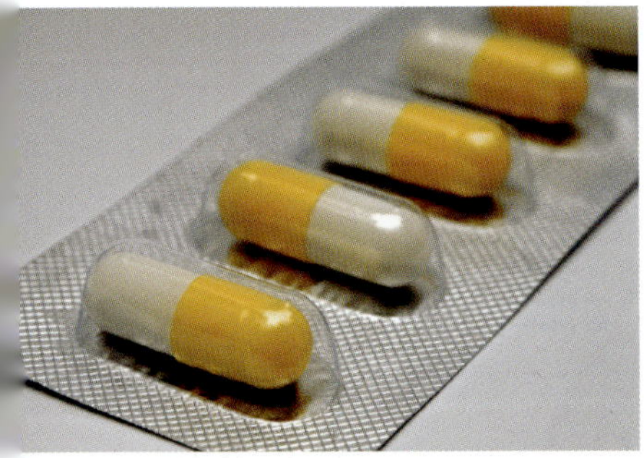

페니실린(1928)

나일론(1938)

컴퓨터(1946)

피임약(1954)

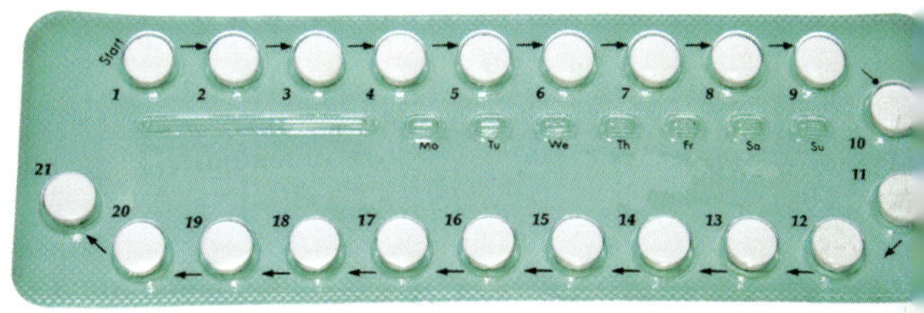

레이저(1960)

인디넷(1969)

워크맨(1979)

옥상의 민들레꽃

박완서

우리 아파트 7층 베란다에서 할머니가 떨어져서 돌아가셨습니다. 실수로 떨어지신 게 아니라 일부러 떨어지셨다니까, 할머니는 자살을 하신 것입니다.

이번 일이 벌써 두 번째입니다.

그것을 제일 먼저 발견한 할머니의 며느리가 놀라서 악을 쓰는 소리를 듣고 아파트에 사는 사람들이 모두 베란다로 뛰어나갔습니다. 나도 뛰어나갔습니다만, 엄마가 뒤에서 내 눈을 가렸기 때문에 7층에서 떨어진 할머니가 어떻게 되었는지 보지도 못했습니다.

엄마는 내 눈을 가려 주면서 떨리는 목소리로 말했습니다.

"오오, 끔찍한 일이다."

다른 어른들도 "끔찍한 일이야. 오오, 끔찍한 일이야." 하면서 아이들의 눈을 가린 후 다들 안으로 데리고 들어갔습니다.

우리 궁전 아파트는 살기 편하고 시설이 고급이고 환경이 아름답기로 이름난 아파트입니다. 우리나라에서 나는 물건은 물론 외국에서 들어온 물건까지 없는 것 없이 갖춰 놓은 슈퍼마켓도 있고, 어린이를 위한 널찍한 놀이터도 있고, 아름다운 공원도 있고, 노인들을 위한 정자도 있고, 사람의 힘으로 만든 푸른 연못도 있습니다. 누군가 "너 어디서 사냐?"고 물었을 때, "궁전 아파트에 산다!"고 하면 물은 사람의 얼굴에 금세 부러워하는 빛이 역력해집니다. 그리고 한숨을 쉬며 말합니다.

"참 좋겠다. 우린 언제 그런 데 살아 보누."

그러니까 궁전 아파트에 살지 않는 사람들은 궁전 아파트에 사는 사람이 행복하다는 것을 아무도 의심하지 않나 봅니다. 그렇게 믿고 있는 사람들을 실망시키지 않기 위해서라도 궁전 아파트에 사는 사람들은 모두모두 행복할 수밖에 없습니다.

그런데 이게 웬일입니까?

벌써 두 사람이나 살기가 싫어서 스스로 목숨을 끊었습니다.

얼마나 사는 것이 행복하지 않으면 스스로 목숨을 끊고 싶어질까, 궁전 아파트 사람들은 상상할 수 없습니다. 궁전 아파트 사람이 알 수 있는 것은 앞으로 이런 일이 다시는 일어나선 안 된다는 것입니다. 이런 일이 자꾸 일어나 소문이 퍼져 보십시오. 사람들은 궁전 아파트 사람들의 행복이 가짜일 거라고 의심할지도 모릅니다.

그렇게 된다면 큰일입니다. 그런 생각만으로도 궁전 아파트 사람들은 금세 불행해지고 맙니다. 궁전 아파트 사람들이 이제껏 행복했던 것은 다른 사람들이 그렇게 알아주었기 때문이니까요. 그것은 마치 엄마의 보석 반지가 엄마를 행복하게 하는 것은, 보석이 아름다워서가 아니라 보석이 진짜라는 보석 장수의 보증 때문인 것과 같은 이치입니다.

이제껏 굳게 믿고 있던 행복이 흔들리자, 궁전 아파트 사람들은 그 불안을 견디다 못해 한자리에 모여 의논을 하기로 했습니다. 모이는 장소는 70평짜리 아파트 두 채를 터서 쓰는 사장님 댁으로 정해졌습니다.

나는 엄마의 치마꼬리에 바싹 다가붙었습니다.

나는 막내입니다. 그래서 엄마는 나를 그냥 어린애로 압니다. 대개의 어리광은, "오냐, 오냐" 하고 잘 들어줍니다.

넓은 사장님 댁은 벌써 사람들로 꽉 들어차 있었습니다.

반상회 날보다 더 많은 사람이 모여들었습니다. 반상회 날은 더러 아이들도 섞여 있었는데, 오늘은 아이들이 한 명도 안 보입니다. 어른들만 모여 있으니 회의의 분위기가 한층 엄숙한 것 같았습니다.

엄마도 그제야 나를 데려온 것이 창피한지 눈짓을 하며 나를 등 뒤로 숨기려 들었습니다. 그러나 나는 엄마 등 뒤에 숨을 수 있을 만큼 작은 아이가 아닙니다. 나는 나타나 있고 싶고 참견도 하고 싶었습니다. 다른 일이라면 모를까, 이런 일은 내가 꼭 참견을 해야 할 것 같았습니다.

왜냐하면 나는 그 할머니가 왜 살고 싶지 않았는지를 알고 있기 때문입니다.

생전의 그 할머니와 사귄 적도 본 적도 없었지만 그것만은 자신 있게 알고 있었습니다.

"에에 또, 이렇게 여러 귀빈들을 한자리에 모셔서 영광입니다. 오늘은 저희 집에 모신 만큼 제가 임시 회장이 되어서 회의를 진행하겠습니다. 아, 참 회장이 있으려면 모임 이름도 있어야겠군요. 명함에 박으려면 '무슨무슨 회 회장'이라고 해야지 그냥 회장이라고 할 수 없지 않습니까? 안 그렇습니까, 여러분!"

"옳습니다!"
여러 사람 모두 찬성을 했습니다.
"서로 돕기회가 어떻게 습니까?"
어떤 젊은 아저씨가 말했습니다.
"안 됩니다, 그건. 서로 돕다니요? 우리가 뭐가 부족해서 서로 돕습니까? 이웃돕기는 가난하고 불쌍한 사람들끼리 하는 겁니다."
"옳소, 옳소."
여러 사람이 찬성했기 때문에 '서로 돕기회'라는 이름은 탈락되었습니다.
"그, 그렇지만 우리가 여기 이렇게 모인 건 서로 돕기 위해서가 아닙니까?"
서로 돕기회를 주장한 젊은 아저씨가 외롭게 대들었습니다.
"아닙니다. 이번 사고를 수습할 대책을 마련하려고 모인 겁니다."
"아, 됐습니다. 바로 그겁니다. 수습 대책 협의회가 좋겠군요. '궁전 아파트 사고 수습 대책 협의회' …… 적당히 어렵고 적당히 길고…… 그걸로 정할까요?"
"사장님, 아니 회장님, 그럼 그 명의로 명함을 박으실 건가요?"
"그럼요, 썩 마음에 드는 명칭입니다. 안 그렇습니까?"
"안 그렇습니다. 그건 마치 우리 궁전 아파트가 사고만 나는 아파트라는 인상을 퍼뜨리는 것과 같습니다. 아파트값이 뚝 떨어질지도 모릅니다."
아파트값이 떨어질지도 모른다는 소리에 일제히 와글와글 들고 일어나 그 이름도 부결이 되었습니다.
"여러분 지금 급한 것은 이름 짓기가 아닙니다. 어떡하면 그런 사고가 다시 안 일어나게 하느냐 하는 것입니다. 이번이 벌써 두 번째입니다. 이 소문이 퍼져 보십시오. 제일 먼저 영향을 받는 건 우리 아파트값일 겁니다. 아마 한 번만 더 사고가 나면 우리 아파트값은 당장 똥값이 될걸요?"
모임 이름을 서로 돕기회로 하자던 아저씨가 이렇게 말하자 장내는 조용해지고 사람들의 얼굴은 금세 어두워졌습니다.
"여러분, 우리 아파트값을 똥값으로 만들지 않기 위해 머리를 짭시다. 좋은 의견이 있으신 분은 아무 의견이나 말씀해 주십시오."
"젊은 사람, 그것은 회장의 권한입니다. 좋은 의견이 있으신 분은 기탄없이 말씀해 주십시오."
회장이 젊은 아저씨로부터 말끝을 빼앗았습니다.
"저요, 저요."
나는 학교에서 선생님께 시켜 달라고 조를 때처럼 손을 번쩍 들면서 벌떡 일어서려는데 엄마한테 세차게 붙잡혔습니다.
"아니, 여기가 어딘 줄 알고 네가 나서려고 해. 아이 창피해."
엄마의 얼굴이 홍당무가 됩니다.
" 아니, 여기가 어디라고 아이를 끌고 다녀, 쯧쯧."
사람들이 수군대는 소리도 들립니다. 엄마는 얼굴이 더욱 빨개지면서 어쩔 줄을 모릅니다.
"제가 한마디 하겠습니다."
뚱뚱한 아줌마가 몸을 일으키는 데 하도 오래 걸리니까 뒤에 앉은 사람이 "영치기!" 하고 큰 소리로 외치며 엉덩이를 들어 주었습니다. 모인 사람들이 처음으로 웃음을 터뜨렸습니다.
"여러분, 이건 웃을 일이 아닙니다."
뚱뚱한 아줌마가 엄숙한 얼굴로 말을 시작했습니다.
"나도 조금 전까지만 해도 지금처럼 심각하진 않았습니다. 우리 집엔 노인네가 안 계시니까요. 그러나 지금은 누구 못지않게 심각합니다. 다들 그래야 됩니다. 노인네들 지키는 것은 노인네를 모신 집만의 골칫거리겠지만, 아파트값의 최고 자리를 지키는 것은 우리 모두의 일입니다. 아시겠어요?"
장내가 물을 끼얹은 듯 조용해졌습니다.
"제일 먼저 우리가 할 일은 절대로 이번 사고를 입밖에 내지 않는 겁니다. 소문만 안 나면 그런 일은 없었던 것이나 마찬가지입니다. 다음은 그런 일이 다시는 안 일어나게 하는 겁니다. 감쪽같이 감추는 것도 한두 번이지 자꾸 계속되면 소문이 안 날 수가 없게 됩니다. 왜냐하면 이사 가는 사람이 생기거든요. 나부터도 그런 사고가 한 번만 더 나면 아파트값이 뚝 떨어지기 전에 제일 먼저 팔고 이사를 갈 테니까요. 이사만 가 보세요. 뭐가 무서워 소문을 안 냅니까. 아시겠죠? 소문을 안 내는 것보다는 그런 사고가 다시 안 일어나게 하는 게 더 중요한 까닭을……."

모두 말없이 고개만 끄덕였습니다. 뚱뚱한 여자는 더욱 의기양양해서 연설을 계속했습니다.

"그래서 제가 연구한 사고 방지책을 지금부터 말씀드리겠어요. 조용히 하세요, 조용히! 우리 아파트 베란다는 너무 허술해요. 노인네가 아니라도 아이들이 장난치다 떨어지지 말란 법도 없잖아요."

"아유, 끔찍해라."

엄마가 나를 꼭 껴안았습니다. 다른 엄마들도 아이들이 떨어질 수 있다는 새로운 근심에 안절부절못합니다. 아이들이 떨어질 수 있다는 새로운 근심에 안절부절못합니다. 아이들한테만 집을 맡기고 온 엄마는 뒤로 몰래 빠져나갈 눈치를 보기도 합니다.

"그래서 베란다에다 일제히 쇠창살을 달면 어떨까 하는 의견을 말씀드리는 겁니다. 바람은 통하되 사람의 몸은 빠져나갈 수 없는 쇠창살 말입니다."

"옳소, 옳소."

"옳은 말씀이에요. 왜 진작 그 생각을 못 했을까? 이제부터 발 뻗고 자게 됐지 뭐예요."

모든 사람들의 얼굴에는 근심이 걷히면서 뚱뚱한 여자의 의견에 대한 칭찬의 소리가 자자했습니다.

"옳은 일은 서두르는 게 좋아요. 곧 쇠창살을 해 달도록 하세요. 회장의 권한으로 명령합니다."

회장님이 주먹으로 탁탁 응접탁자를 치면서 말했습니다.

"쇠창살 주문은 내가 받겠어요. 우리 애 아빠가 쇠붙이 회사 사장이니까요. 누구보다도 값싸게 누구보다도 빨리 해 드릴 수가 있어요. 품질은 보증하느냐고요? 여부가 있나요."

뚱뚱한 여자가 신이 나서 소리쳤습니다. 사람들은 서로 먼저 쇠창살 신청을 하려고 밀치고, 아우성을 쳤습니다.

"여러분 침착하세요. 이럴 때일수록 흥분을 가라앉히고 침착하게 생각해야 합니다. 과연 쇠창살이 가장 좋은 방법일까요?"

젊은 아저씨가 아우성치는 사람들을 향해 팔을 휘두르며 외쳤습니다. 사람들은 젊은 아저씨의 다음 말을 기다리느라 잠깐 조용해졌습니다.

그때 나는 내가 다시 나서야 할 것처럼 느꼈습니다.

나는 알고 있기 때문입니다. 베란다에서 떨어져서 그만 살고 싶은 마음을 돌이킬 수 있는 건, 쇠창살이 아니라 민들레꽃이라는 걸 나만 알고 있기 때문입니다. 내가 알고 있는 건 어른들처럼 갑자기 떠오른 생각이 아니라, 직접 겪어서 알고 있는 것이기 때문에 더욱 자신이 있었습니다.

'베란다에 있어야 할 것은 쇠창살이 아니라 민들레꽃이에요. 정말이에요.'

그 소리를 소리 높이 외치고 싶어 목구멍이 간질간질하고 가슴이 두근댑니다. 오줌을 쌀 것처럼 아랫도리가 뿌듯하기도 합니다. 나는 참을 수가 없어서 몸부림치면서 엄마의 품을 벗어나려고 했습니다.

"애가, 누구 망신을 시키려고 또 이래?"

엄마는 입속으로 중얼대면서 쇠사슬처럼 꽁꽁 나를 껴안았습니다. 젊은 아저씨가 말을 계속했습니다.

"여러분, 우리 아파트가 가장 값이 비싼 것은 내부의 시설과 부대시설이 잘된 때문만은 아니라는 사실을 알아야 합니다. 우리 아파트는 겉모양이 아름답기로도 소문난 아파트입니다. 지나가던 사람도 우리 아파트를 보면 금세 살고 싶은 생각이 들 만큼 아름다운 겉모양을 하고 있습니다. 옛 궁전에서 귀족 노릇을 하는 것 같은 착각이 생기기도 합니다. 그런 아파트의 베란다마다 쇠창살을 달아 보세요. 사람들이 뭘 연상하겠습니까?"

"감옥소요, 감옥소."

"세상에 끔찍해라, 감옥소라니."

"아파트값이 똥값이 되고 말 거예요."

"나라면 거저 줘도 안 살 거예요."

이렇게 해서 베란다에 쇠창살을 달자는 의견은 흐지부지되고 말았습니다. 그러나 뚱뚱한 여자는 기가 꺾이지 않고 새로운 의견을 내놓았습니다.

"젊은 양반이 좋은 이야기해 줘서 고마워요. 그 생각을 못 한 건 실수였어요. 그럼 이렇게 하는 게 어떻겠어요? 베란다 쪽으로 난 유리창에 새로운 자물쇠를 달면요? 우리 애 아빠네 회사에서 요새 발명해서 특허를 낸 자물쇠인데요, 한 번 잠갔다 열려면 열쇠 가지고도 반나절은 넘게 걸리고, 그동안에는 시끄러운 소리가 계속 난다네요. 그러니 노인네나 아이들이 몰래 열고 나갈 가능성은 절대로 없잖아요?"

"그렇지만 엄마들이 집을 비우는 시간이 어디 반나절만 되나요?"

구석에 앉은 젊은 엄마가 말했습니다.

"그러니까 시끄러운 소리를 나게 한 거 아뇨? 시끄러운 소리가 반나절이나 나면 이웃끼리 서로 연락을 해서 사고를 미리

방지할 수가 있으니까."
"참, 그렇겠군요."
젊은 엄마가 고개를 움츠렸습니다.
"그렇지만 여러분."
여태까지 잠자코 있던 노교수님이 반백의 머리를 쓰다듬으며 일어섰습니다.
"창을 열기가 너무 어렵다고 생각하지 않으십니까? 우리 궁전 아파트의 특징은 여름엔 창문을 꼭꼭 닫고 살다가 겨울엔 활짝 열어 놓고 사는 것인데, 겨울에 창이 닫혀 있어 봐요. 사람들이 뭐라고 하겠어요? 이건 우리 아파트의 품위에 관계되는 중대한 문제입니다. 물론 아파트값과도 상관이 있는 문제입니다만……."
노교수님이 품위 있게 슬쩍 말끝을 흐렸습니다. 그러나 아파트값을 들먹였다는 것으로 노교수님의 말씀은 사람들의 마음을 온통 사로잡았습니다.
뚱뚱한 여자는 두 가지 쇠붙이를 다 팔아먹을 수 없게 되자 풀이 죽어 제자리에 앉아 버렸습니다.
"제 생각으로는……."
노교수님이 천천히 입을 열었습니다. 사람들의 눈길이 노교수님의 우물대는 입가로 모였습니다.
"제 생각으로는 할머니가 두 분씩이나 왜 갑자기 살고 싶지 않아졌나, 우리는 그 이유부터 먼저 알아야 된다고 생각합니다. 중요한 건 그분들이 목숨을 끊고 싶어 끊었지, 베란다가 있기 때문에 끊은 건 아니라는 겁니다. 목숨을 꼭 끊고 싶으면 베란다 아니라도 끊을 데는 얼마든지 있습니다.
"옳소, 옳소."
젊은 아저씨는 눈을 빛내면서 큰 소리로 동의했습니다.
"그분이 왜 목숨을 끊고 싶었을까, 아는 대로 대답해 주십시오. 먼저 돌아가신 할머니의 따님과 며느님부터……."
교수님은 교수님답게 대답을 기다리지 않고 지적을 합니다. 저번에 돌아가신 할머니는 딸하고 함께 사셨고, 이번에 돌아가신 할머니는 아들하고 같이 사셨답니다. 할머니의 딸과 며느리는 고개를 숙이고 눈물을 닦을 뿐 대답을 못 합니다.
"무엇을 부족하게 해 드리지 않았습니까?"
교수님이 울고 있는 아주머니들을 똑바로 바라보면서 따지듯이 말했습니다.
"아니요, 그런 일 없습니다. 저의 어머니의 방 냉장고는 늘 그분이 즐기시는 음식으로 가득 채워졌고, 옷장엔 사시사철 충분히 갈아입을 수 있는 비단옷이 가득 차 있었습니다. 그분이 돌아가신 후 그걸 다 양로원에 기부했는데, 열 사람의 노인네가 돌아가실 때까지 입을 수 있을 거라고 했습니다. 필요하시다면 그분들을 증인으로 부를 수도 있습니다.
"아, 알겠습니다. 이번엔 며느님에게 변명할 기회를 드리겠습니다."
"저도 마찬가지입니다. 지금도 그분이 방이 그대로 보존돼 있습니다만, 부족한 건 아무것도 없었습니다. 제 방과 똑같은 크기의 방에 제 방에 있는 건 그분의 방에도 다 있었습니다. 그분이 한 번도 듣지 않은 전축이나 녹음기도 제 방에 있는 것이기 때문에 그분 방에도 들여놓았습니다. 그랬건만 그분은 늘 불만이셨습니다."
"바로 그겁니다. 그걸 말씀해 주셔야 합니다."
교수님이 마침내 유도 신문에 성공한 형사처럼 좋아하며 그 아주머니 앞으로 한 발 다가갔습니다.
"그분은 손자를 업어서 기르고 싶어 하셨어요."
"그건 안 되죠. 안짱다리가 되니까."
"그분은 바느질을 좋아해서 뭐든지 깁고 싶어 하셨어요. 특히 버선을 깁고 싶어 하셨죠."
"점점 더 어렵군요. 요새 버선이라니? 더군다나 기워서 신는 버선을 어디 가서 구하겠소?"
"그분은 또 흙에다 뭘 심고, 거름을 주고, 김을 매고 싶어 하셨어요. 그분은 시골에서 자란 분이거든요."
"참으로 참으로 어려운 분이셨군요."
교수님이 낙담을 합니다. 이때 젊은 아저씨가 또 나섭니다.
"이제야 알겠습니다. 그분은 고향이 그리워서 돌아가셨군요."
"저희 어머니는 이 도시가 고향인데도 어느 날 베란다에서 떨어지셨어요."
먼저 돌아가신 할머니의 딸이 젊은 아저씨에게 대들었습니다.
"고향이 시골이 아니어도 마찬가지일 겁니다. 도시에서도 사람 살아가는 모습이 예전과는 너무 많이 달라졌으니까요. 노인들은 예전의 사람 사는 모습이 그리워서 더 이상 살고 싶지가 않았을 겁니다. 그렇지만 제 아무리 효자라도 세월을 거꾸로 흐르게 할 수는 없습니다. 이렇게 문명 된 세상에 돈 가지고 안 되는 일이 아직도 남아 있다는 것은 참으로 가슴 아픈 일입니다."
젊은 아저씨가 이렇게 결론을 내리자 장내가 숙연해졌습니다.

나는 이번에야말로 내가 나설 차례라고 생각했습니다.
다시 목구멍이 간질간질하고 가슴이 울렁거리고 오줌이 마려웠습니다.
나는 베란다에서 떨어져 목숨을 끊고 싶은 생각을 맨 마지막으로 막아 줄 수 있는 것이 쇠창살이 아니라 민들레꽃이라는 사실을 알고 있음과 마찬가지로, 할머니가 살고 싶지 않아진 것이 세월을 거꾸로 흐르게 할 수 없었기 때문이 아니라는 것을 알고 있었습니다.
둘 다 상상이나 남에게 들어서 알고 있는 것이 아니라, 스스로 겪어서 알고 있는 것이기 때문에 확실합니다.
나는 어른이 되려면 아직 멀고 먼 어린이인데도 살고 싶지 않았던 적이 있습니다. 정말입니다.
나는 그것을 말하고 싶은 마음을 참을 수가 없어서 쇠사슬처럼 단단하게 나를 껴안은 엄마의 팔에서 드디어 벗어났습니다. 그리고 회장석이 있는 앞으로 나가려고 했습니다.
꼭꼭 끼어 앉은 어른들을 헤치려니 어떤 아저씨는 어깨를 짚었다고 눈을 부라리고, 어떤 아줌마는 발가락을 밟았다고 비명을 지릅니다. 그러건 말건 나는 반장도 모르는 어려운 문제의 답을 나만이 알고 있을 때처럼 신이 나서 사람들을 마구 밀치고 드디어 앞으로 나섰습니다.
그러자 내가 미처 입을 떼기도 전에 회장이 탁자를 탁 치며 호령을 했습니다.
"누굽니까? 이런 중대한 모임에 애를 데리고 온 분이, 도대체 누굽니까?
"죄송합니다. 미안합니다. 애가 막내라 버릇이 없어서……."
어느 틈에 엄마가 따라 나와 나를 치마폭으로 싸면서 어쩔 줄을 모릅니다.
" 그 아이를 데리고 먼저 퇴장할 것을 회장의 권한으로 허락합니다. 여러분, 이의 없으시죠?"
회장이 말했습니다. 모두 이의가 없다면서 엄마와 나의 퇴장을 찬성했습니다.
"이 회의에서 앞으로 결정한 일은 서면으로 통지할 테니 빨리 그 애를 데리고 돌아가시오."
"저도요, 저도요."
다른 엄마들도 퇴장할 것을 회장한테 허락 맡고자 손을 들었습니다. 사유는 집에 놓고 온 아이가 베란다에서 떨어질까 봐 불안해서 더 이상 회의만 지켜볼 수 없다는 것이었습니다. 회장은 그런 엄마들에게도 퇴장을 허락했습니다. 엄마와 나를 선두로 여러 엄마들이 회의장을 물러났습니다.
집에 돌아온 나는 엄마에게서 호된 꾸지람을 들었습니다.
나는 꾸지람을 들은 것보다 내가 알고 있는 사실을 발표하지 못한 것이 억울하고 슬펐습니다. 내가 알고 있는 것을 어른들이 귀담아들어 주었더라면, 베란다에서 사람이 떨어져 죽는 일을 미리 막는 데 적지 않은 도움이 되었을 것이기 때문입니다.
내가 지금보다 어렸을 적입니다. 학교에도 가기 전이었으니까요.
어느 날 누나와 형이 학교에서 만든 꽃을 한 송이씩 들고 왔습니다. 내일이 어버이날이라나요. 누나와 형은 또 조그만 선물 꾸러미도 마련해 놓고 있었습니다. 내일 아침 꽃과 함께 엄마 아빠께 드릴 거라고 했습니다.
그날 밤, 나도 꽃을 만들었습니다. 누나가 쓰던 색종이를 오려서 만든 꽃은 보기에는 누나나 형 것만은 훨씬 못해 보였습니다. 하지만 정성들여 만든 것이기 때문에 엄마 아빠가 신통해하실 것을 믿고 가슴이 잔뜩 부풀어 있었습니다.
선물은 장만하지 않았습니다. 나는 학교를 들어가기 전이라 용돈이 없었으니까, 그것 때문에 엄마 아빠가 섭섭해 할 리는 없었습니다.
어버이날 아침이 되었습니다.
아침상에서 누나가 먼저 선물과 꽃을 아빠 앞에 내놓았습니다. 아빠는 누나에게 뽀뽀하고 선물을 풀었습니다. 넥타이핀이 나왔습니다. 아빠는 입이 귀에까지 닿게 크게 웃으시면서 그 자리에서 넥타이핀을 넥타이에 꽂고, 꽃은 양복 깃에 달았습니다. 아빠의 얼굴이 예식장의 신랑처럼 행복하고 젊어 보였습니다.
다음에는 형이 꽃과 선물을 엄마에게 드렸습니다. 엄마가 형한테 뽀뽀하고 선물을 풀었습니다. 오색찬란한 브로치가 나왔습니다. 엄마는 "꺄악!" 소리를 내면서 좋아하시더니 브로치를 당장 블라우스에 달고, 꽃은 단춧구멍에 끼우셨습니다.
다음은 내 꽃을 드릴 차례입니다. 그러나 형과 누나는 내 차례는 기다려 주지도 않고 어버이날 노래를 부르기 시작했습니다. 나는 그 노래를 모르기 때문에 따라 하지 못했습니다.
형과 누나의 노래를 들으며 부끄러워하고 좋아하시는 엄마 아빠의 모습이 꼭 신랑 신부처럼 곱고 앳돼 보입니다. 나는 엄마 아빠가 아무쪼록 오래 아름답고 젊기를 마음속으로부터 바랐습니다. 그런 바람을 전하는 마음으로 나는 점잖고도 조용하게 나의 꽃을 엄마와 아빠의 사이에 놓았습니다.
'꽃을 두 송이 준비할걸.' 하고 후회도 했습니다만, 어느 분이 가져도 상관없다고 생각했습니다. 두 분이 함께 쓰는 물건이 한두 가지가 아니기 때문입니다. 두 분께 꽃을 드리고 나자 나는 뽐내고 싶은 마음보다는 부끄러운 마음이 더해서 고개를 숙이고 아침도 먹는 둥 마는 둥 했습니다.
누나와 형은 학교에 갔습니다. 아빠는 꽃을 단 채 출근했습니다. 엄마도 꽃을 단 채 노래를 부르면서 집안일을 했습니다. 나는 놀이터에 나가 놀았습니다.
놀이에 싫증도 나고 배도 고프기에 집에 들어와 냉장고를 열려다 말고 나는 내 꽃을 보았습니다. 내 꽃은 식당 구석에 있는 쓰레기통 속에 과일 껍질과 밥찌꺼기와 함께 버려져 있었습니다.
그때 엄마는 거실에서 전화를 걸고 있었습니다.
오래간만에 소식을 알게 된 친구로부터의 전화인가 봅니다. 아이는 몇이나 되나, 친구가 물어본 모양입니다. 엄마는 한숨을 쉬면서 대답했습니다.
"글쎄 셋이란다. 창피해 죽겠지 뭐니. 우리 동창이나 우리 아파트에 사는 사람들을 아무리 살펴봐도 하나 아니면 둘이지, 셋씩 낳은 사람은 하나도 없더구나. 창피해 얼굴을 들고 다닐 수 가 없단다. 어쩌다 군더더기로 막내를 하나 더 낳아 가지고 이 고생인지. 막내만 아니면 내가 지금쯤 얼마나 홀가분하겠니. 막내만 아니면 내가 남부러울 게 뭐가 있니?"
그때 나는 처음으로 엄마에게 내가 필요하지 않다는 사실을 알았습니다.
나에게는 나의 가족이 필요한데, 나의 가족은 나를 필요로 하지 않다는 것은 견디기 어려운 슬픔이었습니다.
엄마는 늘 나를 '막내, 우리 귀여운 막내.' 하면서 끼고 돌았기 때문에 나는 한 번도 엄마가 나를 사랑한다는 사실을 의심해 본 적이 없었습니다. 그러나 엄마의 사랑은 거짓이었습니다. 나는 엄마를 진짜로 사랑했는데, 엄마는 나를 거짓으로 사랑했던 것입니다.
나는 말없이 집을 나왔습니다. 계단을 오르고 또 올랐습니다.
마침내 옥상까지 올랐습니다. 옥상에서 내려다보니까 사람들이 개미처럼 작게 보였습니다. 나는 살고 싶지 않다고 생각했습니다. 확실히 그렇게 생각했습니다. 내가 사랑하는 사람들이 내가 없어져 주었으면 하고 바라고 있는데, 무슨 재미로 살아가겠습니까?
나는 옥상에서 떨어지기 위해 밤이 되길 기다렸습니다. 낮에 떨어지면 사람들이 금방 보게 되고 병원에 데리고 가서 살려 놓을지도 모르기 때문입니다. 나는 정말로 살고 싶지 않았기 때문에 밤까지 기다려야 했습니다.
밤을 기다리는 동안 춥지도, 배고프지도 않았습니다.
아파트 광장에 차와 사람의 움직임이 멎자 둥근 달이 하늘 한가운데 와서 옥상을 대낮같이 비춰 주었습니다. 마치 세상에 달과 나만 있는 것 같은 기분이 들었습니다.
그때 나는 민들레꽃을 보았습니다.
옥상은 시멘트로 빤빤하게 발라 놓아 흙이라곤 없습니다. 그런데도 한 송이의 민들레꽃이 노랗게 피어 있었습니다. 봄에 엄마 아빠와 함께 야외로 놀러 갔을 때 본 민들레꽃보다 훨씬 작아 꼭 내 양복의 단추만 했습니다만 그것은 틀림없는 민들레꽃이었습니다. 나는 하도 이상해 톱니 같은 이파리를 들추고 밑동을 살펴보았습니다.
옥상의 시멘트 바닥이 조금 패인 곳에 한 숟갈도 안 되게 조금 흙이 모여 있었습니다. 그건 어쩌면 흙이 아니라 먼지일지도 모릅니다. 하늘을 날던 먼지가 어느 축축한 날, 몸이 무거워 옥상에 내려앉았다가 비를 맞고 떠내려가면서 그곳에 움푹하여 모이게 된 것입니다. 그 먼지 중에 민들레 씨앗이 있었나 봅니다.
싹이 나고 잎이 돋고 꽃이 피게 하기에는 너무 적은 흙이어서 잎은 시들시들하고 꽃은 작은 단추만 했습니다. 그러나 흙을 찾아 공중을 날던 수많은 민들레 씨앗 중에서 그래도 뿌리 내릴 수 있는 한 줌의 흙을 만난 게 고맙다는 듯, 꽃은 샛노랗게 피어 달빛 속에서 곱게 웃고 있었습니다.
도시로 부는 바람을 탄 민들레 씨앗들은 모두 시멘트로 포장한 딱딱한 땅을 만나 싹트지 못하고 죽어 버렸으련만, 단 하나의 민들레 씨앗은 옹색하나마 흙을 만난 것입니다. 흙이랄 것도 없는 한 줌의 먼지에 허겁지겁 뿌리를 내리고 눈물겹도록 노랗게 핀 민들레꽃을 보자 나는 갑자기 부끄러운 생각이 들었습니다. 살고 싶지 않아 하던 것이 큰 잘못같이 생각되었습니다.
나는 집으로 돌아왔습니다.
온 가족이 나를 찾아 헤매다 돌아와서 슬피 울고 있었습니다. 엄마는 나를 껴안고 엉엉 울면서 말했습니다.
"아무 일도 없었구나, 막내야. 만일 너에게 무슨 일이 있으면 나도 살지 않으려고 했다."
그 일은 그렇게 끝났습니다. 그러나 그 일을 통해 나는 사람은 언제 살고 싶지 않아지는가를 알게 된 것입니다.
사람은 사랑하는 사람이 자기가 없어져 줬으면 할 때 살고 싶지 않아집니다. 돌아가신 할머니의 가족들도 말이나 눈치로 할머니가 안 계셨으면 하고 바랐을 것이 틀림없습니다. 그리고 살고 싶지 않아 베란다나 옥상에서 떨어지려고 할 때 그것을 막아 주는 것은 쇠창살이 아니라 민들레꽃이라는 것도 틀림없습니다. 그것도 내가 겪어서 알고 있는 일이니까요.
그러나 어른들은 끝내 나에게 그 말을 할 기회를 주지 않았습니다.

듣기 지문

Ⅶ. 대중문화

1. 뉴스 따라잡기

들어가기 _ 들어 보세요 Tr 2 p.18

여자 : 종이 신문의 미래에 대해 부정적인 의견을 가지고 있는 사람들이 많은데요. 이에 대해서 어떻게 생각하시는지요?

남자 : 사실 그런 의견은 오래전부터 있었습니다. 1980년경에 한 신문사 사장도 종이 신문이 10년 안에 사라지고 그 자리를 인터넷 신문이 차지할 거라고 했지요. 그렇지만 지금도 종이 신문은 중요한 대중 매체 중의 하나예요.

여자 : 인터넷의 발달에도 불구하고 아직도 종이 신문의 비중이 큰 이유는 뭐라고 생각하십니까?

남자 : 종이 신문은 인터넷 신문과는 차별화된 시장을 가지고 있어요. 인터넷이 줄 수 없는 것을 종이 신문은 제공해 줍니다. 컴퓨터나 휴대폰 같은 것이 없어도 지하철이나 커피숍에서 읽을 수가 있지요.

듣고 말하기 _ 들어 보세요 Tr 4 p.23

여자 : 선배님, 40년 넘는 기자 생활 중에 언제가 가장 기억에 남으세요?

남자 : 아무래도 수습기자 때가 가장 기억에 남아. 그땐 처음 기자가 돼서 모든 일에 의욕이 앞설 때였거든. 그래서 기사를 쓸 때도 잘 쓰겠다는 생각으로 세 장이면 될 내용을 열 몇 장 쓴 적도 있어. 그때 편집장님이 "이게 기사야, 소설이야?" 하고 화내던 모습이 아직도 눈에 선해.

여자 : 기사는 원래 자세히 써야 하는 거 아닌가요?

남자 : 자세한 설명이 필요한 것도 있지만, 그렇지 않은 부분은 독자가 알고 싶어 하는 내용을 중심으로 간략하게 전달하는 게 좋지.

여자 : 기사를 쓸 때 특히 어떤 점을 고려해야 돼요? 기사를 좀 더 잘 쓸 수 있는 방법이나 원칙이 있을까요?

남자 : 기사의 원칙이니 기본이니 하는 것을 그리 어렵게 생각할 건 없어. 기사는 독자가 알고 싶어 하는 것을 전달하는 거라고 했잖아? 그러니까, 육하원칙 알지? 이 원칙만 충족시키면 다른 문제는 없어.

여자 : 육하원칙을 지킨다, 이런 말은 늘 들어오던 건데요.

남자 : 알고는 있지만 막상 기사를 쓸 때 놓치기 쉬운 게 이 육하원칙이지. 아마 내가 처음 사건 취재를 했을 때였을 거야. 다녀와서 보고를 하는데, 보고를 받던

선배가 "그런데 왜 그랬대?" 하고 묻지 않겠어? 그때 아차 싶었지. "글쎄요. 왜 그랬을까요?" 하고 반문하면서 얼마나 창피하던지……. 그날 이후로는 수첩에 육하원칙을 꼭 적어 놓고 취재를 했어.

2. 영화 속을 걷다

들어가기 _ 들어 보세요 Tr 5 p.26

남자 : 지연 씨, 영화 같이 볼래요? 여름이니까 공포 영화 볼까요?

여자 : 저는 무서운 영화는 질색이에요. 코미디나 액션 영화 보면 안 돼요?

남자 : 얼마 전에 코미디 영화가 하나 개봉됐는데 그건 어때요? 코미디 전문 배우들이 주연과 조연으로 나오고 감독도 코미디 영화로 유명한 사람이에요. 요즘 그 영화 보는 관객이 엄청나게 많은가 봐요.

여자 : 좋아요. 요즘 너무 머리 아픈 일들이 많아서 영화 보면서 편하게 웃고 싶어요.

남자 : 그럼 그걸 보기로 하고, 몇 시 걸 볼까요? 방학이고 시간이 많으니까 조조를 보면 어때요? 아침 일찍 보면 조조할인이 있어서 싸게 볼 수 있어요.

여자 : 네, 좋아요.

듣고 말하기 _ 들어 보세요 Tr 7 p.30

해설 : 지혜는 나무 아래 벤치로 뛰어 들어와 옷을 털고 비가 오는 것을 한동안 바라본다. 멀리서 상민이 비를 피해 달려오는 것을 보고 지혜는 당황하여 고개를 돌려 외면한다. 그렇지만 지혜는 가슴이 심하게 두근거리는 것을 느낀다. 지혜는 벤치 쪽으로 달려와서 지혜 앞에 서는 상민을 못 본 척하고 다른 곳을 보고 있다.

상민 : 지혜니?

해설 : 지혜가 그제야 돌아본다.

지혜 : 어머! 안녕하세요.

해설 : 상민이가 웃자 어색해진 지혜는 뒤로 돌아서며 빗속으로 나가려 한다.

상민 : 어디로 가는 거야?

해설 : 그 말을 듣고 지혜가 멈칫 선다.

지혜 : 도서관에요.

상민 : 그렇게 멀리?

지혜 : 안 멀어요. 저기 건물마다 처마 밑에서 쉬었다 가면 돼요.

상민 : 그럼 내가 모셔다 드려야지. 내 우산으로.

해설 : 상민은 윗옷을 벗어 우산처럼 든다.

상민 : 저기 보이는 건물을 원두막이라고 생각하고 뛰는 거야. 자, 하나, 둘, 셋!

해설 : 두 사람은 상민의 윗옷을 우산처럼 쓰고 앞에 보이는 건물로 달려간다. 숨이 차서 헐떡거리며 두 사람은 건물 처마 밑으로 들어간다. 빗줄기를 바라보는 지혜의 눈에 눈물이 고인다. 두 사람이 빗줄기를 바라보다가 마주 보고 웃는다. 그때 지혜는 다시 어색함을 느낀다.

지혜 : 정말 고마웠어요. 옷이 젖어서 어쩌죠?

상민 : 어차피 젖었을 텐데, 뭘.

지혜 : 저 그럼 들어갈게요. 고마웠어요.

상민 : 그래 나중에 또 보자.

지혜 : 네.

해설 : 지혜가 혼잣말을 한다.

지혜 : 다신 만날 필요가 없다고 생각했는데……. 도서관이 왜 이렇게 가까운 거지?

3. 광고와 소비자

들어가기 _ 들어 보세요 Tr 8 p.34

광고 : 집안 구석구석 비누 때, 물때, 찌든 때, 묵은 때 이제 걱정 마세요.
새로 나왔어요. 김치 냉장고 전용, 냄새 먹는 코끼리.

남자 : 어휴, 모두 광고 광고, 신문이나 보자.
어휴, 무슨 광고 전단지가 이렇게 많아.
어제 수미가 이메일 보낸다고 했는데……. 아, 진짜 뭐야, 전부 다 광고 메일……. 진짜 지겹다. 지겨워. 온 세상이 광고로 뒤덮였군.

듣고 말하기 _ 들어 보세요 1 Tr 10 p.39

남자 : 어떻게 이 햄버거는 광고 사진이랑 이렇게 다르냐?

여자 : 광고라는 게 다 그런 거지 뭐.

남자 : 그건 그렇지가 않아. 사람들이 다 그렇겠거니 하고 그냥 넘어가는 게 문제라고. 단순히 보기 좋게 광고 사진을 찍은 게 아니라 사람들을 속이는 수준이잖아. 넌 그렇게 생각하지 않니? 안 되겠어. 인터넷에 사실을 알리는 글을 올려야겠어.

여자 : 그렇게 하면 그 회사가 개선을 할까?

남자 : 중요한 것은 소비자들의 힘을 보여 줘야 한다는 거야.

듣고 말하기 _ 들어 보세요 2 Tr 11 p.40

남자 : 너 델리햄버거 먹어 봤니? 햄버거가 광고 사진하고 달라도 너무 달라서 기가 막히더라.

여자 : 그러게 말이야. 광고 사진에는 야채도 싱싱하고 고기도 크고 맛있어 보이던데 실제로는 야채는 시들시들하고 고기는 종이처럼 얇고……. 그래도 뭐 어떡해. 광고라는 게 다 그런 거지 뭐.

남자 : 그건 그렇지가 않아. 사람들이 다 그렇겠거니 하고 그냥 넘어가는 게 문제라고. 이건 허위 과장 광고야. 단순히 보기 좋게 광고 사진을 찍은 게 아니라 사람들을 속이고 있잖아. 넌 그렇게 생각하지 않니?

여자 : 나도 그렇게 생각하지만, 어쩔 수 없잖아.

남자 : 안 되겠어. 인터넷에 사실을 알리는 글을 올려야겠어. 광고 사진과 실제 햄버거 사진도 함께 올리고. 요구 사항도 하나하나 조목조목 정리해서 올려야겠어.

여자 : 요구 사항?

남자 : 응. 예를 들면 광고를 낼 때 "사진과 실물이 다를 수 있습니다." 하는 말보다는 햄버거에 들어가는 야채나 고기의 실제 양을 숫자로 써 놓으라고 요구하는 거야.

여자 : 소비자들이 숫자만으로는 잘 모를 수도 있잖아. 그러니까 매장에 실제 햄버거를 전시해서 미리 볼 수 있도록 하라고 하는 게 더 나을 것 같은데.

남자 : 어, 그거 괜찮네. 인터넷 서명 운동도 벌여야겠어. 델리햄버거에 허위 과장 광고를 중단하라고 요구하는 서명을 네티즌들한테서 받는 거지. 그리고 소비자원에도 상담을 해 봐야겠어.

여자 : 어휴, 일이 커지는구나. 그런데 그렇게 하면 햄버거 회사가 개선을 할까?

남자 : 중요한 것은 소비자들의 힘을 보여 줘야 한다는 거야. 귀찮다고 포기하면 어떤 것도 해결할 수 없어. 소비자가 그렇겠거니 하고 넘어가지 않고 시정하라고 하면 회사도 어쩔 수 없이 귀를 기울이게 될걸.

Ⅷ. 의식주와 생활

1. 살고 싶은 집

들어가기 _ 들어 보세요 Tr 12 p.56

여자 : 새로 이사한 오피스텔은 마음에 드세요?

남자 : 네, 깨끗하고 편리해서 혼자 생활하기에 좋아요. 선생님은 아파트에 사시지요?

여자 : 네. 저 같은 맞벌이 부부한테는 아파트가 편하긴 한데 가끔 답답해요. 전 어렸을 때부터 한옥에서 살았거든요. 그래서 그런지 아파트보다 한옥이 더 정이 가고 좋아요.

남자 : 저도 얼마 전에 여행 갔다가 한옥에서 하루 묵었는데 정말 몸도 마음도 푹 쉰 느낌이었어요. 마당도 예쁘고 따뜻한 온돌방도 몸을 아주 편하게 해 주고요.

듣고 말하기 _ 들어 보세요 Tr 14 p.61

건축가 : 제가 이번에 설계를 맡게 된 김성숙입니다. 전화로는 한옥을 짓고 싶다고 하셨죠? 좀 더 구체적으로 말씀해 주시면 도움이 되겠습니다. 어떤 집을 생각하고 계세요?

남편 : 네, 한 20년 동안 아파트에서만 살았는데 이번에 아이들도 다 결혼하고 분가해서 부모님과 저희 부부만 살 집을 새로 지으려고 합니다. 고향에 땅이 좀 있는데 거기에 한옥을 짓고 싶습니다. 특히 부모님께서 쓰실 안방은 전통 한식으로 고가구 들여놓고 보료 깔고 생활하실 수 있게요.

부인 : 그렇지만 부엌하고 욕실은 현대식으로 해 주세요. 부엌 옆에는 식구들이 같이 식사할 수 있는 식당도 만들어 주시고요.

건축가 : 네, 그건 걱정하지 마세요. 요즘 한옥은 전통 한옥의 장점과 현대식 주택의 편리함이 잘 조화될 수 있도록 짓고 있습니다.

남편 : 저는 마당은 전통적인 게 좋습니다. 한쪽에는 간장, 된장, 고추장 항아리를 놓을 수 있는 장독대를 만들고 다른 한쪽에는 작은 화단을 만들어 꽃나무도 심을 수 있으면 좋겠어요. 서재는 화단이 잘 보이는 방으로 해 주세요. 손님도 만나고 책도 읽을 수 있는 옛날 사랑방 같은 곳으로 쓸 수 있게요.

건축가 : 네, 좋은 생각이세요. 한옥의 아름다움을 살리도록 노력하겠습니다.

부인 : 저는 한옥이 황토나 나무 같은 자연 소재로 짓기 때문에 좋아요. 특히 나무로 만든 대문과 한지를 바른 창문이 참 좋아요. 저희 집 지으실 때도 대문과 창문에 특히 신경 써 주세요.

남편 : 저는 한옥의 대청마루가 특히 좋습니다. 마당으로 탁 트인 대청마루에 앉아 바람을 쐬거나 하면 정말 좋지요. 설계하실 때 마당과 대청마루를 전통식으로 잘 만들어 주십시오. 이번에 한옥을 짓게 되어 기대가 아주 큽니다. 잘 부탁드립니다.

2. 음식 여행, 비빔밥

들어가기 _ 들어 보세요 Tr 15 p.64

여자 : 지난 시간에 한국 음식의 특징에 대해 말씀드렸지요? 한국 음식의 특징으로 양념의 맛이 중요하고, 국물이 발달해 밥상 위에는 항상 국을 올린다는 점을 공부했습니다. 오늘 말씀드리고 싶은 것은 전 요리가 한국 음식에 발달해 있다는 점입니다. 전은 생선, 고기, 채소와 같은 여러 가지 재료에 밀가루와 달걀로 옷을 입히고 기름에 부치는 음식인데요. 이 요리는 맛이 담백해서 재료의 맛을 그대로 느낄 수 있습니다. 일반 가정에서도 생일이나 명절, 제사 같은 특별한 날에 전을 만들어서 즐겨 먹습니다.

듣고 말하기 _ 들어 보세요 Tr 17 p.68

여자 1: 이번에 우리 집에서 모일 때 음식 한 가지씩 만들어 오는 게 어때? 난 퍼를 가지고 갈게. 퍼는 고기 국물에 삶은 쌀국수를 넣은 건데 베트남 음식 중에서 가장 일반적인 음식이야. 쌀국수는 튀긴 게 아니라서 칼로리도 낮은 건강식이고, 요즘 웰빙 바람이 불면서 쌀국수를 좋아하는 한국 사람들도 많아졌어.

남자 : 베트남 쌀국수라면 혹시 그 이상한 냄새 나는 채소가 들어가는 건 아니겠지?

여자 1: 실란트로 말이야? 이상한 냄새라니. 좀 독특하기는 하지만 얼마나 맛있는데. 따로 가져올 테니까 한번 먹어 봐. 그런데 국물은 어떻게 만들까? 얼큰하게, 아니면 담백하게?

남자 : 글쎄, 난 담백한 게 좋아. 그리고 모두들 먹을 수 있게 안 맵게 했으면 해.

여자 1: 알았어. 나 이거 정말 잘 만든다. 너희들 기대해도 좋을 거야.

남자 : 그래. 기대하고 있을게. 난 일본 음식 중에서 뭘 만들까? 음, 오코노미야키와 야키소바는 어때? 오코노미야키는 지난번에 너희가 먹고 싶다고 한 거고, 야키소바는 야채하고 국수를 볶은 거라서 만들기가 어렵지 않아. 그래서 친구들끼리 만날 때 많이 해 먹는 음식이야. 아마 너희들 입맛에 맞을 걸.

여자 2: 난 야키소바는 먹어 봤어. 고소하고 괜찮았어. 근데 오코노미야키는 빈대떡 같은 거지? 야채와 해산물 같은 걸 밀가루 반죽에 섞어서 기름에 부치는…….

남자 : 맞아. 마요네즈 때문에 느끼하다는 사람도 있지만 사람들이 대부분 고소하다고 좋아하니까 이걸로 할게. 그런대로 쉽게 만들 수 있고 맛도 있고. 근데, 넌 뭘 만들 거야?

여자 2: 글쎄, 마파두부 할까? 지난번에 내 생일날 만든 거 있잖아. 매운 소스로 양념한 돼지고기에 물을 넣고 끓이다가 두부를 넣고 버무리는 거 말이야. 나는 마파두부에 튀긴 두부를 넣는데, 마침 소스도 있으니까 제대로 맛을 낼 수 있을 거야.

남자 : 이번 일요일에는 베트남, 중국, 일본 요리까지 푸짐하게 먹겠는데. 기대된다.

3. 유행하는 옷

들어가기 _ 들어 보세요 Tr 18 p.70

남자 : 여름이라서 그런지 시원한 미니스커트가 눈에 많이 띕니다. 이런 미니 열풍이 최근 경제 상황과도 관련이 있을까요? 흔히 경제 불황에는 미니스커트가 유행한다고 하는데요. 여성들의 치마 길이와 경제 상황은 관련이 있습니까?

여자 : 사실 이런 말이 나온 것은 영국에서 2차 세계대전 때 옷감을 절약하기 위해 치마를 짧게 하라는 법을 만들면서부터라고 합니다. 결론부터 말씀드리면 관계가 없습니다. 1970년대 이루어진 연구에서도 경제 상황과 미니스커트의 유행은 관계가 없다고 했고요. 실제로 우리나라에서도 1970년대 불황일 때 오히려 긴 치마가 유행하고, 1980년대 경제가 좋을 때는 오히려 미니스커트가 인기를 끄는 등 인 맞는 경우가 더 많았습니다.

듣고 말하기 _ 들어 보세요 1 Tr 20 p.74

여자 : 교수님, 흔히 새로운 유행은 다른 사람과 달라 보이려는 욕구 때문에 생긴다고 하던데요.

남자 : 네, 맞는 말씀입니다. 유행이 어떻게 해서 생기는가에 대해서는 여러 가지 주장이 있는데, 다른 사람과 달라지고 싶은 욕구가 새로운 유행을 만든다는 의견도 있습니다.

여자 : 유행이 생기는 이유에 대해 여러 가지 주장이 있다고 하셨는데, 그럼 이번에는 다른 의견에 대해 말씀해 주시겠어요?

듣고 말하기 _ 들어 보세요 2 Tr 21 p.75

여자 : 배꼽 티의 유행은 옷이란 몸을 가리고 보호하는 실용적인 기능을 하는 거라는 생각을 완전히 깨뜨리

는 계기가 된 것 같아요.

남자 : 일리가 있는 말씀입니다. 저도 배꼽 티가 유행하는 걸 보고 많은 사람들이 옷에 대한 전통적인 생각을 바꾸게 되었다고 봅니다.

여자 : 그럼 이런 유행은 어떻게 해서 생기는지 말씀해 주시겠어요?

남자 : 유행이 어떻게 해서 생기는가에 대해서는 여러 가지 주장이 있습니다. 그중에 사회학자들은 다른 사람과 같아지려는 마음과 반대로 같아지지 않으려는 마음에서 새로운 유행이 생긴다고 봅니다. 다시 말하면, 새로운 디자인의 옷이 나오면 사람들이 유행을 따르는 집단과 같아지려고 따라 입기 때문에 유행이 생기게 된다는 겁니다. 반면에 같은 유행이 어느 정도 계속되면 기존의 유행과 구별되는 옷을 입음으로써 또 다시 새로운 유행을 만들게 됩니다.

여자 : 네, 그렇군요. 전에 유행에 대한 의식 조사를 하신 적이 있다고 들었는데요. 그럼 이번에는 유행에 관한 사람들의 의식에 대해 얘기해 볼까요? 제가 어렸을 때는 옷은 깔끔하게만 입으면 된다는 말을 많이 듣고 자랐거든요. 그런데 요즘은 옷에 대한 생각 자체가 좀 바뀐 것 같아요. 같은 청바지도 유행에 따라 매번 새로 구입하는 사람들이 많잖아요.

남자 : 네, 그렇지요. 예전에 비해 옷에 대한 생각이 실용적인 면보다는 아름다움이나 자기표현을 중시하는 쪽으로 변화했습니다. 그러다 보니 사람들의 의식도 유행에 대해 별로 거부감이 없고 긍정적인 경향을 보입니다. 유행에 대한 의식 조사 결과를 보면 유행을 따르는 게 즐거운 일이라는 사람은 전체의 54%, 즐겁지만 낭비라고 생각하는 응답은 43%, 전혀 도움이 안 되는 낭비라는 반응은 3%였습니다.

여자 : 네. 지금까지 유행에 대한 사람들의 의식에 관해 이야기해 주셨는데요. 교수님은 유행을 잘 따르는 편이세요? 이번에는 교수님의 개인적인 생각을 말씀해 주시겠어요?

IX. 도시와 환경

1. 살기 좋은 도시

들어가기 _ 들어 보세요 Tr 22 p.92

남자 : 신도시에 살아 보니까 어때요?

여자 : 서울로 출근하는 사람들이 많아서 아침마다 출근 전쟁이에요. 그래도 신도시 안에서만 지내면 편하고 좋아요. 신도시는 계획적으로 개발한 곳이니까요. 서울에 들어오면 좀 답답하죠.

남자 : 그럴 거예요. 그래도 70년대 이후 개발된 강남은 도로도 넓고 건물도 편리하게 자리 잡아서 강북보다 나은 것 같아요. 저는 강남에 사는데 어쩌다 강북에 가면 복잡해서 길을 잃을 때도 있어요.

여자 : 저는 신도시나 강남보다는 오래된 건물이 많은 강북이 마음에 들어요. 강북도 다시 개발한다고 하던데 그런 점이 사라질까 봐 걱정이에요.

듣고 말하기 _ 들어 보세요 1 Tr 24 p.96

남자 : '살기 좋은 도시'의 조건이 뭐라고 생각해요?

여자 : 글쎄요. 그런 것에 대해 별로 생각해 보지 않았어요. 우선 기후가 좋아야 하지 않을까요? 저는 너무 추운 곳은 싫거든요. 민석 씨는 어떻게 생각해요?

남자 : 저도 환경이 중요하다고 생각해요. 특히 자연이 가까이 있는 도시가 저는 좋아요.

듣고 말하기 _ 들어 보세요 2 Tr 25 p.97

남자 : '살기 좋은 도시'의 조건이 뭐라고 생각해요?

여자 : 글쎄요. 그런 것에 대해 별로 생각해 보지 않았어요. 우선 기후가 좋아야 하지 않을까요? 저는 너무 추운 곳은 싫거든요. 민석 씨는 어떻게 생각해요?

남자 : 저도 환경이 중요하다고 생각해요. 특히 자연이 가까이 있는 도시가 좋아요. 이 기사를 보니까 '세계에서 가장 살기 좋은 도시'가 소개되어 있는데 기준이 재미있네요.

여자 : 그래요? 어떤 기준인데요?

남자 : 범죄율이라든지 기후도 중요하게 봤지만, '도시에서 재미있는 시간을 보내는 게 쉬운지', '10시가 넘은 뒤에도 음료수를 살 수 있는지', '도시에서 쇼핑을 하는 게 힘들지는 않은지', '짧은 시간에 공항으로 연결되는지' 같은 기준이 있어요.

여자 : 아, 그러니까 도시의 기본 시설이 살기 좋은 도시의 기준이 되는군요.

남자 : 네. 그런데 그 외에도 '경제가 성장하고 있는지', '실업률은 낮은지' 등과 같은 경제적인 부분도 중요해요. 또 다른 조건은 '도시가 얼마나 넓은 녹지를 가지고 있느냐' 하는 거예요.

여자 : 경제 문제도 중요하지만 한편으로는 환경도 살기 좋은 도시를 구성하는 요소라고 보는군요. 녹지가 많고 공기가 맑은 데다가 사람들이 일까지 찾을 수 있는 곳이라면 그게 바로 '살기 좋은 도시'라는 생각

이 드네요. 그런데 세계적으로 유명한 도시들이 높은 점수를 받았나요?

남자 : 아니요. 뉴욕, 런던, 파리 같은 곳은 10위 안에 들지 못했어요. 10위 안에 든 도시들은 인구가 2백만 명이 넘지 않는 곳이 많아요.

여자 : 사람들이 삶의 질을 높이기 위해 무엇을 중시하는지 알 수 있겠네요.

2. 서울 돌아보기

들어가기 _ 들어 보세요 Tr 26 p.100

여자 : 어제 경복궁에 처음 갔는데 아주 좋더라고요.

남자 : 네, 좋지요? 그러고 보니 저도 경복궁에 가 본 지 꽤 오래됐네요. 고등학교 때 거기서 그림 그리던 기억이 있어요. 옆에 민속박물관도 있는데 보셨어요?

여자 : 네, 봤어요. 민속박물관을 다 보고 나오니까 청와대로 가는 길이 있더라고요. 청와대 앞에도 가 보고, 인사동 길도 걸어 봤어요.

남자 : 아, 인사동도 좋죠. 전통문화의 거리로 유명한 곳이라서 이것저것 구경할 데가 많지요. 전통 한식으로 유명한 음식점도 많아요.

여자 : 저는 골동품을 좋아하는데 옛날 물건을 파는 가게가 많아서 재미있었어요. 다음 주에 친구와 함께 또 가기로 했어요.

듣고 말하기 _ 들어 보세요 Tr 28 p.105

남자 : 안녕하세요? 저는 한국에 배낭여행을 왔는데요. 하루 정도 걸어 다니면서 서울의 명소나 유명한 거리를 보고 싶어요. 가 볼 만한 곳 좀 추천해 주시겠어요?

여자 : 네. 도보 관광을 하기에 좋은 곳이 몇 군데 있는데요. 우선 북촌 한옥마을이 외국인이라면 한번쯤 가 볼 만해요. 조선 시대 전통 한옥과 근대에 지어진 한옥들이 즐비하게 자리 잡고 있지요. 한옥이 옛 모습 그대로 남아 있어 한옥의 아름다움을 느낄 수 있으실 거예요. 근처에 있는 북촌문화센터에서는 전통 술 만들기, 한국 음악 같은 강좌도 열려서 전통문화를 직접 체험할 수도 있어요. 지하철 3호선 안국역에서 내리면 도보로 10분쯤 걸려요.

남자 : 아, 꼭 가 보고 싶어요. 한국학을 공부하기 때문에 한국 문화에 대해 관심이 많거든요. 그런데 한국 역사를 눈으로 볼 수 있는 곳은 없을까요?

여자 : 그럼, 덕수궁 돌담 길을 따라서 정동, 경복궁까지 이어지는 코스가 좋겠네요. 덕수궁, 경복궁 같은 옛 궁궐에서 조선 시대 왕궁의 역사를 볼 수 있어요. 덕수궁과 경복궁 중간에 자리 잡은 옛날 러시아 공사관, 성 프란치스코 성당과 같은 근대 한국의 건축물을 보는 재미도 있지요. 서울시립미술관, 서울역사박물관도 있어서 서울의 역사와 문화를 한눈에 보는 기회도 될 거예요. 지하철 1호선 시청역에서 내려서 걸어가시면 돼요.

남자 : 혹시 설명을 들으면서 다닐 수 있는 방법은 없나요?

여자 : 삼 일 전에 미리 서울시 문화관광 홈페이지에서 예약하면 돼요. 그러면 안내하시는 분의 설명을 들으며 도보 관광을 하실 수 있어요.

X. 관념의 세계

1. 삶과 운명

들어가기 _ 들어 보세요 Tr 29 p.120

여자 : 제가 점을 쳤는데 서른 살 전에 결혼하면 안 좋대요.

남자 : 점을 쳐요? 무슨 점인데요?

여자 : 사주를 봤어요.

남자 : 사주가 뭐예요?

여자 : 자기가 태어난 생년월일과 태어난 시간으로 미래를 미리 알아보는 거예요.

남자 : 한국 사람들이 사주를 많이 봐요?

여자 : 네. 이런 걸 믿는 사람은 사주가 서로 안 맞으면 결혼 안 하는 경우도 있어요.

남자 : 그래서 어떻게 할 거예요? 서른 살 전에 결혼 안 할 거예요?

여자 : 그냥 재미로 본 거예요. 하지만 왠지 좀 신경이 쓰이기는 하네요.

듣고 말하기 _ 들어 보세요 I Tr 31 p.124

딸 : 엄마, 전 사람의 만남은 운명적인 거라고 생각해요. 그렇게 조건을 따지면서 하고 싶지 않아요.

엄마 : 운명적인 만남이라고? 네 생각에는 문제가 있어. 결혼은 환상이 아니야. 현실이라고. 엄마는 이미 다 경험을 해 봤기 때문에 잘 알아. 이 사람은 아주 조건도 좋은 데다가 너하고 궁합도 좋단 말이야.

딸 : 뭐라고요? 그것 보세요, 엄마. 엄마는 운명이란 없다고 하시면서 운명을 알려 준다는 궁합을 보신 거잖아요.

듣고 말하기 _ 들어 보세요 2 Tr 32 p.125

엄마 : 미나야, 고집 부리지 말고 이번에 들어온 선 한번 봐. 상대가 아주 조건이 좋은 사람이란 말이야.

딸 : 엄마, 전 사람의 만남은 운명적인 거라고 생각해요. 특히 결혼은 한 사람의 인생을 너무나 많이 바꿔 놓는 일이잖아요. 이런 중요한 만남을 그렇게 조건을 따지면서 하고 싶지 않아요.

엄마 : 운명적인 만남이라고? 그게 무슨 꿈꾸는 것 같은 소리니? 결혼은 환상이 아니야. 현실이라고. 엄마가 이미 다 경험을 해 봤기 때문에 잘 알아.

딸 : 아이, 싫다니까요. 저는 제 운명의 짝을 기다릴래요.

엄마 : 도대체 누구를 기다린다는 거니? 운명의 짝인지 아닌지 네가 어떻게 알아?

딸 : 그 사람이 제 운명이라면 만났을 때 곧 알 수 있을 거예요. 바로 이 사람이다 이런 느낌 말이에요. 제가 아는 어떤 언니는 회사에서 지금 남편을 만났는데 처음 만나자마자 이 사람은 내 사람이다 이런 느낌을 받았대요. 지금 얼마나 행복하게 사는데요. 전 이런 게 운명이라고 생각해요.

엄마 : 아이고, 이 철없는 것아. 운명이 어디 있니? 옛날에는 얼굴도 못 본 사람하고 결혼해도 평생 행복하게 같이 살았어. 현실적으로 생각하고 판단해야 세상 살아가는 데 실수가 없는 법이다 너. 현실을 똑바로 봐야지. 그렇게 운명이니 느낌이니 하면서 결혼하는 요즘 젊은 사람들, 결혼한 지 1년도 안 돼서 헤어지는 사람들이 얼마나 많아.

딸 : 하지만 엄마, 내 인생인데 내가 선택해야지요. 내 운명을 결정짓는 거잖아요. 내가 스스로 한 선택이라면 그 결과가 좋든 나쁘든 내 운명으로 받아들일 수 있을 것 같아요. 하지만 이렇게 조건을 따지고 현실적인 이유로 결정되는 결혼을 한다면 나중에 굉장히 후회하게 될 것 같아요.

엄마 : 아, 정말 답답하다. 다 너를 위해서 엄마가 이러는 거잖아. 벌써 궁합도 봤단 말야. 너희 두 사람 궁합이 얼마나 좋게 나왔는데. 두 사람이 결혼하면 평생 돈 걱정 안 하고 편안하게 산대. 아주 똑똑한 아이도 낳게 된대.

딸 : 뭐라고요? 그것 보세요, 엄마. 엄마는 운명이란 없다고 하시면서 운명을 알려 준다는 궁합을 보신 거잖아요.

2. 세상을 보는 눈

들어가기 _ 들어 보세요 Tr 33 p.128

여자 : 서울의 한 구청 입구에 거꾸로 가는 시계가 있다고 합니다. 고정 관념을 깨자는 취지에서 이런 시계를 만들었다고 합니다. 김철수 기자가 다녀왔습니다.

남자 : 이 구청에 온 사람들은 '거꾸로 가는 시계'를 보고 한마디씩 합니다. 이 시계는 왼쪽에서 오른쪽으로 도는 것이 아니라 오른쪽에서 왼쪽으로 시곗바늘이 움직이는, 말 그대로 '거꾸로 도는 시계'입니다. 또한 여섯 시의 위치가 열두 시 위치로 제일 위에 있고 이에 따라 다른 숫자의 위치도 달라집니다. 이 구청에서는 미래는 변화의 시대이기 때문에 고정 관념을 깨자는 취지에서 이런 거꾸로 가는 시계를 설치하게 됐다고 합니다.

듣고 말하기 _ 들어 보세요 Tr 35 p.132

여자 : 너 혹시 어떤 대기업의 부회장까지 하던 분이 호텔 웨이터가 됐다는 이야기 들었어?

남자 : 들은 거 같아. 근데 대기업 부회장까지 하신 분이 그런 일을 왜 하는 거래?

여자 : 그분이 강연하는 거 들었는데, 그분 말씀이 웨이터를 무시하지 말래. 처음엔 잘 모르고 웨이터 일을 시작했는데, 알고 보니 웨이터라는 직업은 단순직이 아니라 전문직이더래. 정말 잘하면 연봉도 많고. 미국의 어떤 웨이터는 비서를 3명이나 두고 전 세계의 고객 8,000명을 관리한대. 그 웨이터가 호텔을 옮기니까 손님들도 90% 정도 따라서 옮겼대. 그래서 호텔에서 그 웨이터에 대한 대우도 아주 다르다고 하더라.

남자 : 난 웨이터는 음식을 나르는 단순한 일이나 하고 돈도 못 버는 줄 알았는데 그게 아니구나.

여자 : 그럼. 그러니까 고정 관념을 가지고 누구는 어떻다든가 무엇은 어떻다 식으로 그냥 그렇게 생각해서는 안 돼. 예를 들어 막걸리만 해도 그래. 원래 막걸리는 시골 사람들이 주로 마시는 값싼 술이라고 알려졌잖아. 그런데 막걸리가 건강에 좋다는 것이 알려지고 포도 같은 과일 향이 나는 부드러운 칵테일 막걸리가 나오니까 요새는 젊은 여자들까지 막걸리를 많이 찾는대.

남자 : 그러고 보니 요새는 이렇게 고정 관념이 많이 깨지고 있지?

여자 : 우리 회사만 해도, 전에는 출근할 때 꼭 정장을 입어야 됐는데, 요새는 오히려 정장을 입지 말고 자유로운 복장을 하라고 해. 자유롭게 옷을 입으면 생각

도 자유로워진다고.

XI. 역사의 발자취

1. 한강에 얽힌 역사

들어가기 _ 들어 보세요 Tr 36 p.144

여자 : 어느 나라든 역사적으로 도시나 문명의 발달은 큰 강을 중심으로 이루어져 온 것 같아요. 세계 4대 문명이라는 황하, 이집트, 메소포타미아, 인더스 문명도 모두 강을 끼고 발달된 문명이잖아요.

남자 : 네, 그렇지요. 4대 문명이 발생한 지역은 모두 기후가 온화하고 땅이 기름지다는 공통점이 있어요. 큰 강이 흐르는 지역은 비가 오면 홍수가 나기도 하지만 상류의 기름진 흙이 강물에 실려와 농사를 잘 지을 수 있었어요. 농사가 잘되면 식량이 풍부하고 생활에 여유가 생겨 자연히 문화가 발달하게 되지요.

여자 : 그런 점에서 보면, 한국 역사에서 한강이 차지하는 비중도 크지 않을까요?

남자 : 그렇지요. 삼국 시대부터 한강은 한반도 역사의 중심에 있었지요.

듣고 말하기 _ 들어 보세요 Tr 38 p.148

여자 1 : 여러분, 타임머신을 타고 과거로 가서, 과거의 행동을 약간 바꿈으로써 미래도 달라지는 영화 본 적 있지요?

여러 사람 : 네.

여자 1 : 역사에는 가정이 없고 역사적 사실만 있다고 합니다. 하지만 이런 영화처럼 '그때 만약 이랬다면 어떻게 되었을까?' 하는 가정은 아직도 많은 사람들이 흥미 있어 하는 질문인 것 같아요. 여러분은 '만약'이라는 말로 가정해 보고 싶은 역사 속의 사건이 있어요?

남자 : 저는 신라의 통일에 대해 배우면서 만약 신라가 아니라 고구려가 한반도를 통일했다면 그 이후 한국의 역사는 아주 달라지지 않았을까 하는 생각을 했어요. 당시는 한반도 북쪽뿐만 아니라 만주 지역도 고구려의 영토였기 때문에 고구려가 통일을 했다면 우리 땅이 넓어졌을 거예요. 또한 강한 국력을 갖춘 고구려로 인해 한국 역사는 강대국의 역사로 자리 잡았겠지요. 한반도 남쪽에 있던 작은 나라 신라가 통일을 했기 때문에 대동강 이남 지역만 통일을 한 반쪽짜리 통일에 그치고 말았다고 생각해요.

여자 2 : 제 생각은 좀 다른데요. 많은 사람들이 그런 가정을 하는데, 저는 신라의 통일은 지금의 우리를 있게 해준 한국 역사의 최대 사건이라고 생각해요. 만약 고구려가 통일했다면 아마 만주 지방 대부분이 우리 영토가 됐을 것이란 추측을 할 수 있겠지요. 그러나 고구려는 전쟁을 계속해서 영토 확장을 하려는 의식이 강한 나라였으니 통일 이후에도 전쟁을 안 하는 때가 거의 없었을 거예요. 세계 역사 속에서 영토 확장을 위한 전쟁을 계속하던 나라들은 결국 망하거나 약소국이 된 것처럼 우리나라도 그렇게 되었을 수도 있지요. 어쨌든 신라가 통일함으로써 100여 년 간 평화의 시대를 맞은 것은 우리 민족의 문화적, 사회적 발전을 위해서 아주 중요한 계기가 되었지요. 실제로 신라는 그 시기에 여러 나라의 문화를 하나로 융합하면서 발전시키게 되었다고 교과서에서도 지적하고 있잖아요.

2. 이야기 속 인물

들어가기 _ 들어 보세요 Tr 39 p.152

남자 : 우리나라 지폐에 등장한 인물들, 몇 명이나 알고 계십니까? 이수진 기자가 전해 드립니다.

여자 : 1950년 한국은행이 처음 만든 지폐에는 이승만 전 대통령의 얼굴이 그려졌습니다. 살아 있는 사람이 지폐에 나온 것은 이것이 유일합니다. 1960년 이후에는 전 국민이 모두 존경하는 인물이 나오기 시작했습니다. 바로 세종대왕입니다. 경제 개발이 중심이었던 시대에는 예금 통장을 들고 있는 모자의 모습이 그려지기도 했고, 군인 출신인 박정희 대통령 시절에는 이순신 장군이 등장했습니다. 2009년에는 5만 원권에 신사임당이 실림으로써 한국 역사상 처음으로 여성이 지폐에 등장합니다. 또한 5천 원권에는 아들 이율곡이 실리면서 모자가 함께 지폐에 실리는 진기록을 가지게 되었습니다.

듣고 말하기 _ 들어 보세요 1 Tr 41 p.156

여자 : 많이 알려진 이야기 중에 고대 그리스의 철학자 소크라테스에 대한 일화가 있는데요. 소크라테스가 감옥에 갇혔을 때 주위 사람들이 도망시키려고 했지만 그렇게 하지 않고 악법도 법이라고 하면서 독배를 마시고 죽었다는 일화가 있지요. 저는 소크라

테스가 죽으면서까지 법을 지켰다는 점에 대해 많은 생각을 하게 돼요.

남자 : 그러니까 지금 말씀하신 것은 악법이라도 법은 지켜야 한다는 말씀인 것 같은데 맞습니까?

여자 : 제 말씀은 소크라테스가 공정하지 않았을지도 모르는 당시의 재판 결과를 받아들이고 죽음을 선택한 행동에 대해 우리들이 생각해 볼 점이 많다는 뜻이었어요.

듣고 말하기 _ 들어 보세요 2 Tr 42 p.157

여자 : 오늘 '역사 인물 탐구' 시간에는 우리에게 잘 알려진 역사 인물에 얽힌 일화와 그 의미를 주제로 이야기를 나누고 있는데요. 역사 인물에 얽힌 일화는 재미도 있지만 특히 일화를 통해 그 인물의 특성을 다시 발견할 수 있어서 더 흥미로운 것 같아요. 이를테면 발명왕 에디슨이 어렸을 때 닭장에서 계란을 품고 몇 시간을 앉아 있었다는 일화에서는 에디슨의 호기심 많은 성격을 읽을 수 있지요.

남자 : 인물에 얽힌 그런 일화들이 정말 많지요. 독일의 유명한 철학자 칸트는 매일 오후 3시에 정확하게 동네 앞 산책을 다녔기 때문에, 사람들이 칸트를 보고 시계를 맞췄다는 이야기도 있잖아요.

여자 : 네. 그런데 일화의 의미나 그 해석에 대해서는 간혹 의견이 엇갈리는 경우도 있지요. 많이 알려진 이야기 중에 고대 그리스의 철학자 소크라테스에 대한 것이 있는데요. 소크라테스가 감옥에 갇혔을 때 주위 사람들이 도망시키려고 했지만 그렇게 하지 않고 악법도 법이라고 하면서 독배를 마시고 죽었다는 일화가 있지요. 저는 소크라테스가 죽으면서까지 법을 지켰다는 점에 대해 많은 생각을 하게 돼요.

남자 : 그러니까 지금 말씀하신 것은 악법이라도 법은 지켜야 한다는 말씀인 것 같은데 맞습니까?

여자 : 제 말씀은 그게 아니고 소크라테스가 공정하지 않았을지도 모르는 당시의 재판 결과를 받아들이고 죽음을 선택한 행동에 대해 우리들이 생각해 볼 점이 많다는 뜻이었어요.

남자 : 소크라테스의 죽음에 얽힌 일화는 유명하기는 한데 소크라테스는 실제로 악법도 법이라는 말은 한 적이 없다고 해요. 다만 자신이 법을 어기면 법질서 전체가 붕괴된다는 의미의 말은 했다고 해요. 즉, 자신이 도망친다면 자신의 목숨은 살릴 수 있겠지만 법 질서는 무너진다고 생각한 거지, 악법도 법이니까 지켜야 한다는 의미는 아니었던 거지요.

3. 여행으로 만나는 세상

들어가기 _ 들어 보세요 Tr 43 p.160

남자 : 한국에서 여행을 해 보고 싶은데 어디 가면 좋을까요?

여자 : 어떤 곳을 보고 싶은데요?

남자 : 저는 조선 시대의 문화가 많이 남아 있는 곳에 가 보고 싶어요.

여자 : 그러면 안동이 좋겠어요. 안동은 조선 시대의 유교 문화가 많이 남아 있는 곳이에요. 특히, 안동 하회 마을은 조선 시대의 전통 한옥이 그대로 보존되어 있어서 외국인에게는 특별한 경험이 될 거예요. 저도 작년에 하회마을에 가서 이틀 동안 민박을 했어요. 한국 전통 한옥에서 민박하면서 전통문화를 직접 체험해 봤는데 정말 좋았어요.

남자 : 아, 그러면 저도 이번에 가서 민박을 해 봐야겠네요. 한번쯤 한국 전통 한옥에서 자 보고 싶었거든요.

듣고 말하기 _ 들어 보세요 Tr 45 p.165

사회자 : 선생님은 여행가이시면서 여러 권의 여행기도 내신 바 있는데요. 오늘은 여행 후 쓰는 기행문에 대해 좋은 말씀 좀 해 주세요. 선생님은 여행이 끝나면 기록으로 남기시는 분인데, 기행문을 쓰면 어떤 이점이 있을까요?

여행가 : 좋은 점이 많지요. 우선 글을 쓰기 위해 생각을 정리하노라면 한 번 더 여행하는 것 같은 기분이 들어 행복하고 여행지의 추억이 소중한 기억으로 남게 되지요. 그뿐 아니라 기행문은 낯선 곳을 여행하면서 겪은 경험과 느낌들을 사람들에게 소개해 주는 일종의 안내서이기 때문에 그 안내를 잘하려고 하다 보면 자연스럽게 문장력과 사고력을 기를 수 있게 돼요.

사회자 : 많은 사람들이 여행을 하지만 막상 그 경험을 글로 쓰라고 하면 어렵게 생각하는데요. 어떻게 하면 좀 더 쉽게 기행문을 쓸 수 있을까요?

여행가 : 그냥 무작정 쓰려고 하면 부담스러우니까 좀 준비를 해야 돼요. 먼저 떠나기 전에 가고자 하는 곳에 대해 조사를 하는 게 좋아요. 여행할 나라나 유적지와 관련된 책, 영화 등 여러 자료를 찾아보고 미리 공부해 두면 여행지에서 더 깊은 인상을 받을 수 있어요. 실제 여행지에서는 사진만 찍지 말고 입장권이나 안내서 등을 꼼꼼히 챙기

고 그때그때 떠오르는 생각도 메모해 놓으면 여행 당시 느꼈던 감상이 시간이 흘러도 남아 있게 돼요. 여행에서 돌아오면 여행 날짜 순으로 사진과 각종 자료들을 모아 파일을 만들어 두면 기행문을 쓰는 데 도움이 많이 되지요.

사회자 : 기행문은 여러 가지 방법으로 쓸 수 있겠지만, 일반적으로 쉽게 쓸 수 있는 형식은 어떤 것이 있나요?

여행가 : 처음, 중간, 끝으로 나누어서 쓰는 게 좋아요. 첫 부분은 여행지에 대한 소개와 여행을 하기 전의 느낌, 그 여행에서 얻고자 하는 것에 대해 써요. 글의 중간에는 실제 여행에서의 여정, 견문, 감상 등을 적으면 돼요. 정리해 놓은 파일을 바탕으로 하되 여행 일정 순으로 쓰는 게 쉬워요. 끝부분에서는 여행을 하면서 느낀 전체적인 감상과 교훈 등에 대해 쓰고 마무리하면 되지요.

XII. 과학과 미래

1. 과학 기술과 윤리

들어가기 _ 들어 보세요 Tr 46 p.184

남자 : 과학의 발달로 예전에는 상상할 수 없던 일들이 일어나곤 하지요? 이런 일을 재미있게 다룬 영화가 있어서 소개하겠습니다. 이 영화는 반복되는 삶에 지친 주인공이 자신의 일을 대신할 복제 인간을 만드는 데서 시작됩니다. 회사용 복제 인간과 가정용 복제 인간을 만들어 일을 맡기고 주인공은 꿈 같은 시간을 보냅니다. 하지만 문제가 발생합니다. 열심히 일하던 복제 인간들이 점점 게을러지면서 여자 친구와 데이트 하거나 놀러 다니는 등 자기가 좋은 일만 하려고 했기 때문입니다. 우리는 이 영화를 통하여 복제 인간 문제를 한번 가볍게 살펴볼 수 있습니다.

듣고 말하기 _ 들어 보세요 1 Tr 48 p.189

남자 : 맞춤 아기 문제를 그렇게 나쁘게만 보아서는 안 된다고 생각합니다. 제가 그렇게 생각하는 이유는 맞춤 아기를 낳은 것은 죽어 가는 아기를 살리기 위해 어머니가 어쩔 수 없이 한 일이기 때문입니다.

여자 : 물론 어머니는 불치병으로 죽어 가는 아기를 살리기 위해서 할 수 없이 맞춤 아기를 갖게 되었을 것입니다. 그러니까 그런 점이 있기는 하지만 맞춤 아기 본인은 어떻게 됩니까? 몸의 일부가 필요하니까 너를 만들었고 필요하니까 너의 몸의 일부를 달라 이렇게 얘기하는 어머니, 아버지를 보면서 맞춤 아기 본인은 어떤 생각이 들겠습니까?

남자 : 물론 그 아이에게는 충격이겠지요. 그렇지만 적어도 돈을 벌려고 그렇게 한 것은 아니라는 것을 이해해야 합니다.

듣고 말하기 _ 들어 보세요 2 Tr 49 p.190

사회자 : 최근에 맞춤 아기에 대한 논란이 일고 있는데 두 분은 어떻게 생각하십니까?

남자 : 아기를 필요에 따라, 그러니까 아기의 신체의 일부가 필요하니까 아기를 만들겠다 이렇게 하는 것은, 생명의 존엄성을 손상하는 일로, 누구나 비윤리적이라고 생각할 것입니다.

여자 : 물론 그런 점이 있지만 맞춤 아기는 돈을 벌거나 이기적인 목적을 위해 시도하는 것이 아닙니다. 예를 들어 집에 불치병에 걸려 죽어 가는 아이가 있다고 생각해 봅시다. 그때 둘째 아이를 낳으면 둘째 아이의 골수로 큰 아이의 불치병을 고칠 수 있다고 하는데 어느 어머니가 맞춤 아기를 낳지 않으려고 할까요? 맞춤 아기는 엄마가 내린 어쩔 수 없는 결정입니다. 어떻게 그렇게 쉽게 비인간적, 비윤리적이라고 비난할 수 있습니까?

남자 : 그럼 불치병에 걸린 아이를 위해 맞춤 아기를 만들어, 필요하다면 맞춤 아기의 몸의 일부를 빼내고 잘라 내어 다 쓰자는 것입니까? 비록 영화 속 이기는 하지만 맞춤 아기로 태어난 아이가 그 사실을 알고 고통을 받다가 어머니를 고소하는 상황이 생기기도 했습니다. 그만큼 맞춤 아기로 태어난 아이에게도 이 문제는 심각한 상황이 아닐 수 없습니다.

여자 : 물론 저도 맞춤 아기가 윤리적인 면에 문제가 있다는 점을 인정하고 있습니다. 그렇지만 가능한 치료 방법이 있는데, 윤리적인 문제가 있다고 해서 이 방법을 쓰지 못하게 하고 한 인간을 죽게 내버려 두는 것이 과연 인간적일까요? 제가 맞춤 아기에 대해 좀 더 열린 생각을 하자고 하는 이유는 맞춤 아기로 살릴 수 있는 사람을 죽이는 것이 더욱더 비인간적이라고 생각하기 때문입니다.

2. 생활 속의 발명품

들어가기 _ 들어 보세요. Tr 50 p.192

진행자 : 우리 주위의 대부분의 발명품들은 생활 속의 불편함을 고치려는 노력 속에서 나왔다고 할 수 있는데요. 오늘은 어떤 것을 소개해 주시겠습니까?

남자 : 오늘은 잘못 쓴 것을 지우거나 고치는 데에 쓰는 물건들을 소개해 드리겠습니다. 예를 들면 지우개 달린 연필은 연필로 뭘 쓸 때 꼭 지우개를 따로 챙겨야 하는 불편함을 느낀 어떤 사람이 지우개를 연필에 붙이면 어떨까 하는 아이디어에서 나왔다고 하고요. 수정액은 오타 때문에 직장에서 해고될까 걱정하던 어떤 여비서가 흰색 물감을 감춰 두고 쓰다가 이 아이디어를 제품화한 것이라고 합니다.

듣고 말하기 _ 들어 보세요 Tr 52 p.196

앵커 : 필요는 발명의 어머니라는 말이 있지요. 최근 시내에서 열린 한 전시회에서는 생활 속의 아이디어로 만든 여러 가지 발명품들이 한자리에 모였습니다. 이들 발명품들은 대부분 일상생활 속에서 느꼈던 불편함을 고려해 만든 것들이라고 합니다. 생활과학부 김지윤 기자가 다녀왔습니다.

기자 : 보통 사람들은 일상적인 일들이 습관화되어 불편을 별로 느끼지 않고 생활하는데요. 이번에 전시된 발명품들은 생활 속의 아주 작은 불편함도 놓치지 않고 바꾸어 보려고 노력하는 과정에서 만들어졌다고 합니다.
이 제품은 물을 무서워하는 사람을 위해 만들었다는 특수 수영복입니다. 입고만 있어도 물에 뜰 수 있는 이 수영복은 한 발명가가 구명조끼에서 아이디어를 얻어 만들었다고 합니다.
이외에도 자동으로 살균되는 위생 버스 손잡이, 쉽게 크기를 조절할 수 있는 강의실용 의자, 버스의 남은 좌석을 알려 주는 시스템 등이 눈길을 끌었습니다. 한 발명가를 만나 보았습니다.

인터뷰 : 저는 버스의 남은 좌석을 알려 주는 장치를 개발했습니다. 버스를 타려고 하면 내가 탈 버스에 앉을 자리가 있는지 궁금하거든요. 특히 피곤해서 앉아서 가고 싶을 때는 이 버스를 타야 하는지 아니면 다른 버스를 타야 하는지 망설여집니다. 그래서 버스 정류장에 이런 장치가 필요하지 않을까 생각했습니다. 백화점 주차장에 가 보면 몇 자리가 남아 있는지를 알 수 있는데 거기서 힌트를 얻어서 이 장치를 만들어 보았습니다.

기자 : 이번 전시회에 출품된 발명품들은 하나같이 실용성에 기술력까지 갖추고 있는데, 요즘의 웰빙 추세를 반영한 건강 관련 작품도 많이 눈에 띕니다. 이들 중 상당수 발명품들은 머지않아 상품화될 것이라고 합니다.

앵커 : 발명이라고 하면 대개 거창한 물건을 떠올리는데 이번에 전시된 발명품들을 보니 꼭 그런 것 같지는 않습니다. 이번 한국 발명품 전시회는 국내외의 우수 발명품 100여 점을 모아 5월 말까지 코엑스에서 계속됩니다.

XIII. 문학의 향기

1. 옥상의 민들레꽃

들어가기 _ 들어 보세요 Tr 53 p.210

여자 1: '옥상의 민들레꽃' 다 읽어 왔지요? 먼저 인상적인 점에 대해 얘기해 볼까요?

남자 : 저는 주제가 흥미 있었어요. 궁전 아파트와 민들레꽃의 대비를 통해 주제가 잘 나타나는 것 같아요.

여자 2: 저는 소설을 이끌어 가는 화자가 아이라는 점이 인상적이었어요.

여자 1: 아이가 화자로 나오는 소설은 여러분도 읽어 본 적이 있을 텐데 어떤 효과가 있을까요?

남자 : 사건에 대해 어린아이의 눈에 보이는 그대로 이야기하기 때문에 책을 읽는 독자들에게 오히려 생각할 기회를 주는 거 같아요. 그래서 주제를 전달하는 데 효과적이라고 생각해요.

듣고 말하기 _ 들어 보세요 Tr 55 p.215

해설 : 우리 아파트 베란다에서 할머니가 떨어져서 돌아가셨습니다. 실수로 떨어진 게 아니라 자살한 것입니다. 우리 아파트는 다른 사람들이 모두 부러워하는 고급 아파트입니다. 그런데 이런 일이 두 번이나 일어나자 주민들은 아파트값이 떨어질까 봐 걱정을 했습니다. 그래서 주민들이 모여서 회의를 하게 되었습니다. 사람들이 모이자 먼저 팔 층에 사는 사장님이 입을 열었습니다.

사장님 : 여러분, 이번이 벌써 두 번째입니다. 한 번만 더 사고가 나면 우리 아파트값은 당장 똥값이 될 거예요. 좋은 의견이 있으신 분은 말씀해 주세요.

해설 : 뚱뚱한 아줌마가 말했습니다.

아줌마 : 먼저 우리가 할 일은 절대로 이 사고를 입 밖에 내지 않는 거예요. 소문만 안 나면 그 일은 없었

던 거나 마찬가지예요. 다음은 그런 일이 다시는 안 일어나게 해야 돼요. 우리 아파트 베란다는 안전하지 않아요. 그래서 베란다에다 쇠창살을 달았으면 해요.

주민들 : 맞아요. 맞아요. 그래야 돼요.

해설 : 그때 나는 내가 알고 있는 것을 꼭 말하고 싶어 가슴이 답답했습니다. "베란다에 있어야 할 것은 쇠창살이 아니라 민들레꽃이에요. 정말이에요. 제가 경험해 봐서 잘 알아요." 그러나 어른들은 나에게 말할 기회를 주지 않았습니다. 늙은 교수님이 천천히 말씀을 시작하셨습니다.

교수님 : 제 생각으로는 두 할머니가 왜 갑자기 죽고 싶어졌나, 그 이유를 먼저 알아야 할 것 같습니다. 가족들이 할머니께 뭘 섭섭하게 해 드리지 않았습니까?

해설 : 할머니의 가족들이 대답했습니다.

가족 1 : 아니요, 그런 일 없었어요. 어머니 방 냉장고는 어머니께서 좋아하시는 음식이 가득 차 있었고, 옷장엔 갈아입으실 옷이 충분했어요.

가족 2 : 저희도 마찬가지예요. 제 방과 똑같은 크기의 방에 제 방에 있는 건 그분의 방에도 다 마련해 드렸어요. 그랬지만 어머니는 늘 불만이셨어요. 손자를 업어서 기르고 싶어 하셨지요.

주민들 : 그건 안 되죠. 아기 다리가 미워지잖아요.

가족 2 : 네, 그래서 정말 속상했어요. 그리고 땅에 뭘 심고 싶어 하셨어요. 시장에 가면 훨씬 더 좋은 게 많은데 도대체 왜 그러셨는지…….

2. 내가 사랑하는 사람

들어가기 _ 들어 보세요 Tr 56 p.218

진행자 : 신간 안내입니다. '연탄 한 장'으로 유명한 시인 안도현 씨가 시 쓰기에 대한 안내서를 출간했습니다. 필자는 쉬운 책을 쓰려고 노력했다는데요. 예를 들면 좋은 시를 쓰려면 술을 많이 마시고 연애를 많이 하고 시 한 줄 쓰기 전에 백 줄을 읽으라고 충고하는 식입니다. 연애 감정은 시간과 노력이 많이 필요한 일인데, 시 쓰기도 이와 비슷한 부분이 많다고 하는군요. 그렇지만 시에 관심이 없는 독자에게 이 책이 소용이 있을까요? 시인은 한 편의 시에는 이제까지와는 전혀 다른 새로운 세상을 살아가게 하는 힘이 있다고 강조합니다. 명시에 해설도 함께 붙어 있어 시 감상서로도 읽을 만한 것 같습니다.

듣고 말하기 _ 들어 보세요 Tr 58 p.222

사회 : 오늘은 김지연 시인을 모시고 이야기를 나누고 있습니다. 요즘 감명 깊게 읽은 책이 있다고 하셨지요?

시인 : 네, '연탄길'이라는 책인데요. 읽으면서 가슴이 찡하기도 하고, 자기 자신을 돌아보게도 하는 감동적인 이야기들을 모아 놓은 책이에요.

사회 : '연탄길'은 겨울에 눈이 와서 길이 미끄러워지면 연탄재를 깨서 사람들이 미끄러지지 않게 했던 길을 말하는 거지요? 아마도 남을 배려하는 따뜻한 이야기가 들어 있을 것 같은데요. 특히 인상적인 이야기를 하나 소개해 주시겠어요?

시인 : '너에게 묻는다'는 제목의 이야기가 저에게는 감동적이었어요. 어느 날 창수네 회사 사람들이 점심시간에 점심을 먹으려고 하는데, 한 직원이 청소부 아주머니를 데려와요. 직원들과 함께 점심을 먹게 된 아주머니는 김치만 있는 반찬통이 창피했는지 고개를 숙이고 식사를 해요. 아주머니를 데려온 직원은 그 김치가 맛있다며 김치만 먹고, 자기 도시락 반찬을 아주머니한테 권했어요. 다른 직원들도 김치를 맛있게 먹었는데, 창수는 그 김치가 왠지 깨끗하지 않은 것 같아 한 번도 안 먹었어요. 그런데 나중에 미안한 마음이 들어서 집에서 싸 온 율무차를 모두 아주머니한테 드렸어요. 아주머니는 몇 번이나 고맙다고 하면서 조금도 남기지 않고 차를 다 마셨어요. 저녁 때 퇴근하고 나서야 비로소 창수는 자기를 되돌아보게 돼요. 왜냐하면 이내가 그 율무차에 실수로 설탕 대신 소금을 넣었다는 걸 알게 된 거예요. 자신은 아주머니의 김치를 더럽다고 생각하고 있을 때 아주머니는 그 짠 율무차를 몇 번이나 맛있다고 하면서 마신 거예요.

모범 답안

Ⅶ. 대중문화

1. 뉴스 따라잡기

들어가기 _ 들어 보세요 p.18

1.
- 부정적인 의견 : 종이 신문이 10년 안에 사라지고 그 자리를 인터넷 신문이 차지할 것이다.
- 남자의 의견 : 그렇지 않다. 종이 신문은 여전히 중요한 대중 매체 중의 하나이다.

2. 인터넷 신문과 달리 종이 신문은 컴퓨터나 휴대폰 같은 것이 없어도 어디에서나 읽을 수 있다.

읽고 말하기 _ 주제 어휘 p.19

1. 1) 경제면　　2) 국제면
   3) 정치면　　4) 연예면
   5) 문화면　　6) 스포츠면
   7) 사회면　　8) 사설
2. 1) 불황　　2) 호황
   3) 흑자가 났다　　4) 경기가 회복되는
   5) 물가가 인상되면서　　6) 적자가 나서

읽고 말하기 _ 읽어 보세요 p.21

1.

표제 • • 기사 내용을 자세하게 서술한 부분
부제 • • 기사 내용을 요약해서 제시한 부분
전문 • • 기사 내용을 나타내는 큰 제목
본문 • • 기사 내용을 좀 더 보충해서 알리는 작은 제목

2. 불황으로 제빵 업체의 저렴한 빵이 많이 팔리기 때문이다.
3. ☑ 최근 제빵 업체는 호황을 누리고 있다.
   ☑ 판매량 증가의 원인은 경제 불황과 웰빙 제품에 대한 관심의 증가이다.
4. 쌀 식빵, 검은콩 식빵, 호두 단팥빵, 요구르트 케이크, 두부 과자 등

읽고 말하기 _ 써 보세요 p.22

1. 1) '나 홀로'족을 위한 1인용 식품이 눈길을 끌고 있다.
   2) 고유가 시대를 맞아 자전거 출퇴근이 늘고 있다.

2. 1) 쌀 소비량 감소, 쌀값 20% 내려
 2) 올해 전자 업계, 엄청난 흑자 기록
3. 1) '나 홀로'족을 위한 1인용 식품이 눈길을 끌고 있다. 도시 지역을 중심으로 1인 가구가 증가하면서 김치, 밑반찬, 조리 식품 등을 중심으로 1인용 포장 식품이 슈퍼마켓 식품 매장에 선을 보이고 있다.
 2) 고유가 시대를 맞아 자전거 출퇴근이 늘고 있다. 최근 유가 상승세가 지속되면서 지출을 줄이기 위해 승용차를 집에 두고 자전거로 출퇴근하는 시민들 수가 증가하고 있다.

듣고 말하기 _ 들어 보세요 p.23

1. 후배 기자와 선배 기자
2. 수습기자 시절에 잘 쓰겠다는 생각으로 기사를 필요 이상으로 길게 쓴 일
3. 육하원칙. '누가, 언제, 어디서, 무엇을, 어떻게, 왜'의 내용으로 기사를 쓰는 원칙
4. 취재하러 가서 육하원칙 중 '왜'를 빠뜨리고 조사하지 않은 일

2. 영화 속을 걷다

들어가기 _ 들어 보세요 p.26

1.
- 장르 : 코미디 영화
- 감독 : 코미디 영화 감독으로 유명한 사람
- 주연, 조연 : 코미디 전문 배우

2. 아침 일찍 조조영화를 보려고 한다.

읽고 말하기 _ 주제 어휘 p.27

1. 1) 감독 2) 주연 3) 상영 시간
 4) 관람 등급 5) 개봉 6) 장르
 7) 줄거리
2. 1) 배경 2) 지문
 3) 대사 4) 등장인물

읽고 말하기 _ 읽어 보세요 p.28

1. 비가 오는 날에 상민이가 우산이 없는 점원을 위해서 자신의 우산을 빌려준 일이 있는데, 점원은 자신이 좋아함을 상민이가 알고 그런 행동을 했다고 생각했다.
2. 비를 맞고 있는 지혜를 보며 함께 비를 맞으며 가고 싶었기 때문이다.
3. 상민이도 자신을 좋아함을 깨달았기 때문이다.
4. 상민이에게 직접 우산을 전해 주고 싶었기 때문이다.
5. 상민이와 지혜 모두 비가 오는데도 자기 우산을 다른 사람에게 주고 비를 맞고 가기 때문이다.

듣고 말하기 _ 들어 보세요 p.30

1. 당황하며 고개를 돌리고 상민이를 외면한다.
2. 도서관
3. 상민이의 윗옷
4. 상민이와 더 같이 있고 싶어서 그렇게 느꼈다.

3. 광고와 소비자

들어가기 _ 들어 보세요 p.34

1. 너무 많은 광고
2. ☑ 이메일 광고
 ☑ 텔레비전 광고
 ☑ 전단지 광고

읽고 말하기 _ 주제 어휘 p.35

1. 건강식품이 앞으로 많이 팔릴 것 같아서 사람들이 인삼 음료 회사의 주식을 삽니다. — 투자하다
2. 그 회사에서는 공장을 더 지어 인삼 음료를 많이 만듭니다. — 생산하다
3. 이 음료는 슈퍼마켓, 편의점, 백화점 등에서 팔립니다. — 판매하다
4. 이 음료는 한 개에 2,500원입니다. — 정가
5. 많은 사람들이 이 음료를 사서 마십시다. — 소비하다
6. 이 회사의 사업이 잘되어 사람을 더 뽑습니다. — 일자리 창출

읽고 말하기 _ 읽어 보세요 p.38

1.
- 광고 때문에 필요하지도 않은 물건을 산다.
- 광고비 때문에 물건값이 더 비싸진다.
- 광고는 소비자의 판단을 흐리게 해 질 나쁜 상품도 사게 만든다.
- 광고는 돈의 낭비이다. 광고에 쓰는 돈을 좋은 제품을 만드는 데 투자하는 것이 경제적으로 더 낫다.

2.

①	쓸모 없거나 사고 싶지 않은 물건을 사는 사람은 없기 때문이다.	아무리 광고가 잘 만들어졌어도 선택은 결국 소비자들이 하는 것이다.
②	1960년대 후반 전자계산기의 예처럼 광고는 오히려 제품의 가격을 내리게 하기 때문이다.	광고 효과로 물건이 많이 팔려 제품 가격이 내려가면 그 혜택은 소비자들이 받게 된다.
③	아무리 멋진 광고도 어떤 상품을 한번 써 보도록 할 수는 있지만 그 제품을 좋아하게 할 수는 없기 때문이다.	광고가 나쁜 제품을 좋은 제품으로 보이게 한다고 해서 물건이 잘 팔리는 것은 아니다.
④	광고 덕에 소비자들에게 정보를 제공하고 상품 비교를 돕고 제품 판매와 생산을 늘리며 제품 가격을 낮추고 일자리를 늘리기 때문이다.	광고는 국가 경제에까지 도움을 주는 우리 경제에 대단히 중요한 것이다.

듣고 말하기 _ 들어 보세요 1 p.39

1. 햄버거 광고의 문제
2. ~는 게 문제라고.
   중요한 것은 ~다는 거야.
3. 넌 그렇게 생각하지 않니?

듣고 말하기 _ 들어 보세요 2 p.40

1. 광고 사진에는 야채도 싱싱하고 고기도 크고 맛있어 보이지만 실제로는 야채도 시들시들하고 고기는 종이처럼 얇음.
2. 단순히 보기 좋게 광고 사진을 찍은 게 아니라 사람들을 속이고 있기 때문.
3. ☑ 인터넷에 글과 사진을 올린다.
   ☑ 소비자원에 상담을 한다.
4.
- 남자 : 광고를 낼 때 햄버거에 들어가는 야채나 고기의 실제 양을 숫자로 써 놓을 것.
- 여자 : 숫자만으로는 잘 모를 수도 있으니까 매장에 실제 햄버거를 전시해서 미리 볼 수 있도록 할 것.

보충 어휘–관용 표현 I p.43

연습 1.
1) ① 2) ② 3) ② 4) ①

연습 2.
1) 손에 익다 2) 등을 돌리다
3) 귀에 못이 박히 4) 손을 놓다
5) 코가 납작해지다 6) 눈을 붙이다

연습 3.
1) 등을 돌린 2) 손을 놓게
3) 눈에 안 차도 4) 배꼽 빠지게
5) 한눈팔지 6) 손에 익지
7) 눈 붙이고 8) 간이 콩알만 해졌겠다
9) 귀에 못이 박히게 10) 코가 납작해졌겠구나

Ⅷ. 의식주와 생활

1. 살고 싶은 집

들어가기 _ 들어 보세요 p.56

1. ▪ 남자 : 오피스텔 ▪ 여자 : 아파트
2. ☑ 오피스텔이 편리해서 마음에 든다.
   ☑ 한옥에서 편안하게 자 본 적이 있다.

읽고 말하기 _ 주제 어휘 p.57

1. ① 아궁이 ② 아랫목 ③ 윗목 ④ 굴뚝

2.

1) 따끈하다	추운 날에 따뜻한 국물이나 차를 마시면 기분이 좋아져요.
2) 아늑하다	내 방에 있으면 엄마 품에 안긴 것처럼 편안하고 기분이 좋아요.
3) 썰렁하다	아직 봄이라서 난방을 안 하면 좀 추운 느낌이 들어요.
4) 건조하다	요즘 비가 오지 않아 습기가 없고 풀이나 나무가 말라 있어요.
5) 습하다	장마철에는 오랫동안 계속 비가 내려 빨래가 잘 마르지 않아요.
6) 미지근하다	뜨겁던 국이 전화받는 동안에 식어 이제는 별로 뜨겁지 않아요.

읽고 말하기 _ 읽어 보세요 p.58

1. 침대 속이 썰렁해서 몸이 따뜻해지지 않았기 때문에

2.
- 학교에서 돌아왔을 때 : 어머니가 차가운 내 손을 얼른 잡아 아랫목 이불 속으로 넣어 주심.
- 배탈이 났을 때 : 아랫목에 배를 깔고 엎드려 있으면 배 아픈 것이 나았음.
- 감기에 걸렸을 때 : 아랫목에 누워 있으면 신기하게 다 나았음.
- 추운 데서 놀다 들어왔을 때 : 따끈한 이불 속에 손발을 넣고 있으면 세상에 부러울 게 없었음.
- 늦게 돌아오는 가족을 위해 : 어머니가 아랫목에 밥그릇을 넣어 두면 밥그릇은 항상 적당하게 따뜻했음.

3.
- 아궁이의 불기가 덜 닿는 곳이라 시원했음.
- 아이들이 놀기에 좋았음.
- 더운 곳에 두면 안 되는 가구를 놓아두었음.

4.

㉮ 도입 : 몸살이 나려고 해서 침대에 누웠지만 썰렁하기만 하고 몸이 따뜻해지지 않았다. 그래서 방바닥에 요를 깔고 누우니 몸이 따뜻해지면서 푹 잘 수 있었다.

㉯ 본문 : 어렸을 때 동생이나 내가 아프면 어머니는 아랫목에 눕혀 주셨다. 따뜻한 아랫목에 엎드려 있으면 신기하게도 몸이 나았다. 또 시원한 윗목은 아이들이 놀기에 좋았다. 나무 가구는 다 윗목에 두었다. 윗목과 아랫목의 온도 차이로 습도가 자연적으로 조절되었다.

㉰ 마무리 : 온돌하면 가족들이 오순도순 이야기를 나누던 모습이 떠오른다. 아늑한 온돌은 가족애의 바탕으로 우리 곁에 살아있다.

5. 따뜻하다, 아늑하다

듣고 말하기 _ 주제 어휘 p.60

1. 대문　　2. 대청마루　　3. 안방
4. 장독대　　5. 사랑방　　6. 마당

듣고 말하기 _ 들어 보세요 p.61

1. 한옥

2.
- 안방 전　　▪ 부엌 현　　▪ 마당 전
- 장독대 전　　▪ 욕실 현　　▪ 대청마루 전

3. ☑ 마당에는 장독대와 화단을 만들 것이다.
☑ 한옥은 황토, 나무 등의 자연 재료를 사용해서 만든다.
☑ 대청마루에서는 마당이 잘 보일 것이다.

2. 음식 여행, 비빔밥

들어가기 _ 들어 보세요 p.64

1. ▪ 양념의 맛이 중요하다.
▪ 국물이 발달했다.
▪ 전 요리가 발달했다.

2. ☑ 밀가루와 달걀을 입혀 기름에 부치다.
☑ 생일이나 명절에 전을 즐겨 먹는다.

읽고 말하기 _ 주제 어휘 p.65

1. 1) 채를 썰어　　2) 껍질을 벗겨
3) 고기를 재워　　4) 절여
5) 다진

2. 1) 삶다　　2) 데치다　　3) 끓이다
4) 조리다　　5) 튀기다　　6) 볶다
7) 굽다　　8) 부치다　　9) 무치다

읽고 말하기 _ 읽어 보세요 p.66

1. ☑ 재료　　☑ 맛
   ☑ 지역별 특색　　☑ 사람들의 선호도

2.
- 쇠고기 : 곱게 다져서 양념한다.
- 도라지 : 끓는 물에 데쳐 가늘게 찢는다.
- 고사리 : 다듬은 뒤 깨끗이 씻어서 5cm 길이로 썬다.
- 시금치 : 다듬은 뒤, 끓는 물에 데쳤다가 꺼내어 물기를 꼭 짠다.
- 느타리버섯 : 두 가닥으로 찢는다.
- 호박 : 반달 모양으로 썰어 소금에 절였다가 물기를 짠다.
- 당근 : 껍질을 벗기고 가늘게 채 썰어 소금에 절였다가 물기를 짠다.

3.
(3) 그릇에 따뜻한 밥을 담는다.
(1) 쇠고기, 야채 등 재료를 손질한다.
(2) 재료별로 양념을 넣어 볶아 낸다.
(4) 밥 위에 볶은 고기와 야채를 얹고 양념 고추장을 같이 낸다.

듣고 말하기 _ 들어 보세요 p.68

음식명	만드는 법	맛
1)  퍼	삶는다	담백하다
2)  오코노미야키	부친다	고소하다
3)  야키소바	볶는다	고소하다
4)  마파두부	끓인다	매콤하다

3. 유행하는 옷

들어가기 _ 들어 보세요 p.70

1. 여성들의 치마 길이와 경제 상황은 관련이 있습니까?
2. 여성들의 치마 길이와 경제 상황은 관련이 없다.
3. 한국의 경우, 1970년대 불황일 때 오히려 긴 치마가 유행하고, 1980년대 경제가 좋을 때는 오히려 미니스커트가 인기를 끄는 등 안 맞는 경우가 더 많았기 때문이다.

읽고 말하기 _ 읽어 보세요 p.72

1.

조선 시대	→	개화기	→	1960년대
한복		양장		미니스커트

2. 신분이나 나이에 따른 모양, 길이, 색의 구별이 있었다.
3. 새로운 문화를 추구하려는 변화 욕구를 나타낸다.
4. 많은 사람들이 미니스커트에 거부감을 느끼며 비판을 했지만, 젊은 여성들은 미니스커트를 새롭고 신선한 유행이라고 생각하고 주목했다.
5.

1970년대	→	1980년대	→	1990년대
기성복 대중화		젊은이 중심의 패션 문화		개성적이고 다양한 옷차림

6.
- 한복에서 양장으로
- 격식을 차리거나 다른 사람의 눈을 의식하는 옷차림에서 실용적인 옷차림으로
- 보수적인 옷차림에서 개성을 살리는 옷차림으로

듣고 말하기 _ 들어 보세요 1 p.74

1. 유행이 생기는 이유
2. 네, 맞는 말씀입니다.
3. 그럼 이번에는 다른 의견에 대해 말씀해 주시겠어요?

듣고 말하기 _ 들어 보세요 2 p.75

1. ☑ 유행에 대한 의식 조사 방법
2. 미적 기능 또는 자기 표현 기능
3. 다른 사람과 같아지려는 마음과 반대로 같아지지 않으려는 마음에서 새로운 유행이 생긴다.
4.
- 유행을 따르는 것이 즐거운 일　54%
- 유행을 따르는 것이 즐겁지만 낭비　43%
- 전혀 도움이 안 되는 낭비　3%

5. 교수님은 유행을 잘 따르는 편이세요?

보충 어휘-관용 표현 II p.79

연습 1.
1) ①　2) ②　3) ②　4) ①

연습 2.

1) 고개를 저으며 2) 입술을 깨물며
3) 머리를 긁적이며 4) 코웃음을 치며
5) 무릎을 치며 6) 혀를 차며

연습 3.

1) 발을 동동 구르며 2) 목에 힘을 주는
3) 무릎을 치시더라 4) 고개를 저었어
5) 코웃음을 치더라 6) 배를 잡고
7) 입술을 깨물었을 8) 머리를 긁적이며
9) 가슴을 치더라 10) 혀를 차게 돼

Ⅸ. 도시와 환경

1. 살기 좋은 도시

들어가기 _ 들어 보세요 p.92

1.

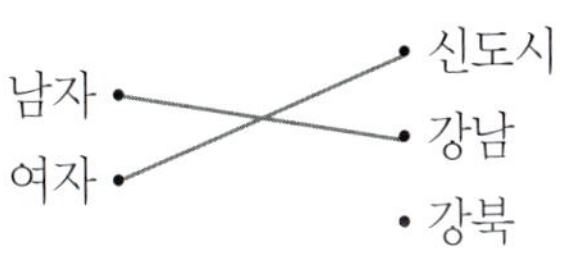

2.

- 신도시 : 계획적으로 개발된 곳
- 강남 : 도로가 넓고 건물이 편리하게 자리 잡은 곳
- 강북 : 신도시나 강남보다 오래된 건물이 많은 곳

읽고 말하기 _ 읽어 보세요 p.94

1. ▪ 시민의 삶의 질을 향상시키는 도시
   ▪ 자연 친화적인 도시
   ▪ 전통과 현대가 조화를 이루는 도시
2. 보행자 중심으로 도로 개편이 이루어지고 있음.
3. 한강 변, 청계천, 서울숲, 서울 광장 등을 정비하거나 새로 소성했음.
4. '문화재 제 모습 찾기' 사업(광화문 · 경복궁 복원, 전통 한옥 보존 등)
5. 교통 체증, 대기 오염, 수질 오염, 수도권 인구 집중

듣고 말하기 _ 들어 보세요 1 p.96

1. 살기 좋은 도시의 조건
2. 글쎄요. 그런 것에 대해 별로 생각해 보지 않았어요.
   ~ 씨는 어떻게 생각해요?

듣고 말하기 _ 들어 보세요 2 p.97

1. ☑ 쇼핑하기 편리한가 ☑ 공항에 쉽게 연결되는가
   ☑ 범죄율이 낮은가 ☑ 기후가 좋은가
   ☑ 취업하기 쉬운가 ☑ 녹지가 많은가
2. ☑ 정치

2. 서울 돌아보기

들어가기 _ 들어 보세요 p.100

1. 경복궁, 청와대, 인사동, 민속박물관
2. 전통문화의 거리

읽고 말하기 _ 주제 어휘 p.101

1. 대학로 2. 인사동
3. 북촌 한옥마을 4. N서울타워
5. 경복궁, 덕수궁

읽고 말하기 _ 읽어 보세요 p.102

1.

- 전체 설명(역사나 배경, 위치 등) : ㉮
- 보충과 마무리(더 필요한 내용, 정리 등) : ㉰
- 구체적 내용(다른 곳과 구별되는 점, 특징, 설명이 필요한 내용 등) : ㉯

2.

- 인파로 붐비다 : 대학로는 항상 젊은 인파로 붐빈다.
- 자리 잡다 : 대학로에는 여러 극장과 문화 예술 단체들이 자리 잡고 있다.
- 공연하다 : 야외 공연장에서는 연극을 공연할 수 있다.
- 즐비하다 : 마로니에 공원 근처에는 다양한 공연장이 즐비하다.
- 한눈에 보다 : 낙산 공원에서는 서울을 한눈에 볼 수 있다.
- 사람들의 발길이 끊이지 않다 : 대학로에는 휴식 공간이 많아서 항상 사람들의 발길이 끊이지 않는다.

3.

- 야외 공연장 : 도로 광장에 야외 음악회, 연극 등을 공연하도록 만든 곳
- 이화장 : 대한민국 초대 내각을 발표했던 장소
- 낙산 공원 : 서울 성곽이 복원되어 있고 서울 야경을 볼 수 있는 곳
- 성대 먹자골목 : 저렴하고 푸짐한 맛집들이 많이 있는 곳

듣고 말하기 _ 들어 보세요 p.105

1. 도보 관광
2. ☑ 서울의 명소
   ☑ 유명한 거리
   ☑ 한국 역사와 관계된 곳
3. 북촌 한옥마을 : ②, ④, ⑧
   덕수궁 · 정동 코스 : ①, ③, ⑤
4. 3일 전에 서울시 문화관광 홈페이지에서 예약하면 됨.

보충 어휘–관용 표현Ⅲ p.109

연습 1.

1) ① 2) ① 3) ② 4) ①

연습 2.

1) 미역국을 먹다 2) 사서 고생이다
3) 가뭄에 콩 나듯 4) 다람쥐 쳇바퀴 돌 듯
5) 찬물을 끼얹다 6) 바가지를 긁다

연습 3.

1) 찬물을 끼얹을 2) 사서 고생이에요?
3) 미역국 먹지 4) 벽에 부딪혀서
5) 깨가 쏟아지게 6) 가뭄에 콩 나듯
7) 뚜껑을 열어 봐야 8) 강 건너 불 보듯
9) 바가지 긁는 10) 다람쥐 쳇바퀴 돌 듯

X. 관념의 세계

1. 삶과 운명

들어가기 _ 들어 보세요 p.120

1. 점, 사주
2. 사주를 봤음. 서른 살 전에 결혼하면 좋지 않음.

읽고 말하기 _ 주제 어휘 p.121

1) 운명적이다
2) 궁합을 보다
3) 사주를 보다
4) 관상을 보다
5) 점을 치다

읽고 말하기 _ 읽어 보세요 p.122

1. 좀 답답한 일도 있었고 점에 대해 약간은 호기심도 있었기 때문에.
2. 여러 점쟁이가 그 무렵 글쓴이가 안고 있던 고민거리를 비슷한 표현으로 지적했음.
3. 세상일이란 것이 사람의 힘만으로 이루어지지 않는다는 것을 깨닫게 될 때
4. 점을 봤을 때 개인의 경험과 들어맞는 부분이 있게 마련인데 그럴 때 점쟁이가 정확하게 지적한 부분에만 초점을 두고 매달리면 의지하게 됨.
5. 인간이 살아가면서 고민하는 문제들이 비슷하구나, 알 수 없는 앞날에 대한 불안함을 누구나 안고 살아가는구나 새삼스레 깨달으며 왠지 위안이 되었음.

듣고 말하기 _ 들어 보세요 1 p.124

1. 결혼
2. ~라고? 네 생각에는 문제가 있어.
3. 뭐라고요? 그것 보세요. ~잖아요.

듣고 말하기 _ 들어 보세요 2 p.125

1. ▪ 결혼하기 위해 조건이 좋은 사람과 만나 보는 것이 필요하다. 엄마
   ▪ 결혼하기 위한 만남을 위해 조건을 따지는 일을 하고 싶지 않다. 딸
   ▪ 결혼할 사람과의 만남은 운명적인 것이어야 한다. 딸
   ▪ 결혼은 환상이 아니라 현실이다. 현실적으로 생각하고 판단해야 한다. 엄마
2. 처음 만나자마자 이 사람은 내 사람이라는 느낌을 받는 사람
3. 운명, 조건, 얼굴, 운명, 느낌
4. 궁합이 매우 좋아서 결혼하면 평생 돈 걱정 안 하고 편안하게 살 수 있음.
5. 엄마도 딸도 운명을 믿고 있음.

2. 세상을 보는 눈

들어가기 _ 들어 보세요 p.128

1. 1)
2. 고정 관념을 깨자는 취지로 설치하게 되었다.

읽고 말하기 _ 주제 어휘 p.129

1. 발상의 전환
2. 고정 관념
3. 선입견
4. 세계관
5. 관점
6. 문제의식
7. 사고방식

읽고 말하기 _ 읽어 보세요 p.130

1. 미국 대륙에 가는 일은 배를 타고 항해를 하다 보면 누구든지 할 수 있는 대수롭지 않은 일이라고 생각했기 때문이다.
2. 콜럼버스는 달걀을 하나 꺼내 들고 사람들에게 그것을 세워 보라고 했다. 모두들 달걀을 세우려고 했지만 세울 수 없었다. 그러자 콜럼버스는 달걀 한쪽 끝을 톡톡 쳐서 깨뜨려서 세웠다. 사람들이 그렇게 세우는 것은 누구든지 할 수 있는 일이라며 비웃자 콜럼버스는 남이 해 놓은 일은 무엇이든지 쉬워 보이는 법이라고 말했다.
3. 고정 관념을 갖지 않고 대상을 보면 시각에 따라 대상의 새로운 형태들을 볼 수 있다.
4. 현대인들은 평면을 삼차원적으로 이해하며 볼 수 있지만 원시인들은 그렇지 못하다.
5. 사소한 것들을 무시하지 않아야 하고, 문제의식을 가져야 하며, 시각도 각자의 지식에 따라 달라질 수 있다는 점을 잊지 않아야 한다.

읽고 말하기 _ 이야기해 보세요 p.131

1. 기둥, 고개숙인 여자들
2. 아가씨, 할머니
3. 잔, 사람의 옆 얼굴

듣고 말하기 _ 들어 보세요 p.132

1. 고정 관념이 깨진 예들
2.

	예	이전의 상식	변화된 내용
1	웨이터	단순직	전문직
2	막걸리	시골 사람들이 주로 마시는 값싼 술	젊은 여자들도 마시는 술
3	출근복	정장	자유복

듣고 말하기 _ 이야기해 보세요 p.132

2.

1)

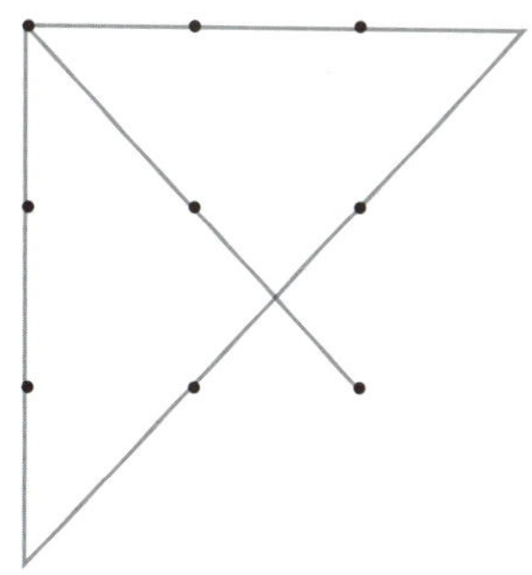

2)

보충 어휘-결합 표현 p.135

연습 1.

1) ① 2) ② 3) ② 4) ①

연습 2.

1) 길흉
2) 찬반
3) 상벌
4) 시비
5) 우열
6) 승패

연습 3.

1) 호불호
2) 상벌
3) 시비
4) 길흉
5) 찬반
6) 선악
7) 진위
8) 승패
9) 우열
10) 희비

XI. 역사의 발자취

1. 한강에 얽힌 역사

들어가기 _ 들어 보세요 p.144

1. 땅이 기름져서 농사가 잘되었는데, 그 결과 식량이 풍부하고 생활에 여유가 생겨 자연히 문화가 발달하게 됨.
2. 삼국 시대 이후 한반도 역사의 중심에 있었음.

읽고 말하기 _ 주제 어휘 p.145

1. 교류하며
2. 지배하는
3. 주도권을 잃고
4. 발달하여
5. 추진하고
6. 확장하는

읽고 말하기 _ 읽어 보세요 p.146

1.
- 하류에 곡창 지대가 있음.
- 풍부한 수량과 지류 때문에 수상 교통이 발달함.
- 서해를 거쳐 중국과 교류하는 관문 역할을 함.

2. 체제를 정비하고 영토 확장을 위한 전쟁을 함.
3.

백제 → 고구려(475년) → 백제, 신라(551년) → 신라(553년)

4. 급속히 성장함. 서해를 통해 중국과 교류하면서 문화를 발달시킴.
5.
- 신라 : 직접 중국과 통하는 해로를 얻음. 고구려 · 백제를 억누르면서 삼국 통일의 기초를 마련함.
- 백제 : 한강 유역을 빼앗긴 이후 점차 쇠퇴함.
- 고구려 : 한반도에서 주도권을 잃게 됨.

6. 한국 역사에서 한강 유역을 차지한다는 것은 곧 한반도를 지배한다는 것을 의미했음.

듣고 말하기 _ 들어 보세요 p.148

1. '그때 만약 이랬다면 어떻게 되었을까?' 하는 가정
2. 신라가 아니라 고구려가 한반도를 통일했다면 그 이후 한국의 역사는 달라졌을 것이라는 가정
3.
- 영토가 넓어졌을 것임.
- 한국 역사는 강대국의 역사로 자리 잡았을 것임.

4.
- 고구려가 통일했다면 영토 확장을 위한 전쟁을 계속해서 망하거나 약소국이 되었을 것임.
- 신라의 통일은 반쪽짜리 통일이 아니라 민족의 문화적, 사회적 발전의 중요한 계기가 됨.

2. 이야기 속 인물

들어가기 _ 들어 보세요 p.152

1. ☑ 박정희 전 대통령
2.
- 역사상 처음으로 여성이 지폐에 등장함.
- 아들 이율곡도 지폐에 실리면서 모자가 함께 지폐에 등장하는 진기록을 가지게 됨.

읽고 말하기 _ 주제 어휘 p.153

1. 1) 모범을 보이는　2) 열중하면
   3) 힘쓰고　4) 소중하게 여기는
   5) 중시하는　6) 무시하지
2. 1) 관대하다　2) 지혜롭다
   3) 엄격하다　4) 강직하다
   5) 고지식하다　6) 유능하다
   7) 자상하다　8) 검소하다
   9) 융통성(이) 있다

읽고 말하기 _ 읽어 보세요 p.154

1. 1) 추운 날씨에 누가 늦게까지 집현전에 있는지 궁금해서
   2) 새벽이 될 때까지 글 읽는 소리를 듣다가 신숙주가 조는 모습을 보고 옷을 벗어 덮어 주고 돌아갔음.
2. 1) 두 하녀가 하는 말을 모두 옳다고 함.
   2) 조카의 말도 옳다고 하면서 읽던 책을 계속 읽음.
3. 1) 근무 중에는 면회가 금지되어 있었기 때문에.
   2) 나라의 물건을 사사로이 쓸 수 없다는 장군의 말 때문에.
4.
- 세종대왕 일화에서는 세종대왕이 신하를 아끼는 자상한 사람임을 알 수 있다.
- 황희 정승 일화에서는 황희 정승이 문제를 처리하는 방식이 지혜로운 사람임을 알 수 있다.
- 이순신 장군 일화에서는 이순신 장군이 공과 사를 철저히 구분하는 강직한 사람임을 알 수 있다.

듣고 말하기 _ 들어 보세요 1 p.156

1. 소크라테스가 감옥에서 도망가지 않고 악법도 법이라고 하면서 독배를 마시고 죽었다는 일화
2. 지금 말씀하신 것은 ~라는 말씀인 것 같은데 맞습니까?

3. 제 말씀은 그게 아니고 ~라는 뜻이었어요.

듣고 말하기 _ 들어 보세요 2 p.157

1. 재미도 있지만 일화를 통해 그 인물의 특성을 발견할 수 있어서 흥미로움.

2.
- 에디슨 : 닭장에서 계란을 품고 몇 시간을 앉아 있었다는 일화
- 칸트 : 매일 오후 3시에 산책을 다녔기 때문에 동네 사람들이 칸트를 보고 시계를 맞췄다는 일화
- 소크라테스: 악법도 법이라고 하면서 독배를 마시고 죽었다는 일화

3.
- 여자 : 소크라테스가 공정하지 않았을 수도 있는 재판 결과를 받아들이고 죽음을 선택한 행동에 대해 생각해 볼 점이 많음.
- 남자 : 악법도 법이니까 지켜야 한다는 의미가 아니라 자신이 도망친다면 법 질서는 무너진다고 생각한 것임.

3. 여행으로 만나는 세상

들어가기 _ 들어 보세요 p.160

1. 조선 시대의 문화가 많이 남아 있는 곳
2. 조선 시대의 유교 문화가 많이 남아 있고 전통 한옥이 그대로 보존되어 있는 곳
3 ☑ 민박을 한다.

읽고 말하기 _ 읽어 보세요 p.162

1.

대릉원 →	첨성대 →	불국사 →	석굴암
신라 시대 왕과 귀족들의 무덤이 모여 있는 곳	신라 사람들이 별자리를 관찰하기 위해 만든 곳	땅 위에 부처님의 나라를 만들겠다는 의지를 보여 주는 곳	토암산 중턱의 석굴, 신라 불교 예술의 최고 걸작

2.
- 대릉원에서 : 신라의 저력이 느껴지는 인상적인 곳. 신라의 조상들이 경주를 지켜 주고 있다는 느낌이 들었음.
- 첨성대에서 : 첨성대의 돌 하나하나에 과학이 숨어 있다는 것이 흥미로웠음.
- 불국사에서 : 화려한 다보탑, 소박하지만 위엄이 느껴지는 석가탑이 기억에 남음.
- 석굴암에서 : 아름다운 불상을 조각한 뛰어난 솜씨에 감탄하게 됨.

듣고 말하기 _ 들어 보세요 p.165

1.
- 한 번 더 여행하는 것 같은 기분이 들어 행복함.
- 여행지의 추억이 소중한 기억으로 남게 됨.
- 자연스럽게 문장력과 사고력을 기를 수 있음.

2.
- 떠나기 전에 : 여행 가려는 곳에 대해 미리 조사를 함.
- 여행지에서 : 입장권이나 안내서 등을 꼼꼼히 챙기고 떠오르는 생각을 메모해 놓음.
- 돌아온 후에 : 여행 날짜 순으로 사진과 자료들을 모아서 파일을 만들어 둠.

3.
- 처음 : 여행지 소개, 느낌과 여행에서 얻고자 하는 것
- 중간 : 실제 여행에서의 여정, 견문, 감상
- 끝 : 여행을 하면서 느낀 전체적인 감상, 교훈

보충 어휘-평가의 표현 p.169

연습 1.

1) ② 2) ① 3) ① 4) ②

연습 2.

1) 바람직하다 2) 미흡하다
3) 객관적이다 4) 정당하다
5) 주관적이다 6) 애매모호하다

연습 3.

1) 정밀한 2) 명확하게
3) 직질하시 4) 객관적으로
5) 애매모호하게 6) 주관적인
7) 미흡한 8) 바람직하다고
9) 정당한 10) 완벽하게

XII. 과학과 미래

1. 과학 기술과 윤리

들어가기 _ 들어 보세요 p.184

1. 복제 인간
2. 일을 하도록 만든 복제 인간들이 게을러지면서 주인공의 여자 친구와 데이트 하거나 놀러 다니는 등의 문제를 일으킨다.

읽고 말하기 _ 주제 어휘 p.185

1.

1) 생명 윤리	최근 좋은 유전자만을 가진 아기를 만드는 연구가 진행되고 있다. 인간 대상의 이런 연구가 문제가 없는지 모두가 고민해 보아야 한다.
2) 인권 존중	범인이 법원으로 갈 때는 모자나 마스크로 얼굴을 가리도록 해 준다. 이는 큰 죄를 지었어도 사람답게 살 권리를 갖기 때문이다.
3) 생명의 존엄성	아무리 하찮은 생명이라도 모두 중요한 존재이다. 그래서 벌레 한 마리라도 함부로 죽이면 안 된다.
4) 생명 경시	요즘 어떤 게임은 너무 폭력적이다. 게임 속의 사람을 많이 죽이면 죽일수록 높은 점수를 얻는다.
5) 인권 침해	경찰이 범인으로 의심되는 사람을 조사할 때, 잠을 안 재우며 '밤샘 조사'를 하는 경우가 있다. 비인도적인 수사 방법이다.

2. 1) 위험성　2) 우려　3) 혜택
   4) 부작용　5) 해결책　6) 가능성

읽고 말하기 _ 읽어 보세요 p.186

1. 삶의 질을 높이도록 해 주지만, 예전에는 상상할 수 없었던 많은 윤리적인 문제들을 일으키고 있다.
2.

☑ 과학 기술의 발달로 예상하지 못한 일들이 생겼다.
☑ 인간의 세포를 다루는 실험 과정에서 필요에 따라 세포를 버린다.

3.

기술	혜택	문제점
인공 수정	불임 부부에게 아기가 생길 수 있다.	자연스러운 인간관계와 관련한 문제를 일으킬 수 있다. 예) 다른 사람의 정자로 인공 수정을 한 경우
맞춤 아기	불치병에 걸린 형제에게 필요한 몸의 일부를 제공할 수 있다.	인공 수정 과정에서 인간의 배아를 버린다. 필요에 의해 만들어진 맞춤 아기의 인권이 무시될 수 있다.
인간 복제	불치병과 난치병의 치료에 해결책을 제시할 수 있다.	인간을 실험 대상으로 보고 필요에 따라 복제하거나 버린다.

듣고 말하기 _ 들어 보세요 1 p.189

1. 맞춤 아기
2. 제가 그렇게 생각하는 이유는 ~때문입니다.
3. 그런 점도 있겠지만

듣고 말하기 _ 들어 보세요 2 p.190

1. ☑ 맞춤 아기가 윤리적으로 어떤 문제가 있는가
2. 불치병으로 죽어가는 아이를 치료하기 위해 맞춤 아기를 낳으려고 한다.

3.

- 남자
- 여자

- 윤리적으로 전혀 문제가 없다.
- 윤리적인 문제가 있지만 어쩔 수 없다.
- 매우 비윤리적인 일이다.

- 아기의 신체가 필요하니까 아기를 만들겠다고 생각하여 맞춤 아기를 만든 것이다.
- 돈을 벌려고 맞춤 아기를 만든 것이 아니다.
- 불치병에 걸린 사람을 치료하기 위해서 반드시 이 방법을 사용해야 한다.
- 살릴 수 있는 치료 방법이 있는데, 그 방법을 안 쓰고 사람을 죽게 할 수는 없다.
- 맞춤 아기가 많은 고통을 받는다.

2. 생활 속의 발명품

들어가기 _ 들어 보세요 p.192

1. 생활 속의 불편을 고치려는 노력 속에서 만들어짐.
2. 지우개 달린 연필, 수정액

읽고 말하기 _ 주제 어휘 p.193

1. 용도	2. 기능	3. 소재
4. 용량	5. 실용성	6. 제조사
7. 가격	8. 기술력	

읽고 말하기 _ 읽어 보세요 p.194

1. 과학의 발달은 사람의 생활을 획기적으로 바꾸기도 하지만, 사람의 욕구가 과학이나 기술의 발전을 이끌기도 한다.
2. 그때까지 쓰이던 가스등이나 양초 등은 그리 밝지 않아서 실내 생활을 하는 데에 아주 불편했다.
3. 밤낮이라는 시간에 구애를 받지 않고 살 수 있게 되었다.
4.

초기의 휴대 전화	최근의 휴대 전화
무게가 4kg이나 됨. 전화 기능만 있음. →	무게가 가벼워짐. 영상을 전송함. 노래를 저장함. 카메라 기능이 있음. 인터넷 기능이 있음.

5.
- 판매 시기 : 1995년
- 발명 이유 : 김치가 빨리 익기 때문에 주부들이 김치를 조금씩 자주 담가야 하는 기존 냉장고의 불편을 해결하려고 함.
- 주요 기능 : 정밀한 온도 조절, 닫음 기능
- 가정 보급률 : 80%

6. 제품의 성능과 기능, 소재 등

듣고 말하기 _ 들어 보세요 p.196

1. 발명품 전시회
2.
- 버스 손잡이 : 자동적으로 살균이 된다.
- 수영복 : 물에 뜬다.
- 강의실용 의자 : 크기를 조절할 수 있다.
- 버스 안내 시스템 : 버스의 남은 좌석을 알 수 있다.

3. ☑ 실용적이다. ☑ 아이디어 상품이다.
   ☑ 기술력을 갖추었다. ☑ 일상생활과 관련된다.

보충 어휘-감각의 표현 p.199

연습 1.

1) ② 2) ② 3) ② 4) ①

연습 2.

1) 쑤시다	2) 가렵다
3) 뻐근하다	4) 더부룩하다
5) 어지럽다	6) 나른하다

연습 3.

1) 쑤셔요	2) 어지러워서
3) 가렵지	4) 메스꺼워서
5) 따가워요	6) 나른할
7) 시려	8) 더부룩해
9) 저려요	10) 뻐근해요

XIII. 문학의 향기

1. 옥상의 민들레꽃

들어가기 _ 들어 보세요 p.210

1. 주제

2. 소설을 이끌어 가는 화자가 아이라는 점
3. ☑ 독자가 생각할 기회를 준다.
   ☑ 주제 전달에 효과적이다.

읽고 말하기 _ 주제 어휘 p.211

1) 속상하다　　2) 싫증(이) 나다
3) 답답하다　　4) 섭섭하다
5) 부끄럽다　　6) 홀가분하다

읽고 말하기 _ 읽어 보세요 p.214

1.
- 누나, 형 : 선물, 꽃
- 나 : 색종이로 만든 꽃

2. 쓰레기통 속에 버려져 있음.
3.
- 엄마 : 아이가 셋이라서 창피하고, 막내가 있어서 고생을 하고 있다고 말함.
- 나 : 엄마가 자신을 거짓으로 사랑했다고 생각함.

4. 옥상에서 떨어져 자살을 하려고 했음.
5. 사랑하는 사람들이 자신이 없어져 줬으면 하고 바라기 때문에.
6. 한 줌의 먼지에 뿌리 내린 민들레꽃
   살고 싶지 않아 하던 것이 큰 잘못이라고 생각함.
7. 가족들이 말이나 눈치로 할머니가 안 계셨으면 하고 바랐을 것임.
8. 자살하고 싶은 마음을 막아 주는 것은 쇠창살이 아니라 민들레꽃이라는 말
9. 희망의 상징

듣고 말하기 _ 들어 보세요 p.215

1. 할머니가 아파트 베란다에서 뛰어내려 자살함.
2. 아파트값이 떨어질까 봐 걱정함.
3.
- 사장님 : 아파트값이 떨어질 것이므로 의견을 이야기해 달라는 말
- 아줌마 : 사고에 대해 소문 내지 말고 아파트 베란다에 쇠창살을 달자는 말
- 교수님 : 두 할머니가 자살한 이유를 알아야 한다는 말
- 가족 : 할머니가 만족스럽게 살도록 해 드렸지만 늘 불만이셨다는 말

4. 베란다에 있어야 할 것은 쇠창살이 아니라 민들레꽃이라는 말

2. 내가 사랑하는 사람

들어가기 _ 들어 보세요 p.218

1. 시 쓰기에 대한 안내서
2. 술을 많이 마시고 연애를 많이 하고 시 한 줄 쓰기 전에 백 줄을 읽으라.
3. 시에는 전혀 다른 새로운 세상을 살아가게 하는 힘이 있다.

읽고 말하기 _ 읽어 보세요 p.221

1. 한 그루 나무의 그늘이 된 사람, 한 방울 눈물이 된 사람
2.
- 그늘 : 슬픔, 어려움, 시련, 상처, 실패
- 눈물 : 동정심, 인간미, 배려, 이해심

4.
- 몸에 불을 붙여 사람들이 따스한 밥과 국을 먹게 함.
- 미끄러운 눈길을 마음 놓고 걸어가게 함.

5. 다른 사람을 위한 배려와 이해심
6. 그늘, 눈물
7. 다른 사람을 배려하는 마음

듣고 말하기 _ 들어 보세요 p.222

1. 감동적인 이야기들을 모아 놓은 책.
2. 점심시간에 창수는 회사 사람들, 청소부 아주머니와 함께 점심을 먹게 되었다. 창수는 아주머니가 싸 온 김치가 깨끗하지 않은 것 같아서 먹지 않았다. 나중에 미안한 마음이 들어서 집에서 싸 온 율무차를 권했는데, 아주머니는 그 차를 고맙다고 하면서 모두 마셨다. 퇴근 후에 아내가 실수로 그 차에 설탕이 아니라 소금을 넣었다는 걸 알게 되었다. 그때 비로소 창수는 아주머니의 배려하는 마음을 알고 자신의 행동을 되돌아보게 된다.
3. 비록 소금이 들어 있지만 창수가 미안해하거나 당황하지 않을까 배려하는 마음으로 율무차를 모두 마셨다.

보충 어휘-심리의 표현 p.225

연습 1.
1) ②　　2) ①　　3) ②　　4) ①

연습 2.

1) 통쾌하다	2) 지겹다
3) 괘씸하다	4) 서럽다
5) 혼란스럽다	6) 허무하다

연습 3.

1) 설레며	2) 억울했을까?
3) 혼란스러워	4) 통쾌한
5) 서러워서	6) 애틋해서
7) 흐뭇하네	8) 지겨워
9) 허무하게	10) 괘씸하게

어휘 색인

ㄱ

ㄴ

ㄷ

ㄹ

ㅁ

ㅂ

ㅅ

ㅇ

ㅈ

ㅊ

ㅋ

ㅌ

ㅍ

ㅎ

집필

최은규 서울대학교 국어국문학과 박사
서울대학교 언어교육원 한국어교육센터 대우부교수

김민애 서울대학교 국어교육과 박사 수료
서울대학교 언어교육원 한국어교육센터 대우부교수

안경화 서울대학교 언어학과 박사
서울대학교 언어교육원 한국어교육센터 대우부교수

정인아 상명대학교 한국학과 박사
서울대학교 언어교육원 한국어교육센터 대우조교수

함창덕 한양대학교 미국학과 석사
서울대학교 언어교육원 한국어교육센터 대우조교수

번역

현혜미 이화여자대학교 외국어로서의 한국어교육학 석사
서울대학교 언어교육원 한국어교육센터 대우전임강사